—

서양문화

Culture vs. Culture

김준길 지음

뒤집어보기

韓國經濟新聞社

머 리 말

책 제목을 바꾸고 다시 보태 쓰면서

1995년 2월 19일은 내게는 특별한 날이었다. 별정직 3갑 상당으로 공보관리를 시작한 지 만 15년이 되는 날, 어느새 나의 공무원 경력이 신문기자 경력을 앞지르기 시작한 것이다. 지난 15년을 되돌아보았다. 그 중 10년 가까이는 해외에서 살면서 일했다. 빠리, 스톡홀름, 빠리, 그리고 서울에 왔다가 다시 뉴욕, 의도했던 것은 아니었지만 결과적으로 세계문화 중심도시의 삶을 체험할 수 있었다. 그것은 지금까지 교육을 통하여 책으로만 접했던 서양이라는 세계를 바로 그 중심부에서 직접 만나 그 속을 알게 되는 경이로운 흥분을 동반한 것이다.

서양문화에 대한 나의 천착은 언제나 우리의 참담한 문화적 현실로 돌아와 알 수 없는 분노로 뒤바뀌곤 했다. 지금 한국과 세계를 가로막고 있는 벽은 정치의 이념이나 경제의 이해로 말미암은 것이 아니라 이른바 선진국의 오만한 '문화 인프라'인 것이다. 선진국일수록 오랜 역사를 통하여 투자된 두텁고 깊은 문화 간접자본이 형성되어 있다. 우리가 세계화하려면 이 문화 인프라의 벽을 뚫고 나가지 않으면 안 된다. 나는『세계문화산책 Culture vs. Culture』이라는 책을 써서 서양문화 - 서양문화 인프라를 뒤집어보고 싶었다.

나를 잘 아는 분들은 물론, 잘 모르는 분들로부터도 여러 가지 논평이 있었다. 영화 평론가 安炳燮 교수는 이 책에서 "저널리스트적인 날카로운 통찰력과 행동하는 외교관으로서 세계문화의 벽을 허물어뜨리려고 노력하는 참된 의지"를 읽었다고 말했다. [1] 安 교수는 저자의 "知的 모험과 문화 편력"을 통하여 "20세기 후반 한국에서 문화적 지식인의 참 모습"을 발견하려고 하였다. 그것은 安 교수를 포함한 우리 사회, 지식인 사회의 영원한 바램인지도 모른다.

서울에서 외신기자를 담당한 해외공보관 외보부장 일을 하면서 알게된 일본 산케이 신문 구로다 가쓰히로 黑田勝弘 서울지국장은 이 책을 색다른 시각으로 논평했다. [2] "외국 체험이라는 것은 새롭게 자기 나라를 발견하게 하고, 외국을 깊게 알면 알수록 자기 나라에 애착을 갖게 하고, 自國에 대한 이해를 깊게 한다"고 전제하면서 "정말 국제인은 실은 애국자이고, 또 진짜 애국자는 국제인이어야 한다"고 강조하고 저자를 "정말로 국제인이며 양질의 애국자"라고 치켜세웠다. 한국에 오래 상주하면서 한국을 깊히 아는 몇 안 되는 일본 특파원으로서 자신의 체험적인 고백과 함께 나와의 인연을 고려한 외교적 배려가 느껴진다.

다음은 나와 직접 안면이 없는 젊은 자연과학 교수의 독후감. [3] 연세대 치과대학 권호근 조교수는 "아시아 변방에서 세계 중심 무대로

---

1) 스포츠 서울 1995년 9월 20일자 문화면.
2) 시사저널 1995년 10월 2일자호 서평란.
3) 연세대학교 의료원 소식 1995년 8월 14일자호.

도약하려는 현재의 한국을 가로막는 세계의 두터운 벽은 정치의 이념
도 경제의 이해관계도 아닌 바로 오만한 문화 인프라라는 저자의 문
제제기"를 되받아 문화 인프라를 "21세기를 앞두고 우리가 구체화시
키고 해결해야 할 하나의 화두"로 던지고 있다. 뿐만 아니라 "우리가
만들고자 하는 문화 인프라"를 "우리 문화와 다른 문화의 차이를 드
러냄과 아울러 그것을 보편화, 현대화시키는 작업"이라고 저자의 다
음 생각까지 꿰뚫어 보고 있다.

1996년 4월 나는 다시 서울을 떠나 새로운 근무지 워싱턴에 왔다.
워싱턴은 그 옛날 로마제국을 연상케 한다. 황제가 있고 원로원이 있
고 포럼이 있다. 백악관과 의사당과 산재한 싱크탱크들은 바로 로마
의 정치문화 유산이 아닐까. 미국 민주주의는 결국 원로원에서 벌이
는 논란과 포럼에서 떠들어대는 시민들의 토론을 통하여 황제를 견제
하던 로마식 정치문화를 현대화한 산물인지 모른다.

워싱턴에 와서 또 발동한 나의 역사 취미는 어느덧 타임 머쉰을 타
고 로마 시대로 돌아가고 있었다. 한반도에서 한국의 뜻을 전도하려
고 워싱턴 로마에 온 나는 과연 누구인가? 유대 땅에서 보여준 하나
님의 섭리를 증거하려고 로마로 온 사도 바울이 떠올랐다. 어찌 감히
나 자신을 聖人에게 견주리오만 워싱턴의 이른바 펀디트 pundit라고
불리우는 전문가들 사이에 논의의 초점이 되고 있는 한반도가 흡사
팔레스타인 聖地처럼 보였기 때문이다.

그렇다면 빠리와 스톡홀름 얘기를 중심으로 한 『세계문화산책
Culture vs. Culture』은 그 제목부터 문제가 있었다. 애초에 그 책 제
목을 'Culture vs. Culture'라고 붙인 것은 한국인이 한국적 知的바탕
에서 본 서양문화를 정리해 본다는 뜻이었는데 마땅한 우리말 제목이

생각나지 않았다. 사실은 할 수 없이 '세계문화산책'이라는 좀 진부한 말로 옮길 수밖에 없었다. 저널리스트며 무용평론가 李鍾浩가 이 제목에 이의를 제기했다.

"…이 책은 제목이 너무 소박하게 붙여졌다. '산책'치고는 폭과 깊이가 엄청나고 다루는 문제와 소재가 종횡으로 다양하기 때문이다. 문학, 연극, 음악, 미술, 영화 등 각종 예술 장르와 문화 전반, 그리고 역사, 교육, 음식, 관광에 이르기까지 저자의 관심은 끝이 없다. 물론 주제에의 접근 방식이 산뜻해서 부담이 없고, 사물을 바라보는 눈길이 한없이 따뜻하고 인간적이어서 붙여진 이름이라면 수긍할 수 있겠지만…"

'산책'이 아니면 그럼 뭘까? 결국 서양문화를 뒤집어보기 아닐까. 그렇다, 지금까지 우리는 서양문화를 그 쪽에서 강요하는대로 순종하듯이 동경하고 배워 왔다. 그러나 이제는 우리도 독자적인 눈을 가졌다. 이 눈으로 서양문화의 속 알맹이를 까뒤집어 보자. 이런 생각을 하면서 워싱턴으로 떠나오기 전 언론사 시절 畏友 한국경제신문 朴勇正 사장을 만났다.

"세계를 상대로 장사하여 이만큼 발전한 한국에서 이제 우리가 노력해야 할 과제는 첨단 기술 못지않게 중요한 문화에 관한 교양입니다. 金형이 쓴 『세계문화산책 Culture vs. Culture』을 재미있게 읽고 지난 연말 몇몇 대기업 회장들과 오찬을 나누면서 이 책의 一讀을 권해드렸지요."

사실은 빠리, 스톡홀름에 이어 뉴욕에서 겪은 인종, 돈, 콜렉션, 음악, 언론 등… 미국 문화의 면모를 나름대로 접근한 글을 거의 다 쓴 상태에서 마무리 단계에 와 있었다. 朴 사장의 권유로 책 제목을

『서양문화 뒤집어보기 Culture vs. Culture』로 바꾸고 목차도 다시 조정하면서 빠리, 스톡홀름, 뉴욕을 마침내 한 권의 책으로 묶게 된 것이다.

외국어의 한글 표기는 가급적 현지발음에 충실하려고 노력했다. 독자제현의 이해를 바란다.

1996년 6월 워싱턴에서

김 준 길

차   례

1

역 사

빠리 憧憬

빠리는 온통 잿빛의 세계였다.

잿빛 하늘 아래 정방형의 틀로 짜여진 잿빛 대리석 건물들은 어떤 신비스러운 妖氣를 뿜어내고 있었다. 오랜 세월 바람과 비를 맞으며 누군가에 의해 가꾸어지고 간직되어 온 역사처럼 그것들은 비밀스럽게, 마치 육감적이고 뇌쇄적인 누드를 감싼 벨베트 천 같은 안개를 동반하며 그렇게 자리하고 있었다.

1980년 봄.

나는 그 비밀을 만나는 짜릿한 흥분으로 가슴 설레이며 빠리에 入城했다. 적어도 지난 300년 이상을 낭만과 자유의 대명사로 일컬어지며 세계문화의 중심도시로서 그 위치를 고수해 온 빠리. 처음 1년 그리고 다시 2년 반을 이 도시에서 살았다. 책이나 영화로만 보았던 거리, 명소, 샤토, 성당, 미술관, 오페라, 극장, 까페… 또 사람들. 난생 처음 한반도를 떠나 도착한 外地, 빠리는 모든게 새롭고 신선하게 느껴졌다. 차라리 그것은 또다른 충격이었고 驚異였다.

'文理大'로 불리우던 서울대학교 문리과대학의 동숭동 캠퍼스 시절. 지금은 완전히 변해 버려 옛 모습의 흔적조차 기억하기 어려운 대학로에 그래도 남아 있는 몇 그루 은행나무와 4·19 기념비만이 복개되기 전 개천 자리를 가늠하게 해 준다. 지저분한 하수도 물로 시커멓고 시큼한 냄새까지 동반했던 그 개천을 그래도 우리는 '센느강'이라고 불렀다. 학교 정문으로 통하는 작은 시멘트 다리는 '미라보 다리.' 바로 그 다리를 건너 校庭의 초입에 있던 두 그루 마로니에 나무 marronnier는 마치 낭만과 순수의 상징인 양 그 시대, 우리 세대의 마스코트였다. 그렇다, 적어도 戰後 한 세대에 걸쳐 동숭동 캠퍼스의 분위기는 한 마디로 빠리에의 憧憬이었다.

욕구를 분출할 수 없는 의식의 터널은 어둡고 길었다. 그리고 빨리 끝날 것 같지도 않았다. 空想의 날개가 펼쳐질 때면 어느 틈엔가 나는 태평양을 날기도 하고 꽁코르드 광장 Place de la Concorde 한복판에 서 있기도 했다. 빠리가 우리 속에 그렇게 존재하고 있었다. 빠리는 자유요 낭만이요 꿈이었다.

빠리에 와서 이 도시의 냄새를 맡고 호흡하고 빨아들이면서 나는 점점 빠리 애기를 하고 싶어 미칠 지경으로 안달이 났다. 어쩌면 그것은 빠리가 아니라 내가 알았던 지금까지의 억압되고 폐쇄된 세계가 아닌, 자유와 낭만을 구가하는 미지에 대한 애기라는 표현이 오히려 옳을 것 같다. "쓰지 않고는 못 배길 죽어도 못 배길….” 그 애기를 나는 누구에겐가 쓰기로 마음먹었다.

한국 사람들은 대부분 세계에 나갈 때 한 세기 전 이승만 대통령이 그랬듯이 태평양을 건너 미국을 먼저 보게 된다. 의도한 것은 아니었지만 내 경우는 구대륙 유럽을 먼저 체험하고 난 후 뉴욕 入港으로 신세계를 접한다. 유럽을 출발하여 대서양을 건너 아메리카에 상륙한 소위 콜럼버스 루트를 따랐다. 開化에서 未開로의 문화 흐름을 비교적 제대로 쫓아간 셈이다.

얼마 전 잠깐 스스로의 문화적 표류에 대한 想念에 빠져 있었던 적이 있다. 그때 쨍 하며 빙벽이 갈라지는 것 같은 意識, 바로 내 앞에 빠리가 있었다. 나는 그 누구에겐가 약속했던 대로 내가 보고 느낀 모든 것을 전하고 읽히고 깨우쳐 주어야 할 의무를 느꼈다. 우선 서양이라는 세계와 그 문화 인프라[1]에 대한 나의 체험적 접근에서부터 시도해 본다. 당연히 그 起點은 내 문화의 고향 빠리다. 이제 나의 서양문화 뒤집어보기는 빠리에서부터 출발한다.

우리나라 학교 교육의 내용은 국어와 국사를 빼면 거의 서양의 학문이라고 해도 과언이 아니다. 국어와 국사까지도 문법이나 역사記述 체계는 서양식으로 정리되어 있지 않은가. 고등교육 수준으로 올라갈수록 서양은 점점 더 본격적으로 우리 앞에 등장한다. 그래서 한국의 어줍잖은 지식인은 서양의 보통사람들보다는 적어도 관념적으로 서양 문화에 대해 더 유식할 수도 있다. 결국 한국인들은 학교 다닐 때 부

---

1) '문화 인프라 cultural infrastructure'라는 말은 『서양문화 뒤집어보기 Culture vs. Culture』를 쓰면서 내가 생각한 하나의 새로운 개념이다. 요즘 경제학에서 物流를 위한 여러 가지 시설과 구조를 의미하는 사회간접자본에 해당하는 '인프라 social infrastructure'라는 말을 자주 쓴다. 문화의 측면에서 여러 가지 문화예술 활동을 위한 정신적 구조, 다시 말하면 문화의 가치가 제대로 평가되고 의미를 지니게 하는, 그 사회의 가치관이 투자된 문화간접자본을 나름대로 '문화 인프라'라고 정의해 본 것이다. 그러므로 나의 '서양문화 뒤집어보기'는 빠리와 스톡홀름과 뉴욕에서 체험한 서양사회의 문화 인프라에 대한 개인적인 문화 비망록 cultural memoire이라고 보아도 좋다.

터 서양에 대해 문화적 열등감을 키워 온 셈이다. 고등교육을 받으면
받을수록 그리고 받은 그만큼 열등감은 더 깊어진다. 나 역시 고등교
육을 받은 한국인이다. 소위 한국식 정통 엘리뜨 코스를 밟은 어느
수준의 지식인이다. 나 또한 예외 없이 어느 때부터인가 서양에 대한
문화적 열등감에 시달리고 있었다.

　나는 1940년 서울에서 태어나 해방과 분단의 혼란기에 국민학교를
다녔다. 코리언 워 Korean War라고 불리우는 6·25 전쟁과 함께 중학
교를 마치고 고등학교에 올라갔다. 그리고 50년대 후반에 대학에 들
어갔다. 정치 경제 사회 문화의 모든 분야가 아직 불확실한 시대에
이 땅에서 그래도 안전한 장래를 보장할 수 있는 길은 기술이나 의학
을 전공하거나 또는 법관이 되는 것이 그나마도 확실한 선택이었다.
철이 없었다고 할까. 조숙했다고 할까. 그 무렵 나는 이론적인 무질
서와 정신적인 혼란의 세계를 정리하는 일에 도전해 보겠다는 푸른
결의에 차 있었다. 나는 과감히 사회학을 선택했다.

　그 당시 한국의 사회학은 미국학자들이 미국 사회를 기초로 보편화
시킨 사회학 이론체계를 막 도입하기 시작할 때였다. 나는 미국에 가
보지도 않고 미국을 이론적으로 먼저 공부한 셈이다. 당장은 내가 배
운 '미국 사회학'으로 그 시대 그 상황에서의 한국 사회를 이해하기
는 몹시 어려웠다. 60년대 한국의 현실은 한마디로 카오스 chaos였
다. 거의 매일을 최루탄 연기와 화염병——그리고 방향 없는 아우성
속에서 보냈다. 대학을 나오고 신문기자로 한국사회의 현장에 좀 더
적극적인 접근을 시도했다. 신문은 사회의 거울이라는 원론은 현실과
너무 멀었다. 신문기사만 읽어서는 우리 사회는 물론 바깥 세상이 어
떻게 돌아가는지 알 수 없었다. 진짜 돌아가는 얘기는 대포집에서나

사람의 입과 입으로 귀와 귀를 통해서 들어야 했다. 개발을 위한 억압으로 갇힌 사회에서 70년대를 방황할 수밖에 없었다. 분노하다가 좌절하고 때로는 직시하며 또 때로는 회피하는 그런 시절을 보냈다. 열린 세계로 탈출하고 싶었다. 稚氣滿滿하고 放恣無忌했던 내 꿈의 무대는 점점 작아지고 있었다. 그것은 분명히 내 개인의 탓만은 아니었다. 탈출하고 싶었다. 벗어 버리고 싶었다. 구태의연한 의식의 껍데기나 시덥잖은 과거의 편린까지도 모두. 심지어는 사소한 이웃들의 愛憎까지도 털어 버리고 싶었다.

그럴 때 한 줄기 탈출구가 터널의 끝처럼 보이기 시작했다.

고등학교 때 대학입학 시험을 위해 배운 제2 외국어, 불어가 밑천이 되어 직업을 가지리라고는 생각 못했었다. 지금까지 나에게 불어는 이를테면 문학과 문화의 원본에 접근하는 하나의 도구였을 뿐이다. 그런데 이제부터는 프랑스가 내 생활의 주된 수단이 된 것이다. 20년 전 당시 한국인의 수준에서는 그런 대로 쓸 만했던 불어 실력에 언론계 경력이 플러스되어 빠리에 살면서 일할 수 있는 정부의 일자리를 얻었다. 주불대사관 공보관. 프랑스에 한국을 잘 알리는 일이다. 한국과 프랑스, 한국과 세계 사이에 내가 존재해야 하는 것이다.

일을 하려니까 무엇보다도 주재국에 대한 정확한 이해가 필요했다. 우선 서양에 대한 불필요한 열등의식을 떨쳐 버려야 했다. 어떻게 하면 우리도 문화적으로나 정신적으로 당당히 세계와 맞서며 세계와 겨룰 수 있을까? 남의 아름다움을 보고 그냥 아름답게 보아줄 수는 없을까. 남의 위대함을 그냥 위대하다고 담담하게 존경할 수는 없을까. 생각은 그렇게 하면서도 1980년 당시 나는 빠리의 아름다움을 흔쾌하게 사랑하지 못했다. 빠리의 찬란한 아름다움을 무시할 수 없

었지만 프랑스 문화의 영광에 무작정 경의를 표하기는 싫었다. 그만
큼 성숙된 마음의 여유가 없었다. 크고 찬란한 문화에 접하면 몸이
떨리는 감동과 가슴 뜨거운 흥분을 느끼면서도 폐쇄된 사회에서 태어
나 자라서 길들여졌던 나에게 어느 틈엔가 수직적인 思考는 없어지고
수평적인 도토리 키재기만 존재하고 있었다. 세계를 향해 닫혀진 나
자신에 대해 알 수 없는 분노가 치밀었다.

　대학 때 은사이신 故 李相佰 선생님은 1950년대 그 가난했던 시절
올림픽 선수단을 이끌고 세계로 나가시면서 이렇게 말씀하셨다.
　"국민들은 그 많은 올림픽 종목 중에서 금메달 한 개쯤이야 어떻게
딸 수 있을 것으로 막연히 기대한다. 그러나 세계 30억 인구 중에서
무슨 경기든 1등을 한다는 것은 30억과의 경쟁이다. 그것은 어쩌다가
되는 것이 아니다. 먼저 두터운 스포츠層이 형성되어야 하고 거기다
가 과학적인 노력이 곁들여야 한다."
　결코 이것은 그때까지 금메달 하나 못 딴 올림픽 선수단장의 변명
만으로 들리지 않았다.
　세계는 그만큼 두텁고 깊다. 한국과 세계를 가로막고 있는 벽은 정
치의 이념도 경제의 이해도 아니다. 그것은 오만한 문화 인프라인 것
이다. 고속도로가 없으면 物流가 원활하게 흐를 수 없다. 정보통신망
이 없으면 이제는 의사전달이 도저히 시대를 쫓아갈 수 없다. 문화가
원활하게 흐르려면 문화의 고속도로가 필요하다. 문화의 意思가 제
대로 소통되려면 문화의 정보통신망이 구축되어야 한다. 지금 우리
사회는 문화의 고속도로, 문화의 정보통신망, 바로 문화 인프라를 깔
아야 할 시점에 와 있다.
　언젠가는 우리 문화도 두텁고 딱딱한 껍질이 깨어져야 한다는 생각

이 들었다. 아니 깨야 한다는 생각이 들었다.

한국의 문학은 왜 세계의 독자를 사로잡아 노벨 문학상을 받을 수 없는가? 싸이덴스티카의 경우처럼 평생 동안 가와바다 야스나리 川端康成를 연구하고 그 작품을 영어로 옮긴 명번역가가 없어서 인가. 한국의 영화는 왜 세계의 관객을 감동시켜 베니스나 깐느영화제의 그랑프리를 탈 수 없는가? 한국의 국력이 아직 약해서 헐리우드 영화자본 동원 같은 국제시장 개척능력이 모자라서 그런가. 한국의 미술은 왜 세계 문화중심 도시의 미술관에 하나의 독창적 경향을 대표하는 작품으로 收藏될 수 없는가? 그 동안 베니스 비엔날레 같은 국제미술전에 독립된 '한국관'을 확보하지 못해서 그런가. 한국의 전통 공연예술은 왜 세계인의 공감을 얻기 힘든가? 정부가 전통문화 지원에 소홀해서 그런가. 한국의 연극은 언제까지 서양 연극의 흉내만 내다가 말 것인가? 전통극의 현대화 실험은 아직도 끝나지 않았는가.

작가들은 언제까지나 번역자의 부재만 탓하고 있을 수는 없다. 프랑스 인들이, 미국인들이 먼저 찾아서 번역해서라도 읽게 만들 수 있는 문학적 상상력의 오리지날리티를 창조하지 않으면 안 된다. 더구나 영화는 언어가 서로 다른 세계 사람 누구나에게 의사전달이 가능한 공통의 영상 언어를 가진 매체이다. 얼마든지 예술적 靈感을 동원하여 세계의 관객을 매료시킬 수 있다. 우리의 미술은 이제는 더 이상 남을 베끼는 작업을 청산하고 과감한 발상으로 독창적 기법을 새로 개발해야 한다. 그래야 세계의 현대미술관 콜렉션에 들어갈 수 있다. 전통 공연예술은 현대적인 舞臺化 작업 없이 결코 세계는 물론 오늘의 한국 관객에게도 어필할 수 없을 것이다. 우리 연극은 한국의 전통예술의 연극적 형식, 이를테면 탈춤과 판소리를 과감히 현대화하는 창조적인 작업에 매진해야 할 것이다.

루우브르 斷想

빠리에 가면 누구나 제일 먼저 찾는 곳이 루우브르 박물관 Musée du Louvre이다. 제아무리 바쁜 일정이라도 루우브르에 들려야만 최소한 빠리 여행을 했노라고 말한다. 시간을 잘못 잡으면 루우브르에 입장하는데 상당히 긴 동안을 무리 속에 끼어 순서를 기다려야 한다. 그러다 루우브르 안에 들어서면 서둘러 2층으로 올라가 무조건 사람이 많이 모인 한 곳을 찾아간다. 레오날도 다 빈치 Leonardo Da Vinci의 「모나리자의 微笑」를 보기 위함이다. 일정이 바쁜 한국의 관광객들은 모나리자를 보고 루우브르宮 Palais Louvre을 뒤로 한 증명사진을 찍는 것으로 일단 루우브르 구경을 마감한다. 走馬看山격인 말 그대로 구경이다. 요즘은 미술에 관심이 많아져서 일부러 일정 중의 상당 부분을 루우브르에 할애하고 이집트 미술에서부터 그리스, 로마의 조각과 중세 종교畵, 그리고 르네쌍스 古典회화를 두루 감상하는 사람들도 늘고 있다. 그러나 리슐리유 Richelieu 신관 3층 전시실 한 벽을 다 차지한 루벤스 Petrus Paulus Rubens의 역사기록畵를 눈여겨보기는 쉽지 않다. 너무 寫實的인 기록畵는 미술 애호가들에게는 의미 없어 보일지도 모른다.

내가 왜 루우브르의 그 많은 세계적 미술품을 다 제쳐 놓고 루벤스의 역사기록畵부터 얘기를 꺼내고 있는가? 마음대로 번역하라면 「메디치 마리 공주와 앙리 4세의 결혼 Le Mariage par Procuration de Marie de Médicis et de Henri Ⅳ」이랄 수 있는 이 그림에서부터 빠리 역사의 비밀의 실마리를 풀어가야 하기 때문이다. 지금부터 500년

전 프랑스 땅은 한낱 문화의 변방에 지나지 않았다. 그런 프랑스가 어떻게 문화의 본고장으로 자리잡게 되었나? 문화는 창조하는 것이다. 다듬고 만드는 것이다. 도대체 이 그림이 말하고 있는 주인공들은 누구인가? 메디치의 마리 공주? 앙리 4세? 두 사람의 결혼은 1600년 10월 5일 이탈리아 플로렌스에서 거행되었다. 그렇다면 중세가 끝나가는 르네쌍스시대 메디치 가문과 프랑스 왕과는 어떤 관계인가?

메디치 가문은 우리가 서양사에서 배운 대로 중세 이탈리아 플로렌스의 세습 富商이다. 십자군전쟁 이후 동방에서 오는 무역품을 독점하여 서부 유럽 일대에 내다 팔아 막대한 경제력을 쌓은 메디치 가문은 그후 그 재력을 바탕으로 예술을 후원하여 유럽의 문예부흥을 일으켰다. 플로렌스라는 한 도시가 유럽을 경영한 셈이다. 요즘 들어 우리나라에서도 재벌들이 더러 문화재단을 세우거나 거액을 들여 문화예술을 지원하고 있다. 얼마 전에는 일부 재벌이 중심이 되어 '메쎄나 Messena'라는 문화예술지원운동을 벌였다. 그러나 기업이 단순히 그 이익을 사회에 환원한다는 미명하에 소시민적 發想으로 문화지원을 한다면 그것은 시대착오적 망상이다. 지금 우리는 문화의 르네쌍스를 이룩해야 한다. 500년 전 이탈리아 부자 메디치가 했듯이. 돈과 예술의 불가분한 관계는 서양 르네쌍스 시대부터 비롯된 것이다.

플로렌스 都市帝國의 주인 메디치 가문에서 볼 때 프랑스 왕은 변방의 일개 諸侯에 지나지 않는다. 중세 유럽에서 神聖 로마帝國의 상징적인 황제는 교황이었다. 그러나 교황은 하늘로부터 자신이 받은 권위조차 메디치 가문의 재정지원으로 겨우 유지하고 있었다. 중국의 춘추전국시대, 이름 뿐인 周나라 天子를 끼고 천하를 호령한 覇者에 비유해야 할까. 프랑스 왕을 비롯해서 중세 유럽의 영주들은 교황으로부터 왕관을 부여받는 대관식을 반드시 치뤄야만 그 권위와 존엄성을 인정받았다. 이때 교황의 막후 실력자 메디치들은 서부 유럽 일대의 영주승인 문제에 실질적인 영향력을 행사한 것이다. 특히 16세기 중엽 메디치 가문의 독재자 토스칸 大公 프란체스코 메디치 Francesco de' Medicis는 전 유럽을 그의 손아귀에 넣고 있었다. 마리 공주는 바로 그의 딸이다.

마리 공주와 함께 루벤스 기록화의 또 다른 주인공인 앙리 4세는 프랑스의 마지막 王朝인 부르봉 Les Bourbons의 始祖다. 빠리 한복판 센느 강 속의 씨떼 섬 La Cité 북쪽 끝 뽕 뇌프 다리 Pont Neuf 한가운데서 북쪽을 바라보면 이 영웅의 동상이 서 있다. 당시 메디치 가문은 프랑스의 신흥 왕조를 세운 새로운 봉건영주 앙리 4세를 혼인정책으로 회유할 필요가 있었다. 막대한 프랑스 시장을 장악하고 있는 솟아오르는 태양을 富와 권력을 배경으로 포섭하여 메디치家의 商權을 존속시켜야 하기 때문이다. 오늘날의 정경유착을 꾀한 셈이다. 그러므로 메디치家 마리 공주가 앙리 4세의 두 번째 왕비로 시집가는 결혼식은 화려하기 이를데 없었다. 후에 예술을 사랑하는 마리 공주의 각별한 후원을 받은 루벤스는 이 눈부신 장면을 고전적 記錄 畵法으로 남기게 된 것이다.

옷을 만드는 재봉사와 음식을 만드는 요리사는 물론 생활 일습을 뒷바라지하는 하인과 가재도구를 실은 길고도 긴 신혼행렬이 따랐다. 화려한 서울 플로렌스에서 살던 공주가 먼 변방 프랑스로 시집가서도 부족함이 없는 삶을 유지하기 위해 한 문명이 이동한 것이다. 신흥 영주 프랑스 왕은 메디치 가문의 공주를 왕비로 맞이함으로써 이탈리아 중앙 무대에 든든한 후원자를 두게 되었다. 게다가 선진문물이 덤으로 묻어들어왔다. 그 대신 메디치 가문이 프랑스 영토에 풀어 먹이는 상품의 유통질서를 프랑스 왕이 지켜 주어야 함은 말할 것도 없다. 일종의 머슴 마름이다. 세계에서 가장 문화적 자부심이 강한 프랑스 사람들도 오직 이탈리아 사람들 앞에서는 문화적으로 기가 죽는다. 오늘날 프랑스 문화의 뿌리가 중세 이탈리아 반도의 문화이기 때문이다.

　보자. 메디치 공주를 따라온 플로렌스의 요리사는 궁중 주방에서 토착 프랑스 인 식모들을 조수로 썼다. 처음 보는 형형색색의 이런저런 요리들이 가뜩이나 신비롭기까지 한 풀 코스 만찬에서 요리사는 아이스크림을 후식 dessert으로 준비했다. 프랑스 식모들은 이 이상한 '얼음 죽'을 처음 구경했다. 이름을 몰라 불어로 '얼음' 즉 '글라스 glace'라고 불렀다. 오늘날까지 불어에서는 얼음과 아이스크림을 구별하지 않고 둘 다 '글라스'로 통한다. 그러나 아이스크림을 후식으로 창안한 이탈리아 사람들에게는 얼음은 '글라체 glace'요 아이스크림은 '젤라토 gelato'로 엄연한 구별이 있다. 사소한 음식 하나에까지 문화적 선진과 후진의 차이는 이렇게 엄격하다.

프랑스식 역사교육

　프랑스의 중학교 collège 1학년생은 우리나라 학제로는 국민학교 6학년과 같은 나이다. 서울에서 국민학교 5학년을 마친 아들을 프랑스 중학교 1학년에 전입시켰다. 아들의 歷史地理 시간 노트를 읽어보고 깜짝 놀랐던 기억이 새롭다. 불어도 모르는 아이가 칠판에 쓴 선생님의 첫 시간 강의 내용을 그리다시피 적어온 노트. 첫번째 화두는 "제1과 역사란 무엇인가?"였다. 그것은 우리가 대학교 1학년 때 읽은 카 E. H. Carr의 『역사란 무엇인가?』와 같은 물음이다. 프랑스 사람들은 중학교 1년생이 우리 대학교 1년생과 맞먹는 지능지수를 가졌다는 말인가. 역사라는 추상적인 개념을 이제 막 솜털이 가신 중학교 1학년생에게 첫 시간부터 정의를 내리면서 풀어 가다니. "역사는 주어진 시대 한 주어진 사회에서 일어난 인간생활의 總和"라는 정의 내림에는 아연할 수밖에 없었다. 아무리 프랑스 교육이 엘리트주의라 해도 이렇게까지 심한가. 그러나 그 다음 설명을 들으면서 과연 역사라는 말의 개념도 아주 쉽게 교육할 수 있구나 하고 이해할 수 있었다.

"그러면 흘러간 먼 시대 먼 사회의 인간생활의 모습을 어떻게 알 수 있을까? 기록을 통해서 알 수 있다. 역사를 담은 기록에는 처음에는 인간이 살면서 남긴 유물이 있고, 나중에는 그림과 문자로 된 글이 있다. 그림과 글로된 기록의 역사는 대략 5,000년쯤 된다. 루우브르 박물관 이집트室 벽화를 가 보라. 씨 뿌리는 농부의 그림이 있다. 5,000년 된 벽화의 씨 뿌리는 모습은 이집트에는 이미 5,000년 전에 농업문명이 있었다는 사실을 말해 준다. 왜 이집트에서 농업문명이 먼저 발달할 수 있었을까? 流量이 풍부한 나일 강이 있었기 때문이다. 1초당 3,000입방미터의 물이 흐르는 나일 강과 1초당 600입방미터 밖에 안 흐르는 센느 강을 비교해 보면 왜 센느 강에서는 농업이 늦었는지 이해할 수 있을 것이다."

프랑스 중등교육에는 우리처럼 國史라는 과목은 없다. 자신들의 역사를 민족의 차원이 아닌 문명의 차원에서 가르치려고 한다. 프랑스 인은 저 이집트에서 비롯되는 지중해 문명圈 속에서 살아 왔다. 그 문명의 起源을 더듬어 역사공부를 시작한다. 제1장 이집트에 이어 제2장 페니키아, 메소포타미아, 제3장 그리스, 로마, 그 다음에야 당

시 로마인들이 野蠻人으로 취급했던 오늘의 프랑스 사람들의 먼 조
상 골 Gaule 민족의 생활 모습이 조금씩 소개되기 시작한다. 역사교
과서의 전개과정이 루우브르 박물관의 진열 순서와 일치한다.

　민족을 초월한 프랑스 사람들의 歷史觀은 언제부터 생겼을까? 아
마도 나폴레옹 황제 Napoléon Ier 때부터 아닐까. 이탈리아 원정을
위해 알프스를 넘고 이집트 원정을 위해 지중해를 건너가면서 나폴레
옹은 결코 外國을 침략한다고 생각하지 않았다. 문화라는 하나의 테
두리 안에서 공존했던 지중해 문명권을 다시금 통합한다는 생각에
만 매달렸다. 빠리에는 로마풍의 개선문을 세웠고 이집트의 전승탑
오벨리스크를 꽁코르드 광장에 그대로 옮겨왔다. 나폴레옹의 국가
민족에 우선한 문화주의 발상은 결국 근대 제국주의의 씨앗을 뿌린
셈이다. 카이저 황제 Wilhelm Ⅱ, 히틀러 Adolf Hitler와 무솔리니
Benito Mussolini가 나쁜 선례를 이어받아 20세기의 비극을 만들지
않았는가.

　우리는 동북아 문명圈의 변두리 한반도에 살고 있다. 동북아 세계
에서 문명은 중국 본토, 그 중에서도 黃河가 흐르는 中原에서 먼저
시작되었다. 나일 강과 황하는 홍수가 날 정도로 수량이 풍부하다는
공통점을 가졌다. 덕택에 비슷한 시기에 농업문명을 발달시킬 수 있
었다. 자연은 혼란과 무질서 속에 그것을 극복할 힘과 발전의 동력을
함께 제공한 것이다. 장마철에 한꺼번에 비가 오는 몬순 기후 때문에
乾期가 긴 한강은 황하에 비하여 流量도 적다. 따라서 한반도는 중
원보다 문화적으로 후진일 수밖에 없었다. 철기문명과 농업문명이 늦
었으며 왕권국가의 형성이나 중앙집권제도 역시 늦게 나타났다. 그래
서 중국인들은 한반도 사람들을 동쪽 오랑캐 東夷라고 불렀다. 로마

인들이 프랑스 땅 사람들을 야만족 골이라고 부른 것과 같은 맥락이다.

프랑스 땅은 로마라는 지중해 문명의 中原에서 멀리 떨어져 있다. 프랑스 사람들은 이 地政學的으로 불리한 조건을 아무도 탓하지 않았다. 약 500년간 전 국토가 로마제국의 판도였을 때에도, 중세와 르네쌍스 시대에도 이 땅은 문명의 변두리였다. 근세에 와서도 절대 왕권에 눌려 영국보다 뒤늦게 산업혁명이 일어났다. 그러나 1789년 프랑스 혁명으로 일순간 인류의 역사를 리드할 수 있었던 것은 프랑스 인들의 민족을 초월한 문명사적 역사관의 더분이 아닐까.

우리들은 아직 민족적 正體性이 만들어지기 전에 漢四郡이 400년간, 그것도 한반도 일부에 존재했던 사실조차 무슨 큰 민족의 수치로 생각하고 있다. 더구나 당시에는 민족국가라는 개념도 아직 정립되기 전인데도. 엄밀하게 말하자면 우리의 문화적 정체성은 7세기 통일 신라 이후부터 형성된 것이 아닌가. 그 후부터 중국문명권 안에서 문명인의 자부심을 지켜왔다. 현대 한국인의 문화적 열등의식은 20세기 일본 제국주의에게 병탄당한 이후의 문제다. 일본의 식민 지배는 한국문화의 전통이 지닌 가치를 말살시키려고 했다. 특히 조선 왕조의 정치사는 실패의 역사로 假說을 세우고 그 원인을 설명하려고 들었다. 양반 문민 엘리트 정치를 黨爭이라는 조선사회의 특수한 역기능으로 보았다. 조선 왕조의 세련된 중앙집권제도를 근대화의 장애 요인으로 분석했다. 빠리에 와서 비로소 나는 문명사적 눈으로 한국사에 대한 再照明을 시도하고 있었다.

진정한 문화적 자부심

드 골 Charles André Joseph Marie de Gaulle이 말했다. "프랑스

의 영광은 무엇인가?" 그 영광을 말하는 프랑스라는 國家意識은 언제부터 생겼는가? 빠리는 영광의 首都인가? 그래서 세계문화의 중심인가?

프랑스의 '國史'를 우리 식으로 民族史 입장에서 쓴다고 한번 假定해보자. 기원전 1세기 씨이저 Caius Julius Caesar는 오늘의 프랑스 땅에 살던 켈트系 야만족들을 정벌하고 이 지역에 갈리아 Gallia라는 로마식 이름을 붙였다. 이 지역 주민을 골 Gaule이라고 불렀다. 5세기 무렵 로마제국이 쇠약해진 틈을 타서 게르만의 대이동, 바로 침략이 시작된다. 이때 '프랑크 Franc'라는 게르만의 一派가 북부 프랑스 영토로 들어온다. 프랑크 왕 클로비스 Clovis는 처음으로 가톨릭으로 개종하여 세례를 받고 문명권에 등장한다. 그의 영토는 라인 강에서 루아르 강까지 뻗었다. 이 무렵 프랑스 땅의 역사발전 단계는 우리 역사에서 기원 1세기 漢四郡을 막 몰아낸 초기 三韓三國시대쯤에 해당할 것이다. 그후 수백 년이 지나서 8세기 말 샤를르마뉴 Charlemagne 大帝가 나온다. '大帝'라는 타이틀은 민족주의 역사관이 과장한 표현이다. 그저 주변 부족국가들을 정복하여 국토의 확장과 더불어 제법 왕권을 확립한 최초의 覇者라고나 할까. 중국 사람들이 好太王이라고 부르는 고구려왕을 우리는 廣開土大王이라는 어마어마한 이름을 붙이지 않았는가.

클로비스는 지금의 빠리에 도읍을 정했었지만, 샤를르마뉴는 빠리를 버리고 지금의 네델란드와 접한 서북부 독일 아헨 Aachen 지방 엑스 라 샤펠 Aix-La-Chapelle로 옮겨갔다. 우리들은 중국식 개념으로 왕조시대 임금님이 사시는 도읍을 서울이라고 부른다. 우리나라의 경우 왕은 결코 서울을 떠날수 없었다. 그러나 프랑스의 왕들은 늘 빠리에만 살지 않았다. 빠리는 역사적으로 프랑스의 정치적인 서울[2]이 아니었다. 하나의 문명 중심이었다고나 할까.

프랑스 사람들은 자기 나라의 정체성을 약간의 민족주의적인 감정을 곁들여 말할 때 샤를르마뉴 大帝부터 시작한다. 빠리의 씨떼 섬 노트르담 사원 Cathédrale Notre-Dame 앞 녹지에 가면 그의 힘찬 騎馬像을 만난다. 그가 오늘의 프랑스 영토의 골격을 만든 고대 영웅이다. 민족 정체성의 출발이라는 점에서 한반도에 처음 통일 왕조를 세운 태종무열왕과 비길만 하다. 물론 7세기의 통일 신라와 8세기의 프랑크 제국을 단순 비교하기는 어렵다. 프랑크 제국은 우리와는 달리 아직 세습 왕조가 아닌, 초기 중세 유럽의 諸侯國들 간의 覇權 판도였다. 프랑스에 본격적인 세습 왕조가 나타나는 것은 10세기 카페시앙 왕조부터이므로. 물론 카페시앙 왕조나 그 뒤를 잇는 발루아도 그렇지만 어디까지나 유럽식 봉건제후국이지 한반도에서와 같은 중앙집권적인 강력한 왕국과는 달랐다. 프랑스에서 강력한 왕권은 부르봉 왕조의 루이 14세로 상징되는 17세기 절대왕조 시대와 함께 꽃핀다.

영국 역사학자 젤딘 Thomas Zeldin의 『프랑스사 History of France』에 따르면 지금부터 약 150년 전 그러니까 19세기 말엽까지도 프랑스

---

2) 10세기 카페시앙 왕조 Les Capétiens부터 시작하여 14세기 발루아 왕조 Les Valois가 들어선 뒤에도 빠리는 왕들의 중요한 도읍이었지만 빠리 근교나 루아르 강변에도 왕들의 별궁은 산재해 있었다. 특히 16세기 루이 12세에 와서는 오를레앙에, 그 뒤를 잇는 프랑수아 1세부터 앙리 3세까지 발루아 왕들은 루아르 강변 샤또에서 정치를 했다. 17세기 부르봉 왕조 때도 유명한 루이 14세는 베르사유 궁에서 웅거하지 않았는가. 빠리가 근대적인 의미의 프랑스 首都로 면목을 일신하는 것은 19세기 초 나폴레옹이 루우브르를 재건하고 개선문 Arc de Triomphe과 방돔 탑 Colonne Vendôme을 세웠을 때부터라고 하겠다. 그러나 나폴레옹 자신은 대부분의 시간을 빠리 근교에 있던 조세핀 Joséphine, Marie-Joséphe Rose Tascher de La Pagerie의 집 말매종 Château de Malmaison에서 보냈고 조세핀과 헤어진 뒤에는 주로 퐁텐블로宮 Château de Fontainebleau에서 政事를 폈다.

농민의 90 퍼센트는 영양실조 상태였다. 큰 구리솥에 감자를 넣고 끓인 야채국에 빵 몇 조각이 주식이었다. 그나마 하루 두 끼 정도 밖에 먹을 수 없었다. 같은 시기의 한반도 농민들과 크게 다르지 않은 수준이라고 생각한다. 경제학자 골브레이스 Kenneth Galbraith가 말하는 『풍요한 사회 The Affluent Society』는 20세기 초에 이르러 비로소 지구상에서 그나마 서부유럽과 북미 대륙의 동해안 정도에 나타났다. 그 때까지 인류는 대부분 배불리 먹을 수 없을 정도의 가난 속에서 살아왔다. 몇몇 왕후장상 만이 호화로운 삶을 누렸을 뿐이다. 20세기 초의 풍요한 사회란 이 사회의 중산층이 19세기 귀족과 비슷한 수준의 의식주를 영위하는 사회를 말한다. 우리나라는 80년대 후반에 와서야 비로소 '작은 풍요한 사회'를 맞았다고나 할까.

　『골 戰士 아스테릭스의 모험 Une Aventure d'Astérix Le Gaulois』이라는 劇畵 bandes dessinées는 당연히 劇畵 『고우영 수호지』발행인의 눈을 끌었다. 내가 특별히 이 극화를 재미있게 읽은 것은 현대 프랑스 인들이 자기 조상을 어떻게 생각하는지 그 의식이 드러나 있기 때문이다. 극화 시리즈의 첫 권은 이렇게 시작한다.

　기원 전 1세기 씨이저는 로마 군대를 이끌고 골 지역을 정벌한다. 그러나 광활한 야만의 땅에는 로마 주둔군의 통치권이 미치지 못하는 마을이 있다. 마치 30년대 중국대륙에서 군벌 통치가 미칠 수 없었던 중국공산당의 소비에트 해방구처럼. 이 완악한 골 마을은 분연히 로마제국의 주둔군과 맞서 그들의 무력 통치를 교란시킨다. 주인공 아스테릭스의 꾀와 오벨릭스 Obélix의 우직함, 그리고 신비스러운 골족의 靈藥의 힘에 씨이저조차 어쩔 수 없이 이들을 달래 준다는 줄거리. 문명국 지배자를 감히 야만문화로 조롱하는 아스테릭스의 풍자.

결국 '아스테릭스의 모험'은 프랑스 인의 변두리 의식을 반영한 애기라고 볼 수 있다. 유럽의 中原 로마 문명에 위압당한 邊方 프랑스에 살던 먼 조상들의 事大主義를 생각하게 한다. 로마제국 시절부터 중세를 거쳐 절대왕조를 지날 때까지 프랑스는 속절없이 로마를 향한 事大를 지킬 수밖에 없었다. 그러다가 2000년 만에 프랑스 땅에 등장한 영웅. 나폴레옹 보나빠르뜨 Napoléon Bonaparte. 1804년 12월 2일 영웅은 감히 교황 비오 7세 Pius Ⅶ를 로마로부터 빠리로 불러올려 노트르담 대성당에서 자신의 황제 대관식을 집전케 한다. 聖의 무력함을 틈타 俗의 힘을 과시한 것이다. 그가 바로 나폴레옹 1세 Napoléon Ier이다. 다비드 Jacques Louis David가 그린 이 대관식 기록화 Sacre de Napoléon Ier는 루우브르 박물관 2층 드농室 Denon에 걸려 있다.

노트르담의 황제 대관식과 관련하여 나는 빠리에 온지 얼마 안 되어 매우 기묘한 역사의 因果를 목격할 수 있었다. 1980년 5월 30일 교황 요한 바오로 2세가 빠리를 방문했을 때 가톨릭 국가인 프랑스에서 교황의 인기는 정말 대단했다. 워낙 여행을 자주하시는 교황 요한 바오로 2세에게 처음에는 프랑스 방문의 특별한 의미가 별로 부각되지 않았다. 그러나 노트르담 대성당에서 교황이 집전한 미사가 텔레비전으로 중계되면서 전 세계 시청자들은 무릎을 치지 않을 수 없었다. 아, 바로 이거였구나! 그 날 미사에서 지스카르 데스텡 당시 대통령, 자끄 시락 Jacques Chirac 빠리 시장, 미테랑 사회당 당수, 심지어 조르주 마르세 Georges Marchais 공산당 서기장까지 프랑스의 영향력 있는 현직 통치자와 정치인들이 교황 요한 바오로 2세 앞에서 줄줄이 무릎을 꿇었다. 180년 전 교황 비오 7세가 나폴레옹 황제에게 당한 굴욕을 요한 바오로 2세가 바로 그 성당 그 자리에서 갚아 버린 것이다. 이번엔 聖이 俗을 누르고 역사 앞에 굴복시켜 보였다. 이와 같은 聖俗의 역사적 因果를 실현시킬 때까지 180년 동안 역대 로마 교황은 그 누구도 한 번 빠리를 방문하지 않았었다. 그야말로 臥薪嘗膽의 세월이었다.

아무튼 나폴레옹 이후 빠리가 세계문화의 중심도시로 자리잡아 온 것은 사실이다. 오늘날에도 상당히 많은 사람들은 문명의 변두리였던 프랑스의 사대주의 역사를 자랑스럽게 청산한 영광의 주인공으로 나폴레옹을 생각하고 있다.

2

미 술

미술관 미술사

박물관은 인간이 살아 온 역사 속에서 아름답고 귀한 기록을 모아
두는 곳이라 하겠다. 무엇이 아름답고 무엇이 귀중한가 결정하는 것
은 미술품을 수집하고 정리하는 사람의 눈과 생각에 달렸다. 세계에
서 가장 아름답다는 고려자기를 만든 한반도 사람들은 도자기를 미술
품으로 보지 않았다. 아무도 도자기를 미술품으로 수집하지 않았다.
그저 생활 容器로 사용했을 뿐이다. 그러나 도자기를 만들 줄 모르는
일본열도의 야만인들에게는 한반도의 도자기는 단순한 용기가 아니라
말 그대로 보물이었다. 600년이 넘게 한반도의 도자기를 보물을 다루
듯이 수집하고 정리하고 또 그 모양대로 재현하는 동안 일본열도 사
람들은 도자기의 아름다움을 감상할 줄 아는 안목이 생겼다. 정말 아
름다운 도자기를 창조한 사람들의 후손은 눈이 멀고 그것을 훔친 사
람들의 후손은 제대로 눈이 뜨이다니 참 아이러니컬한 일이다.

나는 학교 교육을 통하여 美術史를 제대로 공부한 기억은 없다. 다만 중고등학교 때 괴팍한 미술선생님을 만났다. 서양화가 故 朴商玉 선생님. 한 주일에 한 시간, 그것도 빼먹기 일쑤인 戰時 교육체계 속에서 선생님은 우리들에게 데쌩 dessin에 앞서 입체 幾何를 가르치셨다. 덕분에 그림 그리는 재주가 없었던 나는 좋은 미술점수를 받을 수 있었다. 그러나 미술시간에 입체 기하라니. 선생님의 주장은 이랬다. 그림은 입체적인 대상물, 오브제 objet를 평면에 옮기는 작업이다. 따라서 미술 이전에 먼저 입체를 평면으로 표현하는 기계적인 기법부터 알고 그려야 한다. 우리는 입면도 단면도 투시도 따위를 戰時 천막 교실에서 직접 그려 보았다. 학년 말 마지막 미술시간에 사과 한 개를 놓고 입체畵 스케치 요령을 배웠다. 선생님은 말씀하셨다. 누구나 사과는 둥그니까 보통 圓부터 그리기 쉽다. 그러면 사과의 입체감이 살지 않는다. 먼저 正입방체의 투시도부터 그려라. 그리고 각 모서리를 쳐나가면서 明暗을 살려보아라…. 과연 루우브르에서 본 렘브란트 Harmenszoon van Rembrandt 작품들은 투시도를 기초로 명암을 살려 대상물을 사실적으로 보여 주는 다큐멘타리 기법으로 그려진 것이었다.

루우브르 궁에 처음으로 미술품 소장을 시작한 사람은 16세기 발루아 왕조 Les Valois 프랑수아 1세 François Ⅰ였다. 다 빈치의 「모나리자의 미소」, 라파엘 Sanzio Raffaello의 「아름다운 정원사」, 티시앙 Vecellio Tiziano의 「왕의 초상」 등 르네쌍스 大家들의 아름다운 그림들을 사 모은 것. 본격적인 콜렉션은 17세기 부르봉 왕조 시대로 넘어와 '태양의 왕'이라 불리던 루이 14세부터. 宰相 콜베르 Jean-Baptiste Colbert가 미술품 2,500점을 수집하여 절대 왕조의 富를 과시했다. 이 작품들이 루우브르 궁에 소장되면서 미술관으로서의 규모를 갖추기 시작한다. 그후 나폴레옹 황제 Napoléon Ⅰ가 이탈리아와 이집트 원정에서 얻은 고대 문명의 전리품들을 몽땅 루우브르에 쏟아놓았다. 드디어 왕과 영웅들의 안목으로 만들어진 세계 제일의 박물관이 된 것이다. 1947년 이후 루우브르 박물관은 이집트, 그리스, 로마의 古代문명과 中世 그리고 르네쌍스 시대를 頂点으로 하여 18세기까지의 고전 작품들만 전시하고 있다.

19세기 말부터 20세기 초까지의 근대미술을 미술사에서는 '프랑스 印象派'라고 부른다. 인상파 작품들은 2차·대전후 루우브르宮 한 부분 죄 드 뽐므 Musée du Jeu de Paume에 따로 소장해 오다 1986년 옛 빠리 驛舍를 개조한 오르새 미술관 Musée d'Orsay을 열면서 모두 그리로 옮겨졌다. 흔히 루우브르를 찾는 많은 관람객들이 인상파 작가들의 작품은 한 점도 감상하지 못했다고 하는 이유가 여기에 있다. 지스카르 데스텡 Valéry Giscard d'Estaing 대통령 때 시작한 오르새 미술관은 사회당 정부의 미테랑 François Mitterrand 대통령이 개관 테입을 끊었다. 인상파 그림들은 오늘날 수집가들이 가장 눈독을 들이는 회화 예술품들로 천문학적인 경매가가 종종 신문에 보도된다. 한 예로 1992년에 뉴욕 크리스티 경매장에서는 반 고호 Vincent van Gogh의 작품이 15억 원에 팔려 화제가 되기도 했었다. 루우브르와 함께 프랑스의 자랑거리인 오르새 미술관은 그렇게 값비싼 인상파 그림을 세계에서 가장 많이 소장한 미술관이다.

60년대 퐁피두 Georges Pompidou 대통령의 착안에 따라 추진된 퐁피두 문화센터 Centre Georges-Pompidou는 1977년 문을 열었다. 이 문화센터에 만든 국립현대미술관 Musée National d'Art Moderne

은 현대미술사를 새로운 시각에서 다시 정리하고 있다. 野獸派의 마티스 Henri Matisse와 입체파인 피카소 Pablo Picasso를 출발점으로 하여 러시아 표현주의 화가 칸딘스키 Wassily Kandinsky 이후 전위적인 아방가르드 avant-garde 실험미술까지 콜렉션에 포함시켰다. 당시 전통주의자들은 현대미술 작품, 이른바 모더니즘 또 포스트 모더니즘이라고 부르는 여러 가지 실험미술들은 미술관이 체계적으로 수집할 가치가 없다고 보았었다. 그러나 프랑스 정부는 빠리의 국립현대미술관에 과감하게 이들을 체계적으로 전시하기로 결정한 것이다.

20세기 미술계의 이 새로운 흐름을 주도한 인물은 놀랍게도 프랑스 사람이 아닌 스웨덴 사람이었다. 빠리의 루우브르나 죄 드 뽐므에 비해 초라하기 짝이 없는 스톡홀름 현대 미술관 Moderna Museet의 휼텐 Pontus Hultén 관장이었다. 스웨덴은 프랑스에 비해 후진국이었다. 그들이 경제적 여유가 생긴 20세기 초반에는 이미 수장될 대로 수장된 인상파 미술품들은 수집하기가 어려웠다. 인상파 작품들은 우선 구하기도 힘들었지만 시장에 나온다 해도 그것을 구입하려면 당시로서도 이미 엄청난 예산이 필요했다. 휼텐 관장은 아예 남이 아직 눈을 돌리지 않고 있는 현대미술을 경제적인 예산으로 충분히 수집할 수 있었다. 이것이 스톡홀름 현대미술관이 현대미술로 특화된 현실적 이유였다. 프랑스 정부는 퐁피두 현대미술관을 만들면서 휼텐 관장을 과감히 스카웃했다. 얼마 안 가서 뉴욕의 현대미술관 Museum of Modern Art(MOMA)이 프랑스 국립 현대미술관의 뒤를 따랐다. 휼텐 관장은 이번엔 뉴욕 현대미술관 관장으로 옮겨 앉았다. 스톡홀름 빠리 뉴욕 세 도시의 현대미술관을 가 본 사람들은 현대미술의 콜렉션과 전시의 컨셉트 concept가 한 사람의 아이디어임을 한눈에 알 수 있다. 20세기 후반의 새로운 미술 思潮, 아니 문화 전반의 새롭고 거

대한 물결인 포스트 모더니즘의 등장을 이 현대미술관들이 주도한
것이다. 1993년 대전 엑스포에는 휼텐 선생이 기획한 야외 조각공
원이 매우 돋보였다. '포스트·포스트 모더니즘' 조형미술의 한 표본
이었다.

결국 빠리의 미술관 체계는 루우브르·오르새·퐁피두센터 이렇게
일단 완성된 셈이다. 세계미술사를 한 도시에 시대별로 보관 전시하
겠다는 세계문화의 중심도시다운 고고한 發想이었다. 빠리의 美術史
는 학교 교육에서 경험하지 못했던 미술문화에 대한 나의 안목을 키
워주었다. 빠리에 사는 사람들은 프랑스 문화만이 아니라 세계의 문
화를 호흡하고 산다는 사실도 차차 알게 되었다. 그리고 이러한 세계
문화 속에서는 국가의식이나 민족의식이 결코 강조될 수 없다. 루우
브르의 소장품들은 이탈리아, 네델란드, 스페인, 그리스, 이집트 등
외국의 미술품이 대부분이다. 물론 앙드레 말로 André Malraux가 애
써 치켜세우던 들라크루아 Eugène Delacroix 같은 19세기 프랑스 巨
匠을 포함하여 프랑스 화가들의 많은 작품들도 루우브르에는 전시되
어 있다. 그러나 이탈리아나 네델란드 大家들의 휘황한 작품들과는
비교가 되지 않는다. 그러면서도 프랑스 사람들은 자기 나라 출신 예
술가들이라고 해서 어떤 특별한 애착을 보이지 않는다. 마치 다 빈치
나 라파엘이나 렘브란트가 자신들의 예술적인 조상이나 되는 것처럼
그렇게 모시는 것이다. 프랑스 사람들에게 있어서 문화적 전통은 그
옛날 어디서 누가 만들었느냐 하는 국적의 문제가 중요한 게 아니라
오늘날 누가 어떻게 평가하느냐에 따라 존중되고 있다.

美術史家들은 흔히 인상파 미술을 근대적 의미의 회화예술의 시작
이라고 말한다. 피사체의 외형만을 찍어 내던 미술이 내면을 그려 내

는 생명력을 갖게 되었다는 말이다. 고전 미술에서는 회화의 대상을 사진처럼 있는 그대로 그리려고 했다. 그 때는 카메라가 없었다. 그래서 明暗을 이용하여 피사체의 모습을 설명하려고 했다. 마치 다큐멘타리 영화처럼. 이것이 바로 렘브란트 그림이다. 그러나 인상파 화가들은 피사체를 자신의 눈과 마음으로 읽고 자신이 느낀 예술적인 印象을 캔버스에 옮긴다. 이야말로 창조적인 회화예술이라고 말할 자격이 있다는 것이다.

미술사가들이 인상파를 굳이 '프랑스 인상파'라고 이름붙힌 연유에는 과연 프랑스 문화 민족주의가 작용한 것일까? 아닐 것이다. 세잔느 Paul Cézanne, 르누아르 Pierre Auguste Renoir, 고갱 Paul Gauguin, 모네 Claude Monet, 마네 Edouard Manet, 드가 Egar Degas…. 전기 후기 인상파 화가들은 프랑스 인들이 압도적으로 많다. 그러나 반 고호와 같은 위대한 인상파 화가는 네델란드 출신이다. 프랑스의 문화 민족주의 탓일까? 우리는 흔히 현대미술의 출발을 프랑스의 마티스부터라고 말하지만 가장 위대한 현대 미술가는 스페인 출신 피카소로 귀착되고 있다. 그러나 반 고호나 피카소의 주된 활동무대는 역시 빠리였다. 근대에 와서 빠리는 프랑스가 문명의 중심국가로 발전하면서 자연히 세계문화의 중심도시였기 때문이다. 그로부터 수 세기 동안 이 도시는 세계의 미술가들을 흡인하고, 그들과 함께 호흡하며 성장해 온 문화의 중심지대였다는 사실을 부인할 길이 없다.

이만익의 경우

1980년 내가 빠리에 정착하자마자 뒤따르듯이 건너온 친구가 있

다. 고등학교 때 불어반 친구였던 서양화가 李滿益. 빠리에서 첫 개
인전을 연다는 흥분에 들떠서 작품을 캔버스째 말아 들고 나타난 것
이다. 그는 인상파 화가들이 가난하게 살았다는 몽마르뜨르 언덕의
한 싸구려 여관에 장기 투숙했다. 돈을 아끼느라고 말아 들고 온 자
신의 그림을 나무틀을 사다가 직접 펴서 끼웠다. 어쩔 수 없이 친구
의 전시회 준비에 노동참여를 할 수밖에 없었던 나는 이 오랜 도시의
미술 비지니스 세계를 조금은 들여다볼 수 있었다.

「이만익 빠리 개인전」은 1980년 9월 16일부터 10월 11일까지 빠
리 1구 엘리제궁 가까운, 포부르 쌩또노레街 Rue Faubourg Saint-
Honoré 83 번지와 마티뇽路 Avenue Matignon 27번지의 두 개의 주
소를 가진 모퉁이집 베르네임 죈느 화랑 Bernheim Jeune에서 열렸
다. 인상파 화가 보나르 Pierre Bonnard를 길러 낸 유서깊은 집이
다. 한국에서 빠리에 온 화가들은 이런 훌륭한 화랑에서 그것도 그룹
이나 연합전이 아닌 개인전을 갖는 이만익을 몹시 부러워했다. 부러
워하다 못해 시샘하는 눈치들이 역력했다. 사실 이만익이 베르네임
죈느와 맺은 인연은 제법 오래된 얘기다.

이만익은 중학교 때부터 미술반이었다. 우리들에게 데쌩 대신 입체
기하를 가르치신 미술교사 박상옥 선생의 수제자였다. 우리 동기 중
에서 미술대학까지 간 사람은 이만익과 서울美大 재학 중 작고한 金
正岡뿐이다. 고등학교 때 이미 화가를 지망한 두 사람은 불어를 제2
외국어로 선택하여 나와 한반이 되었다. 그들은 대학에 가서도 그림
에 미치고 프랑스 문화에 젖었다. 학교가 인접했던 것도 이유 중 하
나지만 대학생 때 나는 이 미술학도들과 잘 어울렸다. 지금 기억으로
김정강은 고갱 Paul Gauguin, 이만익은 루오 Georges Rouault의 영

향을 한때 받았던 것 같다. 검은 색과 붉은 색의 짙고 굵은 線. 오늘
의 이만익 畵伯은 누가 봐도 "아, 이건 이만익이다"할 정도로 독특한
스타일을 창조하는 데 성공했다. 붉은 색, 노랑색, 파랑색 등 한국적
色調를 짙고 굵게, 그러나 루오와는 달리 매끈한 線으로 마치 성당
의 스테인드 글라스 vitrail처럼 분할 화법으로 잘 처리하고 있다.

빠리 挑戰을 선언하고 10년을 기다리던 이만익은 어느 날 고등학
교 선생자리를 내던지고는 빠리로 날아갔다. 1973년 여름의 일이었
다. 자신의 그림을 가지고 세계에 한번 부딪쳐 보겠다고, 본터에서
한판 승부를 걸겠다고, 여편네고 새끼고 다 내팽개치고 날아간 것이
다. 야심만만한 젊은 화가가 친구들에게 던진 비장한 출사표였다. 그
러나 이만익의 생각은 빠리에 도착하면서 부터 빗나가기 시작했다.

빠리는 이만익이 생각했던 그런 미술의 메카가 아니었다. 물론 아
직도 세계의 많은 화가들이 빠리로 몰려온다. 그들은 단지 이 도시에
오랜 동안 축적된 미술의 역사를 배우고 그 분위기에 젖을 수 있을
뿐이다. 20세기 초 인상파 화가들이 누렸던 그런 예술적인 생활은 이
미 사라진 지 오래다. 비록 가난했지만 예술의 정열을 발산할 수 있
었던 낭만은 몽마르뜨르 언덕의 전설로만 남아 있을 뿐이다. 오늘도
관광객들은 전설을 찾아 이 언덕을 오른다. 낮에는 베레모를 쓰고 앉
아 관광객의 초상화를 즉석에서 그려 파는 화가들을 만난다. 밤에는
길 양 옆에 관광객을 상대로 하는 음식점이 흥청거린다. 유뜨리요
Maurice Utrillo의 그림에 나오는 술집 「라팽 아질(날렵한 토끼) Lapin
Agile」에 가면 지금도 늙은 가수들이 부르는 몇 세기 전의 샹송을 들
을 수 있다.

세잔느, 반 고호, 고갱에서 부터 마티스, 피카소의 예술적 재능을

알아본 것은 빠리의 고명하신 미술평론가들이 아니라 예술 브로커인
畵商들의 눈이었다. 중세기에는 종교 지도자들이, 봉건 왕조 시대에
는 귀족들이 예술가를 발굴하고 키웠지만 시민사회에서는 畵商들이
그 일을 맡았다. 빠리의 화상들은 90퍼센트 이상이 유태인들이다. 서
양 그리스도교 사회에서 이교도가 살아 남기 위한 가장 확실한 보증
은 돈이었다. 쉽게 말하면 돈장사, 바로 금융업은 셰익스피어의「베
니스의 상인 Merchant of Venice」시절부터 샤일록과 같은 유태인의
전매특허였다.

　화상들은 화가들의 그림을 보고 나름대로의 안목으로 작품을 고르
는 일부터 시작한다. 자기들이 고른 유망주와 전속 계약을 한다. 가
난한 화가들은 화상들이 제공한 아틀리에 atelier에서 최소한의 생활
비를 지급받고 오로지 그림을 그리며 생활을 영위해 간다. 전속된 화
가들이 그리는 작품들은 모두 화상의 콜렉션에 收藏된다. 화상은 가
끔은 자기가 기르는 화가들을 최고급 레스토랑에 초대하거나 발레나
오페라를 구경시켜 주기도 한다. 예술적 靈感을 키워 주기 위함이
다. 화상에 따라서는 자기 집 쌀롱에서 시인 작가 음악가 등 다른 분
야의 예술가들을 함께 초대하여 화려한 저녁 파티 soirée를 즐기기도
한다. 많은 인상파 화가들이 대개는 이런 방법으로 화상들에 의해 사
육당하고 착취당했다고 할 수 있다.

　화상들은 전속계약을 통해 수집한 그림들을 당장은 절대로 팔지 않
는다. 자기가 점찍은 화가가 세계적인 명성을 얻어서 비싼 값에 팔릴
수 있을 때까지 기다리는 것이다. 때로는 이 화가의 주가를 높이기
위하여 전시회도 열고 평론가들을 초청하여 좋은 평가를 유도하기까
지 서슴지 않는다. 베르네임 쥔느의 경우 보나르의 그림을 뽕삐두 센
터 현대미술관에 화상 자신의 이름으로 기증한 것을 보았다. 권위 있

는 미술관의 전시품 목록에 참여하는 것도 화가의 미술사적 위치를 굳히는 방법일 수도 있겠다.

이쯤 되면 畵商業이란 일종의 금융업이라고 볼 수 있다. 나쁘게 말하면 고리대금업에 가깝다. 가난하고 재주 있는 화가들에게 최소의 경비를 투자하여 나중에 자손 대대로 비싼 값에 팔아서 엄청난 이윤을 올리는 것이다. 더구나 예술을 후원한다는 고상하기 짝이 없는 명예까지 덤으로 묻어온다. 최근 미국 경매 시장에서 우리돈 15억 원에 팔린 작품을 그린 반 고호는 일생을 가난하고 불우하게 살다가 갔다. 그러나 그를 사육했던 화상은 당시에도 그랬지만 오늘날까지 몇 배의 이윤을 챙기는 것이다.

쎙 메리街 Rue Saint Merri 12번지에 있는 매그 화랑 Galérie Maeght 은 샤갈 Marc Chagall을 키운 화상으로 유명하다. 샤갈은 반 고호와 달랐다. 생전에 자기 작품이 엄청난 값에 팔리는 행복을 맛볼 수 있었다. 세월의 덕도 있었겠지만 화상업계의 유태인 파워가 크게 작용한 것 같다. 샤갈은 러시아출신 유태인이다. 제2차 세계대전 후 세계적인 유태인 피해보상 심리에다가 그림을 살 수 있는 부자 고객이 많은 미국의 유태인 영향력이 가세되었을 것이다. 빠리의 센느 강을 경계로 북쪽을 右岸 rive droite, 남쪽을 左岸 rive gauche이라고 한다. 우안은 보수적 속물적 동네, 좌안은 진보적 지성적 동네라는 이미지를 풍긴다. 오페라 座와 은성스러운 샹젤리제 거리가 우안에 있고 대학가와 실존주의 철학자 싸르뜨르의 아지트였던 까페 되 마고 Café deux magots가 좌안에 있다. 우안에 매그 화랑이 있다면 좌안에는 미술학교 Ecole des Beaux Arts가 있고 부근에 화랑 끌로드 베르나르 Claude Bernard가 있다. 끌로드 베르나르는 좌안답게 매그보다는 진보적인 현대 화가들을 후원하는, 지금도 활발한 화랑으로 유명하다.

화랑 베르네임 쾬느

이만익은 1973년 한국에서 싸 가지고 온 자신의 작품들을 들고 화랑 순례를 감행했다. 책에서 읽은 대로 옛 인상파 화가들을 흉내낸 데뷔 행각을 벌인 것이다. 서울에서부터 지고 온 자신 있는 작품들이다. 이쯤 되면 세계에서 알아 주겠지. 화랑을 찾아가 큐레이터를 만나본다. 떠듬거리는 불어로 자기 소개를 하고 그림을 펼쳐 보였다. 화랑의 큐레이터들은 한참 자세히 들여다 봤다. 기대에 찬 기다림을 무색하게 만드는 외교적인 거절의 言辭들.

"참 잘 봤다. 아시아적인 냄새가 있다. 그러나 우리 화랑은 다른 사정이 많다. 전시회는 곤란하다."

한 열 군데 쯤 돌고 나서야 비로소 다리가 아프다고 느꼈다. 아무래도 안 되겠다. 이 정도의 그림으로는 세계를 감동시킬 수 없구나. 그래도 포기하지 않았다. 순례는 계속되었다.

그러던 중 한 군데 베르네임 쾬느에서 다시 한 번 더 들려 보라는 반응이 왔다. 이 화랑의 여성 편집장 rédactrice 쉬잔느 라쎄 Susanne Lassez[3]가 이만익의 그림에 흥미를 느낀 것이다. 다시 만났을 때 라쎄 편집장은 이 화랑이 주관하는 그룹전에 한 번 참여해 보지 않겠는가 물어 왔다.

"다꼬르 D'accord. 메르씨 merci."

---

3) 베른네임 쾬느 화랑은 보나르 畫集을 발간하는 출판사를 겸하고 있다. 라쎄 양의 직함은 큐레이터 겸 화집을 만드는 편집장으로 불리운다.

우선 빠리에 온 밑천은 건진 셈이다. 이 그룹전 이름은「쌀롱 포부르 쌩또노레 Salon Faubourg Saint-Honoré」. 하여튼 이만익은 빠리에서 그룹 전시회에 참가할 수 있는 약속을 하나 얻어 갖고 의기양양 귀국하게 됐다.

이만익은 서울로 돌아와 새로운 그림에 도전했다. '가장 한국적인 그림'을 그리는 문제를 가지고 우리들의 단골 맥주집인 종로 2가「낭만」에서 친구들과 술을 마시며 갑론을박했다. 이 때부터 이만익의 그림이 변하기 시작했다. 오늘의 이만익 畵風이 그 무렵 만들어졌다. 내가 소장한 이만익 작품4)은 바로 이 무렵 1977년 작품「井邑詞의 두 娼婦」이다. 1979년 여름, 이만익은 새로운 그림을 들고 다시 빠리로 가서 베르네임 죈느 그룹전에 일본인 화가들과 함께 참가했다. 이만익의 베르네임 죈느 개인전은 이렇게 이루어진 것이다.

베르네임 죈느는 보나르의 그림을 독점한 畵商이다. 요즘처럼 인상파 그림값이 높은 때 아무 사업도 안 하고 지하창고의 수많은 작품들을 1년에 하나씩만 팔아도 평생 살 수 있는 부자이다. 기실 이 조용한 화랑에서는 보나르 화집 출판 이외에 달리 다른 일을 벌이는 것 같지 않았다. 쇼 윈도에는 보나르 작품과 어느 무명의 이스라엘 화가가 聖書 이야기를 그린 작품만이 전시되어 있었다. 빠리의 오래된 화

---

4) 1974년. 이만익 渡佛展 때 친구들은 그의 빠리 도전을 지원하기 위해 여유있는 대로 전시된 그림을 하나씩 샀다. 당시 고우영 극화로 돈을 좀 벌었던 나도 한 폭의 油畵를 구입했다. 돈을 주고 그림을 산 나의 첫 콜렉션이다. 이때 산 작품은 웅크리고 뒤돌아 앉아있는 한 남자의 裸身인데 작품의 예술성은 있지만 화려한 맛이 없었다. 그래서 이만익이 귀국한 1977년에 그의 새로운 畵風으로 그린 「井邑詞의 두 娼婦」로 바꾸었다. 이번에는 벌거벗은 두 여인이 꽃 판을 놓고 정면으로 웅크리고 앉아있는 대담한 포즈인데 이만익 風의 강렬한 색조가 고려가요의 분위기를 잘 살리고 있다.

랑들은 매그 나 끌로드 베르나르를 제외하면 대개 그 옛날 투자했던 인상파 그림으로도 충분히 살아 가는 일종의 休火山들이다. 그런데 베르네임 죈느가 일본인 화가를 중심으로 그룹전을 연다? 70년대는 경제대국 일본이 세계적으로 부상하던 시절이다. 화상들은 원래 돈의 흐름에 대한 감각이 빠르다. 미술품은 본질적으로 부자들의 기호품이다. 베르네임 죈느의 그룹전은 일본열도의 미술 붐에 따른 움직임으로 이해된다. 한국인 화가를 픽업한 라쎄 편집장은 80년대 한국 졸부들의 미술품 사재기까지도 예견했는지 모른다.

1980년 베르네임 죈느 이만익 개인전은 그 때는 이미 創法化된 이만익 스타일의 그림들 약 40점을 전시했다. 호랑이, 까치, 거북이, 가족 등 한국적 소재들이 강한 톤으로 그려졌다. 전시회 개막 리셉션을 불어로 베르니싸주 vernissage라고 한다. 새 기계를 가동시킬 때 잘 돌아가라고 기름칠 한다는 뜻인데 전시된 그림이 잘 팔리도록 길을 닦는다는 의미이리라. 전시회가 열린지 며칠만에 좋은 소식이 왔다. 노르망디에 사는 화랑의 고객 한 분이 작품 두 점을 찍었다. 이만익은 흥분했다. 빠리는 사실 그림이 안 팔리는 도시다. 빠리 사람들의 집에는 흰 벽이 안 남아 있다. 그림이 걸려 있지 않은 벽이 없다는 말이다. 이미 다 차 버린 벽에 걸린 그림을 떼어내고 붙일 만한 경쟁력 있는 작품이 아니면 팔리지 않는다. 오늘의 화가들은 대개 빠리 전시회에서 얻은 聲價를 바탕으로 그림은 정작 다른 나라에서 판다. 우리나라 화가들도 빠리 학습을 이고지고 와서 그 골은 국내에서 빼먹는다. 그런데 생각지도 않게 빠리 전시회에서 그림이 팔린 것이다. 화가와 私的 인연 때문이 아니고 그야말로 객관적인 수집가의 눈에 들었다는 사실이 이만익을 기쁘게 했다.

이만익 개인전은 성공리에 끝났다. 도합 5점이 팔렸다. 그 중 3점은 화랑이 팔았다. 2점은 화가를 지원한 한국교포 유지들이 하나씩 샀다. 이만익은 세 번째 빠리에 진출하여 비로소 빛을 보게 된 것이다. 한국의 서양화가 이만익에게는 매우 중요한 계기였다. 이만익 그림의 작은 성공은 결국 작품의 독창성이 얼마나 중요한가 하는 사실을 다시 한 번 일깨워 준 것이다. 빠리에서는 결코 亞流는 안 된다. 세계 미술의 집산지인 빠리만큼 작품의 검증을 보장받을 수 있는 데는 없을 것이다. 이른바 예술성의 '어쩌다'는 절대 통하지 않는 문화 인프라가 세계에서 가장 잘 갖춰진 도시이다. 이만익은 일단 자기 작품의 독창성이 이런 무서운 도시에서 인정받았다는 사실만으로 만족하고도 남았다.

레닌의 愛人

한국에서도 많은 화가들이 빠리를 찾았다. 많은 분들이 좌절하고 그중 몇 분들은 빠리를 내세워 소위 성공했다. 그러나 정작 빠리에서 화상들이 알아줄 만큼 성공한 한국 출신 미술가는 많지 않다. 더구나 빠리에서 세계적 화가로 뚜렷한 위치를 확보한 한국인은 아직까지 없다고 해도 과언이 아니다. 뽕피두 센터의 국립현대미술관에 아직 한국화가의 작품은 단 한 개도 걸려 있지 않기 때문이다. 뽕피두 현대미술관에 전시된 단 한 사람의 아시아 작가는 중국 출신 자오 우키 Zao Wu-ki 뿐이다. 1948년 북경에서 빠리로 와서 프랑스에 귀화한 자오 우키는 漢字의 破字를 응용한 섬세한 추상화로 하나의 創法을 보여주었다. 이 창법은 우리나라 작가들 중에서도 전파되어 李應魯 등 재불화가를 비롯하여 동양화가 중에도 한자의 파자를 추상화시킨 예가 있다.

빠리 현대미술관이 알아주는 우리나라 사람으로서는 글쎄, 빠리 출신은 아니지만 뉴욕에서 명성을 얻은 비디오 예술가 백남준 Nam-June Paik 정도가 아닐까. 내가 기억하는 한국의 원로화가들 중 빠리 화상들과 전속계약을 맺었던 분들로 이응로, 李聖子, 文信, 朴一舟 등이 있다. 그 분들 중 나는 1984년 한 화상에게 묶인 박일주 선생을 잠시 목격할 수 있었다.

박일주 선생은 1978년 무렵 빠리로 왔다. 1925년에 내가 다닌 경기중학교를 졸업한 대선배이니까 이미 칠순 노인의 몸으로 빠리에 온 것이다. 선생은 한국전쟁 때 미군 심리전부대 전속화가로 징집되어 그 심리전부대가 있던 오끼나와에서 살았다. 그 곳에서 「코주부」로 유명한 金龍煥씨는 만화를 그렸고, 선생은 애니메이션과 宣撫用 삽화를 그렸다. 전쟁이 끝나자 동경에서 몇 해를 보내고 곧 빠리로 향했다.

선생의 畵風은 한 마디로 화사하다. 그리고 그의 영원한 테마는 '韓女'였다. 일본 부인과 살면서 '한녀'를 그렇게 동경한 것 같다. 선생은 한국 여인을 그렇게 불렀다. 선생이 그린 한녀는 매우 육감적인 모습이었다. 짧은 저고리를 비집고 나온 유방과 치마를 걷었을 때 나타난 아름다운 둔부가 강조된 것이다. 오랜 일본생활에서 배어든 色感이었는지 검은 하늘 바탕에 금빛 열매가 달린, 버드나무처럼 늘어진 가지가 가득찬 그림 한 귀퉁이에, 그런 육감적인 半裸의 한녀가 비스듬히 누워 있는 것. 그것이 전형적인 선생의 작품이다. 이 한녀의 테마를 선생은 옻칠 판에 프레스코 fresco 화법을 썼다. 회칠판에 象嵌을 하고 그 위에 아크릴 칼라와 오일 칼라를 배합하여 채색하는 것이다. 독특한 기법이다.

칠순의 화가가 그림을 말아 들고 빠리의 화랑 순례에 나섰다. 천신
만고 끝에 한 할머니 화상을 만났다. 까티아 그라노프 Katia Granoff.
이 할머니는 젊었을 때 빠리에 망명한 러시아의 혁명가 레닌 Vladimir
Lenin의 한때 애인이었다. 물론 확인할 수 없는 본인의 말이지만. 그
러나 레닌은 1908년 12월 5일부터 1912년 2월 5일까지 빠리에서 분
명히 망명생활을 했고, 젊고 매혹적인 까티아는 러시아계 유태인 출
신이었으므로 두 사람이 얼마든지 가까워질 수 있었을 것이다. 몽빠
르나스[5]에 가면 지금도 '百合園'이라고 번역해야 할 레스토랑 끌로
즈리 데 릴라 Closerie des Lilas가 있다. 망명시절 레닌의 단골집으로
관광객의 호기심을 끈다. 레닌과 까티아는 과연 끌로즈리 데 릴라의
촛불 켠 테이블에 마주 앉아 서로의 손을 애무하며 포도주와 함께 긴
저녁의 밀회를 즐겼을까?

박일주 선생이 만난 까티아 그라노프는 돈 많은 畵商으로, 詩集을
출간한 시인이며 미테랑 대통령의 친구이자 프랑스 정부의 영예로운
문화훈장 레지옹 도뇌르 Légion d'Honneur[6]의 소지자였다. 한 마디
로 빠리에서는 화려한 문화계의 거물이다. 돈도 많고 명예도 높고 감
성도 풍부한 칠순의 유태인 할머니가 한국인 화가 박일주에게 반했
다. 몸은 왜소하고 마른 장작같이 호리호리한데다가 이미 늙었지만,
정신이 순수하고 건강한 같은 세대의 동양 남자에게 반한 것인지. 프
랑스 인상파, 특히 르느와르와 마네에게 지대한 영향을 주었다는 18

---

5) 몽빠르나스 광장에는 레닌이 잘 다녔다는 까페 꾸뽈 Café Coupole이 있다. 이 유명한
까페는 레닌뿐만 아니라 그 뒤 작가 헤밍웨이 Ernest Hemingway의 단골이기도 했다.

6) 프랑스 공화국 최고 훈장. 1902년 제정된 이 훈장은 국적·성별·지위·신분·종교에
관계 없이 프랑스에 끼친 공로에 따라 수여된다. 이 훈장의 旗章에는 앞면에 공화국을
상징하는 여자 얼굴과 함께 'La République Française 프랑스 공화국' 뒷면에
'Honneur et patrie 명예와 조국'이라는 題銘과 함께 3색기가 새겨져 있다.

세기 일본 풍속화 '우끼오에 浮世畵'에 나오는 여인보다 훨씬 더 육
감적인 여인을 그려 낸 그 솜씨에 반한 것인지. 아무튼 까티아 그라
노프는 이 작은 韓男, 박일주를 샀다. 그리고 그의 전시회를 엘리제
궁 부근 자신의 화랑에서 열어 준 것이다.

전시회는 두 주일간 열렸다. 손님은 많지 않았다. 전시기간 중 박
일주는 친구 孫東振 화백과 함께 매일 화랑에서 살았다. 손 화백은
까티아 그라노프 같은 이름 있는 화랑에서 개인전을 갖는 박일주가
부러웠다. 내일이면 전시회가 끝난다. 아무도 그림을 사겠다는 사람
은 없었다. 손동진과 함께 내일 그림을 철수시킬 계획을 나누고 있었
다. 처음부터 이런 전시장에서 전시회가 열리는 것만도 행운이라고
생각하고는 있었지만 그래도 이제는 어찌해야 할지 앞길이 막막했
다. 그림을 싸들고 빠리를 떠나야 할 판이다. 그런데 전시기간 중 한
번도 오지 않던 까티아가 나타났다. 그림이 얼마나 팔렸느냐? 하나
도 안팔렸다. 그래? 그럼 내가 다 사겠다. 얼마를 주면 되겠느냐?
뜻밖의 제안에 어안이 벙벙했다. 감격한 박일주는 큰 돈을 받지 못했
다. 자신을 알아주는 것만으로도 고마왔다. 그 때부터 박일주는 까티
아가 정해 주는 빠리 교외의 아뜰리에 atelier에서 매달 생활비를 타
쓰며 산다. 한 달에 한두 개 그리는 작품은 모두 까티아의 콜렉션에
수장되었다. 결국 까티아에게 사육당하게 된 셈이다.

박일주에게 바치는 詩

1984년 어느 날 빠리의 한국 레스토랑 오아시스 Oasis에서 나는 박
일주와 함께 까티아 그라노프 여사를 만났다. 비대한 몸집에 유태인
특유의 제스추어, 천천히 그러나 또박또박 끊어서 말하는 그의 쉰 목

소리는 한 시대를 화려하게 살아 버린 늙은 여인의 페이소스를 느끼게 했다. 건강이 안 좋아 보였다. 키가 크고 훤칠한 남자 조카가 비서 역할로 거동이 불편한 자신의 고모를 부축하고 나왔다. 우리는 그 날 박일주의 예술을 이야기하고 동아시아의 문화를 논하였다. 까티아는 박일주를 위해 썼다는 자신의 산문詩「박일주 선생 IL-JU-PARK」을 내게 보여 주었다. 나는 그 자리에서 다음과 같이 번역하여 박 선생에게 주었다.

박일주 선생

어떤 필치로 선생님 그림을 묘사할까요?
詩的 산문으로 적어 보고 싶습니다.

당신의 붓은 때로는 아련한 무지개들을, 때로는 微風을 타고 날으는 형형색색의 하루살이떼를 펼쳐 보입니다. 뒤엉킨 덤불과 양탄자처럼 수놓인 꽃들이 덮힌, 서양인에게 무척 이국적인 풍경 속에서 때로는 선생만이 풍기는 독특한 부드러운 유우머와 함께 살아 움직이는 선생이 그리신 탐스러운 생명체들.

항상 새롭게『千日夜話』처럼 새롭고 끊임없이 펼쳐지는 선생의 꿈 속에서 살아 간다는 것은 바로 아주 까다로운 멋을 탐하는 것이 아닐까요. 선생의 그림을 생각하며 보들레르의 싯귀를 떠올립니다.

"*멀리서 긴 메아리가 어둡고 깊은 곳에서 한데 마주치듯*
밤과 낮처럼 광대한 곳에서 香과 色과 音이 한데 화답하도
다."

서양이 요구하는 갖가지 유혹 속에 살면서도 자신을 그대로
지키고 있는 당신에게 오히려 무어라고 감사해야 할까요? 아
무튼 빠리는 당신을 알아주었고, 가장 창의적인 화가, 매혹적
인 먼 지평 너머에서 온 메센저로 받아들였읍니다.

꽃으로 수놓은 당신의 연못, 신비롭기만한 당신의 숲 덤
불, 물과 곡식더미 너머 빛나는 당신의 금빛 은빛 별들은 새
와 나비, 꽃과 나뭇잎들의 흩날림과 함께 우리 세대까지 전해
져 온 저 아주 오랜 문화의 선물들입니다.

세상의 災變과 전쟁과 혁명 속에서 선생의 그림들은 우리
에게 그래도 잃어버릴 수 없는 희망과 영원한 아름다움, 그리
고 평화와 博愛를 가져다 주기 때문입니다.

까티아 그라노프 드림

박일주 선생은 까티아가 자기에게 바치는 佛文 獻詩를 우리말로
옮겨 준 나에게 몹시 고마워했다. 곁에서 까티아도 덩달아 좋아했
다. 둘은 사실 통역 없이는 의사소통이 불가능한 형편이었다. 그들은
오직 박일주 선생이 그린 작품을 통해서만 서로 깊은 情을 나누는 사
이였다. 그날 밤 까티아는 박 선생의 첫 서울 전시를 허락해 주었

다. 까티아 그라노프 화랑에 전속으로 묶인 박 선생은 까티아의 허락 없이는 세계 어디에서도 마음대로 전시회를 못한다.

까티아 그라노프는 1989년 4월 15일 많은 미술 소장품을 남겨 두고 세상을 떠났다. 유산은 그녀의 晩年을 수발한 그 잘생긴 조카에게 돌아갔다고 한다. 그 조카는 엘리제 궁 가까이 있던 까티아 그라노프 화랑을 처분하고 센느 강 남쪽 左岸으로 이사 가서 새 화랑을 운영한다는 얘기를 풍편에 들었다.

박일주 선생은 1987년 예총회관 화랑에서 첫 서울 개인전을 가졌다. 그 후에도 1990년 두손 갤러리에서 개인전을 가졌고 1989년에는 한국화랑 초대전에도 참가했다. 서울 전시회에서는 우리 서양화단의 원로 이종무 화백, 이준화 화백, 그리고 그의 오랜 知己인 소설가 鄭飛石 선생 등이 진심으로 老 화백의 '首丘初心展'을 축하해 주었다. 1994년 6월 6일 박일주 화백은 그가 마지막 선택한 그림의 고향 빠리에서 작고했다.

3

엘 리 뜨

나의 불어 선생님

고등학교 때 불어를 가르쳐 준 林甲 선생님이 빠리에 산다는 소식은 그 곳에 사는 동창생들을 통해서 우리들 사이에 알려진 애기였다. 빠리에 가면 선생님을 다시 만날수 있다는 생각은 나를 즐겁게 만들었다. 선생님은 프랑스 말보다는 문학으로, 문학보다는 철학과 사상으로 우리들의 감수성을 한껏 자극했던 분이다. 한국의 知性에 대한 선생님의 날카로운 비판은 사실 어린 우리들을 조금 건방지게 만들기도 했다. 아무튼 우리들 중 주로 문예지향적인 그룹에서 임 선생님이 누렸던 독특한 인기는 아무도 부인하지 못할 것이다.

高3 때 대학입시 선택과목을 끝까지 제 2 외국어 그 중에서도 불어를 지킨 몇 안 되는 불어반 학생들 중에서 나는 자타가 공인하는 임 선생님의 수제자였다. 대부분의 아이들은 대학입시를 1년쯤 앞두고는 골치아픈 제 2 외국어 대신 암기로 더 좋은 점수를 딸 수 있는 地學

선택으로 약삭 빠르게 돌아 버렸다. 겨우 한 반밖에 안 되는 불어반은 워낙 독일어반에 비해 열세였다. 그나마 高3에 올라와 불어를 대학입시 선택과목으로 선택한 용감한 親佛派는 나를 포함하여 모두 4명뿐. 임 선생님은 차라리 잘되었다며 4명의 끝까지 고수한 수제자들로 守佛四人幇을 결성하고 마치 가정교사처럼 우리들과 친숙해졌다.

그때 우리들이 공부한 불어는 대학입학 시험에만 맞춘 당시 高3 불어 수준을 훨씬 넘어 있었다. 선생님은 우리들과 함께 신이 났다.

"불어를 세계에서 가장 문화적인 언어로 만든 사람들은 바로 프랑스의 작가들이다. 그러므로 될 수 있는 대로 많은 작가의 다양한 불어 표현을 읽어 보는 것이 불어를 잘 할 수 있는 가장 좋은 방법이다."

그래서 1년 내내 '프랑스 작가 문장 맛보기'가 계속되었다. 선생님 판단으로 불문학을 대표할 만한 작가들만 골라서 그들의 어떤 작품의 한 부분씩을 따다가 강독해주었다. 샤토브리앙 François René Chataubriand, 발자크 Honoré de Balzac, 플로베르 Gustave Flaubert, 모파쌍 Guy de Maupassant, 롤랑 Romain Rolland, 위고 Victor Hugo, 졸라 Emile Zola, 프랑스 Anatole François France, 지드 André Gide, 까뮈 Albert Camus, 싸르뜨르 Jean-Paul Sartre…….

임 선생님은 우리 4명의 수제자들을 위해 자신이 뽑은 불문학 작품 원문교재를 등사원지에다가 손수 고물 영문 타이프라이터를 두들겨 찍어서 밤새 만들어 주었다. 실존주의 사상이 우리나라 지식인 사회에서 뒤늦게 유행처럼 풍미하던 1950년대, 까뮈의 번역판『異邦人』은 당시 초유의 베스트셀러였다. 불어책을 구해 보기도 힘들었던 그 시절에 고등학생 신분으로 감히 실존주의 문학의 교과서격인『異邦

人』을 원문으로 읽다니……. 선생님에 의해 조숙해진 수제자들은 까뮈의 원문을 맛보았다는 자부심 하나만으로도 우쭐했었다.

사실 선생님은 까뮈보다는 싸르트르 쪽에 더 열심이었다. 그러나 우리들의 어린 생각에는 인기작가인 까뮈가 더 멋있어 보였다. 솔직히 싸르트르는 좀 어려운 텍스트였다. 소설 『嘔吐』정도는 까뮈의 『異邦人』수준으로 이해할 수 있었으나 철학서 『存在와 無』는 어려웠다. 『知識人이란 무엇인가?』도 읽었던 기억이 나는데 그때 그 내용을 제대로 이해했었는지 지금은 모르겠다. 말하자면 선생님은 우리들에게 일종의 英才교육을 시도했던 것 같다.

선생님께서 틈틈이 하던 말씀들이 기억난다.

"싸르뜨르는 앙리 까트르 Lycée Henri Ⅳ에 다닐 때 이미 거의 모든 문학과 철학을 섭렵했다. 그가 프랑스 최고의 엘리뜨 학부 빠리 고등사범학교 Ecole Normale Supérieure를 졸업하고 처음 얻은 직장이 지방 고교의 철학선생이었다. 프랑스에서는 고교교사를 대학과 같이 교수 professeur라고 부른다. 프랑스 인들은 대학 전공을 선택하기 이전의 고등학교 교육을 그만큼 중요하게 생각한다. 영국의 이튼 칼리지 Eton College와 해로우 스쿨 Harrow School처럼 프랑스의 양대 명문이 바로 앙리 까트르 고교와 루이 르 그랑 고교 Lycée Louis Le Grand다. 앙리 까트르 입학시험은 학생들의 실력을 정확히 평가하기로 유명하다. 입학때 석차가 졸업 때까지 절대로 안 바뀔 정도로 정확하다는 것. 『레 미제라블 Les Misérables』의 작가 빅톨 위고는 처음 이 학교 입학시험에 3등으로 합격했지만 그 해 입학을 포기하고 다음 해에 수석 합격하여 비로소 수석으로 졸업할 수 있었다. 싸르트르는 처음부터 이 학교에 수석 입학하여 끝내 수석으로 졸업했다."

모두 선생님한테 들은 얘기들이다.

까페 트레 뒤니옹 Café Trait D'Union은 몽빠르나스 Montparnasse 북쪽으로 뻗은 곧은 길 뤼 드 렌느 rue de Rennes에 있다. 영어로 '하이픈' 즉 연결부호란 뜻의 이 카페 2층에는 1985년까지 빠리에 단 하나밖에 없는 기원이 있었다. 누구든지 한 가지 음료만 시키면 아무하고나 바둑 한 판을 즐길 수 있다. 말하자면 음료수 값만 받고 바둑 놀이는 여흥, 공짜로 제공된다는 것이다. 다만 사범에게 지도를 받으려면 대국료 30프랑을 내야 한다. 임갑 선생님은 이 아마추어 바둑클럽의 사범이었다. 매트르 림 Maître Lim. 이것이 바로 클럽에서 불리우는 선생님의 호칭이었다.

다소 예상은 했었다. 그러나 고등학교를 졸업한 후 20년이 훨씬 넘어서 뵙는 선생님의 모습은 아주 불경스러운 표현이지만 가관이었다. 관운장처럼 길게 기른 수염. 넥타이를 안 맨 와이셔쓰 위에 스웨터를 껴 입은데다 카스트로식 파카를 걸쳤다. 한 손에 독한 지탄 Gitane 담배 한 개피, 다른 한 손에는 까페에서 파는 생맥주 드미 demie 한 잔. 짐작을 훨씬 초월한 모습이었다. 그러나 변함 없이 맑은 눈초리와 된 평안도 사투리로 뜻밖에 빠리에 나타난 옛 수제자 한 사람을 반겨 주는 모양은 옛날 그대로였다.

서울대 문리대 불문과 출신인 임갑 선생님은 세계적인 프랑스 知性과 겨뤄 보겠다는 자신의 꿈을 키우기 위하여 싸르트르 문학에 도전하고 싶었다. 60년대 중반에 교직을 버리고 단신 빠리로 왔다. 생각했던 것보다 빠리 도전은 간단치 않았다. 우선 소위 명문대 출신으로 명문 고등학교에서 그것도 불어를 가르쳤던 서울의 불어 선생님이 빠리에서 말이 통하지 않는 것이다. 책으로만 배운 불어의 한계였다. 점잖은 표현은 물론, 까페 종업원 '갸르쏭 garçon'들이 쓰는 속어는 더더욱 알아들을 수 없었다. 1년이 지났다. 의사소통은 어느 정도 되었다. 이제부터 문제는 공부였다. 싸르트르가 섭렵한 문학과 철학의 세계에 진입하려면 적어도 도서관의 한 書庫를 다 정독해도 모자랄 것이다. 도저히 엄두가 안 났다.

선생님은 생각했다. 오냐, 내게 너희들의 서양문화가 어렵다면 너희들에게는 우리들의 동양문화가 어렵겠지. 어렸을 적 배운 漢文실력을 가다듬어 동양철학을 나름대로 정리하기 시작했다. 특히 좋아하는 老子와 莊子를 더듬고 간추려서 조금씩 불어로 옮기는 작업을 시도했다. 그런 도중에 우연히 만난 출판인 모리스 레프레지에 Maurice Lesfrégier씨가 선생님의 바둑 실력이 프로 1급, 아마 3단이라는 사실을 알게 됐다. 이렇게 해서 당시 겨우 발족된 프랑스 아마추어 바둑연맹 Fédération Française de Go은 불어와 일본어에 능통한, 그리고 한국어가 모국어인 훌륭한 사범을 한 분 얻었다. 바로 매트르 림이다.

바야흐로 임 선생님은 프랑스에서 바둑 전도사로 등장했다. 기초 바둑을 설명한 책도 냈다. 선생님 특유의 동양철학을 곁들인 바둑에 관한 '구라'는 호기심이 많은 프랑스 지식인들의 구미를 끌어당기기에 충분했다. 老子를 들먹이고 莊子를 읊조리면서 매트르 림은 비록 소수지만 최고의 지식인들로 구성된 바둑 클럽에서 일종의 카리스마를 갖게 됐다. 선생님의 바둑에 관한 글이 르 몽드 紙에도 실렸다. 그 글에서 선생님은 일반적으로 서양에서 알려진 바둑의 일본어 표현인 '고 Go'가 중국어로는 '圍碁 Weiji', 한국어로는 '바둑 Badouk'이라고 밝혀 주었다. 동양 삼국의 바둑 이름을 처음으로 유럽에 공식 채널을 통해 정의한 것이다. 80년대 말엽부터 선생님은 바둑과 동양철학을 논하는 불어 계간지 「흑과 백 Noir et Blanc」을 발간하기 시작했다. 유럽의 바둑 동호인들을 위한 일종의 미니콤이다.

나는 까페 트레 뒤니용에서 선생님의 바둑 제자들을 많이 만났다. 非公認 韓佛 對局도 자주 가졌다. 서울에서는 3급으로 좀 짜다는 소리를 듣던 내 바둑 실력이 매트르 림의 아마 1단 제자들에게 판판이 깨졌다. 프랑스 친구들의 바둑 실력을 너무 얕보았기 때문이다. 나중에 임 선생님이 지도 대국하는 걸 보니, 대국이 끝나면 반드시 復碁를 통하여 수를 가르치는 것이다. '復碁'를 임 선생님이 불어로 '분석한다 analyser'라고 번역했다. 우리는 1급이 돼야 하는 복기를 처음 배울 때부터 했으니 제자들의 실력이 만만치 않을 수밖에. 당시 프랑스 아마추어 바둑 챔피언은 매트르 림의 제자 앙드레 무싸 André Moussa였다. 선생님이 늘 우리에게 말씀해 주던 빠리 고등사범학교에서 수학을 전공하는 秀才였다. 컴퓨터 수학을 연구하다가 바둑과 數理와의 관련을 탐구할 필요를 느껴 매트르 림의 지도를 받았다. 이 빠리 고등사범학교 연수생의 지도료는 프랑스 정부가 매트르 림에게 지불했다. 고등사범학교 연수생은 자신이 원하는 학문을 지도할 교수가 자기 학교에 없으면 세계 어디서든 가서 배울 권리가 있다. 물론 그때 지도교수의 보수는 프랑스정부가 부담한다. 챔피온이 됐을 때 앙드레 무싸는 아마추어 5단 실력. 스승인 임 선생님과 加減없이 맞두어서 오히려 이길 때가 더 많은 실력이었다.

바까로레아

어느 날 나는 카페 트레 뒤니용 바둑 클럽에서 매트르 림의 동양인 제자 한 명을 만났다. 쯔노다 津田라고 하는 일본인으로 東京대학 경제학과 출신. 일본에서 대학에 다닐 때 지루한 통계학 시간에 불현듯 교수에게 질문을 던졌다고 한다.

"선생님은 통계학이 정말 재미있는 학문이라고 생각하십니까?"

"물론, 통계학만큼 재미있고 보람있는 학문이 어디 있는가."

그 대답을 듣는 순간 더 이상 東京대학의 위선적인 교육에 매달릴 이유가 없다는 판단이 들더라는 것. 그 날로 학교를 때려 엎고 일본 列島를 떠나서 빠리로 왔다. 정신적인 진실을 찾아서. 쯔노다의 설명은 이렇다. 통계학적으로 승률 99 : 1 이라는 것은 다수의 99가 소수의 1을 무시해도 된다는 논리라는 것이다. 그러나 패율 1이 자신에게 해당될 때 그것은 100퍼센트가 된다. 어떻게 다수 속에서 한 인간의 個體나 존엄이 보호될 수 있겠느냐고 그는 반문했다.

이 친구는 빠리에 와서 육체노동으로 생활비를 벌었다. 기대했던 진실은 만나지 못했다. 그러다가 카페 트레 뒤니용에서 자신의 조상들이 누를 끼쳤던 식민지 반도 출신의 한 지식인 선배와 만나 비로소 정신적 안정을 얻고 있었다. 80년대 빠리에는 쯔노다와 같이 미지의 세계를 찾아 와서 인생을 배우고 사회를 익히는 일본의 젊은이들이 약 3만명쯤 된다고 들었다. 그들은 까페나 식당에서 아르바이트를 하면서 빠리의 삶을 살아 보는 것이다. 남자는 백인 여자도 만나고 여자는 프랑스 남자도 사귄다. 심지어 일본의 商事들은 신입사원을 일정 기간 동안 빠리에다 내던져 두는 교육 프로그램까지 개발했다고 들었다. 당시 우리의 빠리 유학생은 약 500명, 프랑스 전국에 와 있는 학생을 다 합쳐야 약 1,500명 수준이었다.

까페 트레 뒤니용에서 바둑에 심취해 있는 한 젊은 한국인 秀才를 알게 되었다. S는 외교관 부친을 따라 빠리에 와서 초등학교부터 프랑스 엘리뜨 코스를 밟았다. 에꼴 쌍트랄 Ecole Centrale, 프랑스 사람들 같으면 평생이 보장되는 이공계 그랑제꼴 Grandes Ecoles이다. 에꼴 쌍트랄 출신인 S가 빠리에서는 그 학력에 걸맞는 자리가 없었다. 국적을 바꾸지 않기 때문이다. 80년대만 해도 한국의 국력이 유럽까지는 크게 미치지 못했다. 대우나 삼성같은 재벌들도 빠리에 지사를 가지고 있었지만 기껏 의류나 가전제품 정도를 다룰 때였다. S의 모국어 실력은 일상생활의 의사소통밖에는 안 되었다. 그러나 그의 의식수준은 거의 프랑스 지식인과 知的 同列 intellectural equal에 있었다. 그러니 한국의 기업에서도 고용을 기피하게 된다. 이런 친구는 서울에서 파견된 본사 직원들과 곧잘 위화감을 일으키기 때문이다. 결국 국제 고아 신세가 되어 버렸다. 까페 트레 뒤니용에서 S는 매트르 림을 몹시 따랐다. 한국籍의 프랑스人 무슈 S는 젊은 나이에 조숙한 自嘲主義에 빠져들고 있었다.[7]

나는 S를 통하여 프랑스의 엘리뜨 교육을 좀 알아보고 싶었다. 한국에서는 해방이후 지금까지 대학입시 제도가 국가적인 관심사다. 교육담당 장관이 바뀔 때마다 새로운 정책이 시도되어 왔다. 언젠가부터 프랑스의 국가고사 제도가 도입되었다. 프랑스에는 국가고사에만 합격하면 무조건 대학입학은 자유롭다. 문제는 졸업이다. 졸업생을 제한하여 학력경쟁을 시킨다. 그래서 우리나라에도 졸업정원제가 생겼다. 이 정도가 프랑스 대학교육에 관한 우리의 상식이었다. 그러나 내가 실제로 빠리에 와서 보니까 그런 상식이 맞는 부분도 있지만 틀린 부분도 많았다. 말하자면 그 상식은 부정확한 것이었다.

---

7) S는 서울에서 국민학교만 마치고 무작정 빠리 중학교 collège에 입학한 내 큰 아들 泰亨의 불어 공부를 잠시 맡아 주었다. 泰亨이는 S를 보고 자기는 대학은 절대로 서울에 가서 다녀야겠다는 생각을 갖게 된다. 실제로 태형이는 1985년 봄 귀국하여 서울의 고등학교 2학년에 편입, 2년간 대학입시를 준비하여 외교관 특례전형으로 서울대 의대에 입학, 그후 졸업하여 지금은 어엿한 修鍊醫로 일하고 있다.

나중에는 프랑스처럼 복잡한 교육제도를 본격적으로 파악하기가 불가능하다는 사실도 알게 되었다. 그게 무슨 말인가? 프랑스는 수백년동안 교육제도를 발달시켜 왔다. 그 때마다 옛 제도를 버리고 바로 일률적으로 새 제도로 대체하지 않았다. 언제나 옛 제도는 그것 대로 놔두고 새 제도를 만들었다. 그러다가 옛 제도의 어떤 부분이 소용없어지면 자연히 그 제도는 사라지기도 한다. 그러나 많은 제도들은 나름대로 需要가 있는 한 함께 공존하는 것이다. 이렇게 쌓여 온 여러 제도들이 복잡하게 얽혀 있으니 외국인들이 단번에 파악하기 어려울 수 밖에. 프랑스 사람들 자신들도 실제로 자기 경우밖에 잘 모른다. 빠리에는 대학 안내 카운셀링 센터가 있다. 어느 대학에 가야 하느냐 하는 문제는 개인의 여러 가지 사정과 경우에 따라 다르기 때문이다.

우리는 언젠가부터 프랑스를 본따 대학입학 국가고사를 치르고 있다. 프랑스 시민이 고등학교 3학년까지 12년의 보통교육을 마치면 국가시험을 치른다. 간단히 바끄 BAC라고 줄여 말하는 바까로레아 Baccalauréat를 우리는 단순히 대학입학자격시험으로 이해하고 있다. 프랑스의 일반대학들은 이 시험성적만 가지고 신입생을 선발하기 때문이다. 그러나 엄밀하게 말하면 고등학교 졸업자격 국가시험이라야 옳다. 다만 일반대학들이 고등학교 졸업자격, 그것도 전공계열에 따라 특정 자격을 요구하고 있을 뿐이다. 고등학교 졸업 수준의 기능인을 원하는 직장은 나름대로 그들이 원하는 종별의 바끄 자격증을 요구한다. 80년대 바끄는 A B C D…, 등 약 20개의 자격 종별이 있었다. 그 중 일반대학이 요구하는 자격은 A부터 D까지. 나머지는 종별 전문직의 자격이다. 그중에는 TV 수리기술 자격도 있었다.

일반대학이 요구하는 자격은 계열별로 A는 어문, B는 사회, C는 이공 및 전분야, D는 의과로 구분된다. 수학을 잘 하는 아이들은 '바끄 쎄 BAC C'를 택한다. 프랑스에서는 수학이 단연 공부 잘 하는 기준이 된다. 우리나라에서도 수학 성적이 대학입시를 좌우하는 것과 같다. 해마다 전국의 고교 졸업생의 약 60퍼센트가 바끄에 합격하는데 그중 5퍼센트 정도가 優 bien 또는 秀 très bien의 이른바 망시용 mention, 즉 추가 평점을 받는다. 바끄 C에다가 이 추가 평점을 받아야 우수한 학생으로 일반대학 대신 세속적으로 장래가 보장되는 그랑제꼴 코스를 지망할 수 있다.

제3싸이클 박사

프랑스에는 모두 국가가 관리하는 두 가지 大學제도가 있다. 유니베르시떼 Université와 그랑제꼴. 유니베르시떼는 현재 우리나라나 미국의 대학과 같은 수준의 교육기관이므로 그랑제꼴과 구분하기 위하여 편의상 일반대학이라고 하자. 중세기 때 교회가 직영했던 고등교육 기관을 근대 국가로 와서 정부가 맡은 것이다. 중등 이하 보통교육은 아직도 교회가 국가와 나누어 맡고 있다. 우리식으로 말하면 私立학교에 해당하는, 교회가 운영하는 에꼴 리브르 Ecole Libre는 전국 보통교육 기관의 약 40퍼센트나 된다. 빠리 대학가 까르티에 라땡 Quartier Latin의 중심에 있는 소르본느 La Sorbonne는 일반대학 중에서 유명하다. 문학과 理學 두 방면의 순수학문을 추구하기 때문이다. 이 학교의 좁은 마당에는 문학을 대표하는 빅톨 위고와 理學을 대표하는 유명한 세균학자 빠스뙤르 Louis Pasteur의 坐像이 방문객을 압도한다. 동숭동시절 서울대학교 文理科대학의 原形이 소르본느가 아니었는지 모르겠다. 1968년 학생혁명 이후 빠리의 모든 일반대학은 빠리대학이라는 행정체계로 편입되었다. 빠리 1대학, 2대학……12대학으로 일련번호가 매겨져 옛 멋이 사라졌다. 옛 소르본느는 빠리 4대학이다. 빠리 시내에는 1대학부터 7대학까지 그리고 9대학이 있다. 8대학은 쌩 드니 Saint-Denis, 12대학은 크레떼유 Créteil, 10대학과 11대학은 베르사이유 Versailles, 모두 빠리 근교에 있다.

한국 유학생들은 전공에 따라 그 많은 빠리대학들 중 하나에 다니게 된다. 누구나 박사학위를 목표로 그야말로 총력을 경주한다. 한국의 대학들이 교수 채용에 박사학위를 요구하기 때문이다. 요즘은 박사학위가 있어도 대학에 취직하기가 어려워졌다지만 80년대만 하더라도 외국 박사학위만 있으면 웬만한 대학에서는 어서 오십시오 했었다. 대개는 '제3싸이클 박사 Doctorat du troisième cycle'나 '대학박사 Doctorat d'université'를 따면 서둘러 귀국하는 경우를 많이 보았다. '제3싸이클 박사'는 2년 단위를 하나의 싸이클로 보는 학사제도 때문에 붙여진 이름이다.

대학 1, 2학년 교양과정을 제1 싸이클이라고 하고 이를 수료하면 D. E. U. G. (Diplôme d'études universitaires générales)라는 학위를 받는다. 대학 3, 4학년 전공과정이 제2싸이클. 이 기간에 2개의 학위가 있다. 전공이 요구하는 많은 과목을 1년에 마치면 리쌍스 Licence라는 학위를 받는다. 리쌍스 취득자는 대개 문과의 경우 직접 제3싸이클 박사학위로 뛸 수도 있다. 理科의 경우 주로 기술계통은 리쌍스 취득 후 1년짜리 매트리즈 Maîtrise 학위를 거쳐 제3싸이클로 올라간다. 제3싸이클 박사 Doctorat du troisième cycle 과정은 우리나라 학제에서 석사과정에 해당한다고 볼 수 있다. 1985년까지만 해도 리쌍스나 매트리즈를 가진 사람이 2년간의 과정을 수료하고 논문이 통과

되면 받을 수 있었다. 그러나 그 후 미국의 Ph D 학위처럼 좀 더 까다로운 요구를 늘였다. 1년간의 '데어아 DEA Diplôme d'Etudes Approfondies'를 더 요구하고 있다.

우리나라에서는 보통 리쌍스를 學士, 매트리즈를 碩士로 번역하는 경우가 많다. 나는 이런 번역에 반대한다. 프랑스의 학위와 우리의 경우를 단순히 수평적으로 비교할 수 없다는 뜻에서다. 두 나라의 학사제도가 다를 뿐 아니라 프랑스의 경우도 앞서 설명한 것 처럼 전공에 따라 학교에 따라 다양하기 때문이다. 더구나 엘리뜨 주의에 철저한 프랑스 제도는 개인의 능력에 따라서는 얼마든지 學事과정을 줄일 수도 있다. 이를테면 리쌍스 3년, 제3싸이클 박사 2년, 국가박사 3년에 끝내는 천재도 얼마든지 있다. 나는 빠리에서 근무하는 동안 불문명함을 다음과 같은 타이틀을 박아 사용하였다.

"KIM, Djun Kil. Doctorat du troisième cycle à la sociologie.

Attaché de presse auprès de l'Ambassade de Corée.

김준길. 사회학 제3싸이클 박사. 한국대사관 공보관. "

서울대학교 대학원에서 받은 사회학 석사학위를 불어로 자랑스럽게 표현한 것이다. 당시 한국일보 주불특파원을 지냈던 언론인 安炳燦 씨가 이 아이디어가 재미있다고 언젠가 신문 칼럼에 소개한 일이 있다.

나는 결코 프랑스 대학에서 주는 학위를 낮추어 보지 않는다. 더구나 이 학위를 받은 분들의 실력을 폄하하려는 저의는 추호도 없다.

대학박사는 유능하면 1년에도 딸 수 있다고 한다. 그러나 5년이 걸려
도 못 따는 사람도 있었다. 문제는 학문의 내용과 깊이에 달려 있는
것이다. 어떤 이들은 프랑스에서는 '국가박사 Doctorat d'Etat'라야
한다는 식으로 학위의 권위를 따지는 분들이 있다. 물론 국가박사는
제3싸이클이나 대학박사보다 시간도 많이 요하고 어렵다고 한다. 3년
내지 5년의 과정을 이수해야 하고 논문도 더 까다롭다는 것이다. 내
가 아는 분들 중에는 이 어려운 국가박사를 위하여 청춘을 바치는 경
우도 보았다. 물론 그 분들은 학문적으로 높은 실력을 가졌다. 그러
나 학위란 도대체 무엇인가? 학문세계로 들어서는 일종의 통행증명
서가 아닌가. 아무리 화려한 증명서를 가졌어도 그 세계에서 빛나는
업적을 보이지 못하면 소용없다. 그런 뜻에서 나는 감히 프랑스 인들
앞에서 서울대학교 대학원 사회학 석사 학위를 그들의 학위체계 속에
서 해당하는 칭호로 표현했을 뿐이다. 실제로 내가 만난 프랑스의 언
론인과 지식인들은 아무도 그 칭호가 과장됐다고 생각하는 것 같지
않았다.

까뮤, 그리고 노르말리앙과 에나르끄

빠리의 대학가 까르티에 라땡 뒷골목 까페에 가면 눈빛이 유달리
초롱초롱한 젊은이들을 쉽게 만날 수 있다. 루이 르 그랑이나 앙리
까트르의 그랑제꼴 Grandes Ecoles 예비반 수재들. 아무렇게나 걸쳐
입은 구겨진 곤색 망또 manteau가 어디서 많이 보았던 제복이다.
아, 옛날 가족 사진첩에서 보았다. 日帝시대 京城帝國대학 豫科시
절 외삼촌이 입었던 바로 그 망또. 그러나 이 프랑스 청년들 머리에
는 외삼촌이 썼던 四角帽는 없었다. 1980년대 빠리에서 1930년대 식

민지 조선의 경성제대 예과생의 제복과 똑같은 망또를 만나다니. 서울에서는 사라진 지 오래다. 아니 잊혀진 지 까만 세월이다. 식민지 시대를 배경으로 한 영화에서나 구경할 수 있을까. 그런데 어떻게 빠리에서 우리의 근대 문물의 原形을 실물로 볼 수 있다는 말인가. 예비반 수재들을 만나고나서 프랑스 엘리뜨 교육에 관한 나의 관심은 엉뚱한 방향으로 흘렀다. 일본을 통한 서양文物의 轉移를 한 번 생각해 보게 된 것이다.

京城帝大 예과생의 망또는 일본의 동경 一高나 교토 三高 학생들이 입었던 것과 같다. 一高는 주홍빛 칠을 한 전통 양식의 대문이 있다고 해서 '아까 몽 赤門'이라고 불렀다. 東京帝大로 진학하기 위한 엘리뜨 코스였다. 19세기 후반 일본은 급격한 西歐化로 매진한다. 나폴레옹의 프랑스帝國은 좋은 모델이었다. 모든 문물과 제도를 무조건 복사했다.[8]

일본의 문관 엘리뜨 교육은 나폴레옹이 만들었던 그랑제꼴 체계를 그대로 베낀 것이다. 일류 고교의 2년제 예비반 학생들의 망또까지. 경성제대의 2년제 예과는 일본 본토처럼 一高, 三高를 두지 못하게 격을 낮춘 식민지 조선식 예비반 제도였다. 용의주도한 본토와의 차별이었다. 제2차 세계대전 이후 지금까지도 일본과 한국은 엘리뜨 교육 문제로 몸살을 앓고 있다. 그 이름에서 '帝國'이라는 말만 빠졌을 뿐 東京大學과 서울대학은 그 운영방식이 옛날과 얼마나 달라졌을까.

---

8) 일본의 역사소설가 시바 료따로 司馬遼太郎의 『언덕 위의 뜬 구름 坂の上の雲』에 보면 '普佛전쟁 Guerre de 1870-1871'에서 프랑스가 프러시아에게 패하니까 바로 프랑스 제도를 버리고 프러시아를 모방하는 민첩함을 보인다. 특히 사관학교 교수 요원으로 프러시아 장군을 초빙한다.

나폴레옹은 근대국가를 건설하면서 능률적인 관료조직이 필요했
다. 유능한 관료를 양성하기 위한 고등연수기관이 불어로는 '큰 학
교'란 뜻의 그랑제꼴이다. 빠리 고등사범학교 ENS Ecole Normale
Supérieure는 교수요원을 양성하는 기관이다. 싸르뜨르가 이 학교를
나왔고 레이몽 아롱 Raymond Aron이 여기 출신이다. 국립행정학교
ENA Ecole Nationale d'Administration는 정부의 고급 관리와 정치지
도자를 배출한다. 이 학교 출신이 아니면 프랑스 정계나 관계에서 두
각을 보이기 어렵다. 특히 미떼랑 대통령은 남달리 엘리뜨 주의를 따
졌다. 1981년 집권과 함께 당과 정부 주변에 젊은 ENA 출신으로 진
을 치다시피 했다. 파비우스 Laurent Fabius 수상, 아딸리 Jacques
Attali 엘리제 비서실장, 조스팽 Lionel Jospin 사회당 서기가 모두 당
시 40대의 ENA 수재들.

ENS와 ENA는 아주 특별한 엘리뜨코스로 유명하다. 전국의 수재들
이 해마다 각각 백 명씩 뽑는 두 학교의 좁은 문을 두드린다. 일단
합격하게 되면 석차순 합격자 명단이 르 몽드 紙에 실린다. 고등사범
학교 연수생은 '노르말리앙 normalien,' 국립행정학교 연수생은 '에
나르끄 énarque'라는 명예로운 별명으로 불린다. 국가로부터 초급
간부관료 수준의 급여를 받는다. 국가의 간부요원으로 평생이 보장된
것이다. 우리나라의 國家考試제도를 연상시킨다. 사법고시와 각종
행정고시는 결국 합격생을 국가 간부요원으로 충당하기 위한 엘리뜨
충원방식이 아닌가. 그랑제꼴은 일단 이렇게 뽑힌 요원을 有給으로
연수시키는 우리의 사법연수원이나 행정대학원에 해당한다고 볼 수
있지 않을까.

결국 우리나라에도 국가 엘리뜨를 충원하는 제도가 없는 것은 아니
다. 물론 부분적으로 우리 제도에 문제점이 있을 수 있다. 그러나 그

것은 얼마든지 필요에 따라 수선하고 다듬을 수 있다고 생각한다. 우리는 구태여 어떤 제도가 문제점이 있다고 하면 아예 그 제도 자체를 버리고 다른 외국의 모델을 통째 들여다 바꾸어 끼우기 일쑤였다. 그러나 그것은 어디까지나 그 나라의 상황이나 현실에 맞는 것이지 우리의 것은 아닌 것이다. 그러다 보니 또 다른 문제가 나오는 것이다. 교육제도를 턴 키 베이스로 외국모델을 시험하는 일은 이제 더 이상 되풀이 하면 안 된다고 생각한다.

빠리 고등사범학교나 국립행정학교에 가려면 먼저 5년제 일류 고교의 그랑제꼴 예비반 Cours Préparatoire을 지원한다. 빠리에는 앞서 말한 루이 대왕 고교와 앙리 4세 고교만이 2년제 예비반을 가지고 있다. 치열한 경쟁을 물리치고 합격하면 '후배 게으름뱅이'란 뜻의 애칭 '이뽀 까뉴 hypo-khâgne'로 불리워진다. 예비반 1학년이란 뜻이다. 2년차로 진급하는 데도 또 경쟁시험이 있다. 경쟁을 뚫고 2년차에 올라가면 '이뽀'를 떼고 비로소 '까뉴 khâgne,' 곧 진짜 '게으름뱅이'가 된다. 실제로 까뉴들은 그랑제꼴 예비반의 1년 수료 또는 2년 수료를 이력서 학력란에 당당히 쓸 정도로 자부심이 대단하다. 구겨진 망또를 아무렇게나 걸쳐 입는 것도 이들 나름의 멋이다.

9월이 되면 빠리 대학가에는 쓰레기 담는 비닐봉지를 머리에 쓰고 얼굴에 먹칠을 한 젊은이들이 지나가는 사람들에게 물건을 팔거나 구걸한다. 새로 이뽀 까뉴가 된 예과 신입생들의 통과 儀式이다. 이 儀式을 불어로 '비쮜따주 bizutage'라고 하는데, 신입생을 '비쮜 buzuth'라고 부르는 말에서 따왔다. 동네 빵가게 아주머니, 정육점 아저씨, 까페 주인들은 거리로 나와 이 젊은 예비 인재들에게 물건을 사주며 박수를 쳐 준다. 내일의 프랑스를 이끌어 갈 미래의 간부를

격려하는 것이다. 내가 어렸을 적에 일제시대 京城帝大 예과학생들
의 漫行에 관한 애기를 많이 들었다. 사각모를 일부러 찢어서 쓰고
다닌다거나 술을 먹고 일본 순사 앞에서 보란 듯이 길에다 방뇨하는
따위들이다. 이런 만행들이 식민지사회에서도 너그럽게 용인되었다는
데 그 원형이 바로 프랑스의 비쥐따주에서 온 것이 아닌지.

4

지 성 인

가슴이 뜨거운 記者

AFP의 외교담당 장 방상 Jean Vincent은 내가 서양에서 만난 몇 안 되는 '가슴이 뜨거운 기자 journaliste du coeur'의 한 사람이다. 10代 때 나치 치하에서 레지스탕스 운동에 가담하여 입은 부상으로 오른쪽 다리를 심하게 절었다. 인도차이나 전쟁 당시에는 종군기자로 참여하여 프랑스의 우파 보수주의를 비판하고 전쟁 개입을 반대했다. 1967년에는 AFP 초대 북경 특파원으로 이른바 문화혁명을 비판한 보도 때문에 당시 모택동 정부로부터 추방당했다. 70년대에는 북경에서 알았던 京劇배우 쓰 베이 푸 石佩普가 빠리에서 간첩 혐의로 프랑스 정부 당국에 투옥되었을 때 탄원운동을 벌여서 그를 석방시키기도 했다. 80년대, 중국대륙의 자유주의 여류작가 린 실링 林 Xiling 의 빠리 망명을 돕기도 했고 특히 1983년부터 1985년까지 분단 한반도 남쪽 정부에서 온 공보관을 진정 가슴으로 도와 주었다. 1983년

랑군사태 때, KAL기 피격 때, 프랑스의 북한 승인 문제 때, 그는 진정 가슴으로 한국정부의 입장을 이해하고 기사를 썼다.

나와 장 방상의 좀 특별한 관계는 모택동의 문화혁명에 관한 논쟁으로 비롯되었다. 사실 나는 모택동이 명명한 '프롤레타리아 문화대혁명'을 중국 사회구조의 본질적 정신적 변혁을 목표로 한 새로운 대중운동으로 파악하고 있었다. 혁명의 四人幇이 모택동을 업고 정치권력을 장악하기 위한 음모로 보려는 서방 언론의 '竹의 장막 권력투쟁론'을 은근히 배척해 왔다. 그러나 장 방상은 문화혁명이야말로 모택동주의 중국의 모순을 드러낸 反문화적 非인도적 정치투쟁으로 규정해 버렸다. 그는 나의 문화혁명론을 어디까지나 나이브한 생각이라고 웃었다.

그의 아파트는 AFP 본사에서 걸어서 5분도 안 걸리는 거리에 있었다. 그를 존경하고 따르는 후배기자들이 늘 그 집에서 들끓었다. 르 마탱紙 Le Matin 외신부 차장 르끌레르 뒤 싸블롱 Jean Leclerc du Sablon.[9] 그는 장 방상을 형님처럼 따랐다. 북경근무를 마치고 하노이로 전근가는 길에 AFP 본사에 들린 앙뜨완느 드 네르시아 Antoine de Nerciat. 휴가차 빠리에 온 동경특파원 아닉 샤뿌아 Annick Chapoix. 나는 그들을 모두 이 집에서 만났다. 장 방상의 쌀롱에서 프랑스의 중국전문 신문기자들과 만나면서 나의 중국 문화혁명觀이 이미 퇴색해 가고 있음을 감지할 수 있었다. 1980년대 중국은 이미 등소평 체제로 변화의 키를 돌리고 있던 때였다. 그럼에도 불구하고 나는 문화혁명에 대한 개인적인 로맨티씨즘을 언제까지나 간직하고 싶었다.

---

9) AFP 북경 특파원을 거쳐 당시 사회당 신문 르 마뎅 Le Matin 아시아 담당. 뒤에 주간지 렉스프레스 L'Express 아시아 담당으로 옮겼다가 90년대에 북경특파원. 그 후 피가로 Le Figaro 북경 특파원.

1966년 가을 新亞日報 [10) 문화부에서 일하던 내가 朝鮮日報 외신
부로 옮겨 갔을 때 중국대륙은 '프롤레타리아 문화대혁명'이라는 未
曾有의 정치적 소용돌이에 말려들어가고 있었다. 서방세계에서는 竹
의 장막 안에서 벌어지는 이 정치적 드라마를 도무지 이해하기 어려
웠다. 무엇보다도 서방의 메디아가 이 드라마 현장에 접근할 수가 없
었다. 일본신문 특파원들과 함께 유일한 서방 메디아가 AFP 지국.
그 무렵 조선일보 외신부는 중국 문화혁명에 관한 한 장 방상의 북경
발 AFP 보도와 일본신문 특파원 보도에 전적으로 의존하고 있었다.
AFP나 일본신문 보도의 소스는 주로 紅衛兵들이 天安門 광장에 써
붙히는 '벽신문' 내용이 그 전부였다. "劉少奇가 실각했다, 주은래
가 자기비판을 했다"는 뉴스도 결국 서방기자들이 전하는 벽신문 내
용에서 나온 것이다.

당시 李泳禧 외신부장은 중국담당, 바로 문화혁명 담당으로 나를
지명했다. 그럴 만한 이유가 있었다. 1960년대 한국의 지식인 사회에
서 중국대륙에 관한 정보는 매우 제한된 비밀에 속했다. 나는 에드가
스노우 Edgar Snow의 名著 『중국 위에 빛나는 붉은 별 Red Star Over
China』의 1965년 筑摩書房 刊 일본어판 『中國の赤い星』[11)을 가진
한국에서 거의 유일한 기자였기 때문이었다. 에드가 스노우는 1936년

---

10) 1965년 5월 6일 '자유 · 중립 · 공익'이란 社是 아래 발행인 張基鳳 씨가 스스로 민
　　주사회의 '상업신문'을 표방하고 창간한 일간지. 창간 당시 서울신문 외신부에 근무하
　　던 나는 林 英 문화부장의 추천으로 문화부 기자로 스카웃되었다. 1980년 11월 25일 제
　　5공화국의 언론통폐합 조치로 경향신문에 흡수됨.

11) 이 일본어판의 내력은 서울신문 외신부에서 중국어를 배우면서 金相浹 저 『毛澤東
　　思想』을 읽고 있던 후배에게 동경지국에서 고학하던 張斗玉 선배가 1965년 봄 신문사
　　파우치편으로 몰래 보내 준 선물이다. 장두옥 선배는 동경생활에서 건강을 해쳐 얼마
　　후 귀국하여 젊은 나이에 세상을 떠났다.

'大長征'을 마치고 陝西省 延安으로 도망한 毛澤東과 중국공산당을 단신으로 찾아가 그들의 주장과 배경을 처음으로 세계에 알린 기자이다. 그의 저서『중국 위에 빛나는 붉은 별』은 중국공산당史에 가까울 정도로 자세한 기록이다. 물론 스노우는 延安에 웅거한 모택동에게 정신적으로 반하여 뜨거운 가슴으로 전 세계를 향하여 그를 대변했다.

그 무렵 외신부 기자들 중에는 경향신문의 沈在薰 형이 美8軍 도서관에서 영문판 원본을 빌려다 읽었는데, 중국 인명과 지명의 웨일스 자일스식 영자표기를 파악하기가 상당히 힘들었다는 얘기를 들었다. 모든 고유명사를 한자로 복원해 놓은 일어판은 漢字문화권 독자들에게는 단연 완벽한 자료 가치가 있었다. 스노우의 책은 중국공산당에 대한 배경지식이 전무했던 우리들에게 좋은 인명사전이었다. 이 책은 리영희 부장은 물론 많은 젊은 기자들에게 대단한 감명을 주었다. 그 때 외신부에서 함께 일했던 愼洪範 형은 1985년 봄 한국어 번역판『中國의 붉은 별』의 譯者가 되었다.

1960년대 말 조선일보의 중국 문화혁명 보도는 어느 정도 정평이 나 있었다. 조선일보는 그때 '大字報'라고 하는 벽신문의 내력을 한국에서는 처음으로 소개했다. 1967년 조선일보 외신면 박스기사 "大字報란?"은 루시언 파이 Lucian Pye 편저『콤뮤니케이션과 정치발전』에 수록된 프레데릭 유 Frederick Yu라는 중국계 미국인 학자의 "공산중국의 콤뮤니케이션 연구"를 토대로 내가 쓴 기사였다. 그 때까지 외신에서도 '벽신문 wall paper'이라고 써 오다가 '따즈바오 tazubao'라는 중국어 표현이 한두 군데 보이기 시작할 때였다.

大字報는 중국어로 '큰 글자 신문' 다시 말하면 "용감한 글을 써

붙힌 벽신문"이라는 뜻. 중국공산당의 대중지도원리에서 대중이 간부를 비판하는 글을 써붙이려면 용감해야 하기 때문이다. 대자보라는 이름은 1957년 整風運動 때 처음 사용한 것이다. 중국공산당은 유격전 시절 이런 류의 벽신문을 활용했었다. 물론 벽신문의 아이디어는 17세기 明代 반란군들이 선전매체로 쓴 데서 착안했다는 것이다. 대자보에 관한 신문기사를 쓸 때 나 자신은 그후 70년대와 80년대에 우리 대학가에서 이 저항매체가 그토록 풍미하게 될 줄은 미처 상상도 못 했었다.

조선일보에서 문화혁명 보도를 담당하면서 나는 어느 새 사회학적 상상력에 빠져들었다. 문화혁명으로 중국 사회구조의 본질적 정신적 변혁을 이룰 수 있다고 믿었다. 뿐만 아니라 대자보라는 중국의 전통 메디아를 매우 효과적인 새로운 대중운동 수단으로 평가했다. 1968년 가을 나는 한국사회학회에서 『중국 문화혁명의 사회학적 사례연구』[12]를 발표했다. 문화혁명 기간 중 일본신문에 인용된 대자보 내용분석을 통한 대중운동의 목표와 그 성과를 찾아내 보자는 연구였다. 물론 간접적인 대자보 자료분석에 그쳤기 때문에 문화혁명의 본질을 만족스럽게 규정할 만한 결론은 얻지 못했다. 다만 다음과 같은 문화혁명의 성격 진단에 머물렀을 뿐이다.

"문화혁명은 대륙의 사회구조를 변화시킨 것은 틀림 없으며 사회주의적 경제구조가 가진 사회사상적 모순이 그 변화의 중요한 요인이라는 것을 알 수 있다. 그러나 우리의 자료에서 얻은 모순 변화의 과정만으로서는 과연 그 모순이 어느 정도로 극복될 수 있었는가를 판단

---

12) 이 논문은 『中共 紅衛兵 亂動의 分析 —— 문화혁명의 사회학적 사례연구』란 반공이 넘 짙은 제목으로 「政經硏究」 1969년 1월호에 실렸다. 당시 월간 「政經硏究」 편집장은 의식있는 문리대 선배 安仁鶴 형이었다.

할 수 없다. 다만 우리는 문화혁명이 단순한 정치권력을 장악하기 위한 세력 간의 투쟁도 아니고, 그렇다고 하여 인류의 한계를 시험하는 것과 같이 공허한 형이상학적 의미를 가진 것도 아니라는 점은 분명히 알수 있다. 그것은 사회구조의 객관적 운동법칙에 따라 지도집단의 통일적 의식적 계획에 의한 대중운동이라는 성격을 벗어난 것도 아니고 못 미친 것도 아님에 틀림없다.”

장 방상은 이상과 같은 나의 현란한 문화혁명론을 끝까지 인정해주지 않았다. 중국 대륙의 정치 현황에 대해 한갓된 아웃사이더의 감상적 憧憬정도로 치부해버리는 것이다. 그러나 중국에 대한 나의 문화적 情熱만은 알아주었다. 실제로 중국의 역사 문화적 배경에 관한 한 나는 언제나 그의 친절한 선생이었다.

츤 까이거 陳凱歌 감독이 1993년 칸느영화제에서 공동 大賞을 받은 영화「覇王別姬」를 나는 뉴욕에서 보았다. 영화 속에서 문화혁명이라는 이름의 태풍은 京劇예술을 파괴하고 정치사회적 질서를 파괴하고 마지막에는 인간성을 파괴한다. 그 후 뉴욕에 망명하다시피 눌러살고 있는 이 영화작가는 문화혁명의 야만행위를 통렬하게 고발하고 있었다. 그것은 바로 1989년 6월 4일 북경 天安門광장에서 벌어진 또 다른 야만행위를 빗댄 무서운 항변이었다. 문화혁명을 비판하고 집권한 수정주의 세력이 자유를 요구하는 민주주의 저항운동을 탱크로 압살해 버린 것이다.

앙드레 퐁텐느

세계적인 시사평론가 앙드레 퐁텐느 André Fontaine 씨는 1983년

봄 어느 날, 빠리 1구 팔기에르街 Rue Falguière 15번지 르 몽드 본
사 주필실에서 나를 맞아 주었다. 유리창 한 면만 제외하고 세 벽면
은 천정까지 책이 빈틈없이 꽂힌 書架로 꽉 찬 그 곳은 마치 어느
대학교수의 연구실 같았다. 복도에서는 윤전기 돌아가는 소리가 들
릴 정도로 시끄러웠다. 그러나 건물을 나서면 세계적인 정보가 교차
하는 빠리 도심의 한복판이다. 결코 한가로운 대학 연구실과는 다르
다. 앙드레 퐁텐느는 본질적으로 역시 언론인이었다. 그의 첫 인상
은 이지적이다 못해 차가왔다. 미리 약속한 만남을 프랑스에서는 '랑
데부 rendez-vous'라고 한다. 편지로 이루어진 약속이었다. 그 동안
나는 동서냉전에 관한 그의 날카로운 논평들을 지면으로만 보아 왔
다. 빠리에 온 기회에 직접 만나서 얘기를 나눌 기회를 만들어 본 것
이다.

퐁텐느 주필의 냉전연구에서 한반도가 차지하는 비중은 생각보다
컸다. 한반도는 지구상에서 가장 치열한 냉전의 현장이기 때문이다.
그는 남한의 정치현실과 경제발전을 주목하고 있었다. 권위주의 정치
와 민주화 가능성에 대해 집요한 질문을 던졌다. 퐁텐느 주필은 70년
대에 김일성과 박정희를 차례로 만나 르 몽드에 회견기를 각각 발표
한 바 있다. 남북한 양쪽의 정치지도자를 심도 있게 탐색해 본 것이
다. 퐁텐느 주필은 물론 양쪽 다 권위주의 지도자로 보고 비판적인
시각에서 다루었다. 한국의 維新정부 입장에서는 박 대통령을 김일
성과 균형보도한 사실 자체가 불만이었다. 퐁텐느는 마치 북한에 동
정적이고 남한에 비판적인 언론인으로 오해되었던 것이다.

물론 전두환 대통령 정부에 대해서도 호의적일 수 없었다. 1980년
5월 당시 르 몽드는 광주 시민항쟁 보도에 관한 한 세계에서 가장 많
은 지면을 할애한 신문이라고 할 수 있다. 당시 이 신문의 동경 특파

원 필리프 퐁스 Philippe Pons[13]는 현장에 있었던 단 3명의 외신기자 중 한 사람이었다. 르 몽드는 사실보도 형식의 스트레이트 뉴스와 해설기사를 구분하지 않는다. 모든 기사가 뉴스의 배경과 원인, 그리고 전망까지 심층보도를 원칙으로 하고 있기 때문이다. 따라서 기사의 양이 많다. 퐁스 특파원의 광주발 기사는 연일 1면과 외신면 2, 3면을 가득 채우곤 했다. 한국의 역사와 문화적 배경까지 분석하여 "광주의 반란"에 대한 프랑스 독자들의 이해를 도운 것이다.

퐁텐느 주필이 한국과 일본의 경제발전을 얘기하다가 프랑스 경제에 대한 자신의 생각 한 가닥을 드러낸 일이 기억난다. GNP로 나타나는 수치만 가지고 경제를 비교할 수는 없다. 이를테면 서독의 1인당 국민소득이 프랑스보다 분명히 높지만 프랑스 사람들의 바캉스 기간은 서독 사람보다 길다. 생활의 여유없이 일에 매달려서 올린 국민소득 1만 달러와 충분한 여가를 즐기면서 기록한 9,000달러 중 어느 쪽을 더 잘 산다고 보아야 할까? 프랑스는 "富의 깊이 profondeur de la richesse를 가진 나라"라고 조심스럽게 자랑했다. 당시 세계 최고의 1인당 GNP를 구가하는 일본을 염두에 두고 빗대어 한 말이다. 한국의 경제성장에 대해서는 그 날 입을 다물었다.

르 몽드는 사원들이 사장을 직접 선거하는 자본주의 세계 유일의 신문사로 유명하다. 우리나라에서도 한겨레신문이 이 제도를 도입했

---

13) 내가 필리프 퐁스를 처음 만난 것은 1988년 서울에서 해외공보관 외보부장 때다. 그때 퐁스는 1983년부터 3년간 로마 특파원을 거쳐 동경에 다시 부임해 온 뒤였다. 1988년 서울 올림픽 때 퐁스는 르 몽드 여행란에 '서울'이라는 도시에 관한 名文의 긴 에세이를 썼다. 이 기사 중 6·25 때 서울의 이야기는 공산치하에 서울에서 살았던 나의 소년시절 개인적인 기억을 기초로 한 것이다.

다. 르 몽드는 1944년 나치 치하에서 해방되자 레지스탕스 언론인들이 빠리 시민과 공익단체들과 함께 주주를 구성한, 어떤 개인이나 법인으로부터 독립된 신문이다. 주식은 기자들로 구성된 편집인단과 창업주 위베르 뵈브메리 재단 Hubert Beuve-Méry이 각각 32퍼센트로 최대 주주였는데 최근 증자를 통해 편집인단이 36퍼센트로 단독 최대 주주가 되었다. 한겨레신문이 시민 주주를 모집한 것도 르 몽드 사례를 응용한 것 같다. 사장 선출은 우선 편집인단에서 선거로 후보를 뽑는다. 지금까지 사장 후보는 반드시 편집국 사원 중에서 나왔다. 이 후보는 사외 주주를 포함한 전체 주주총회에서 신임투표를 통과해야 된다. 1984년 르 몽드는 우여곡절 끝에 앙드레 퐁텐느 주필을 사장으로 뽑았다.

내가 사장이 된 퐁텐느 씨를 다시 만난 것은 엉뚱한 자리에서였다. 빠리에 온 한국의 지방신문 편집국장단이 세계적인 권위지 르 몽드를 구경하고 싶어했다. 그들의 방문을 신청하자 뜻밖에도 사장이 직접 안내해 주겠다는 것이었다. 퐁텐느 사장은 한반도에서 온 지방신문 편집국장들의 시시콜콜한 질문에도 친절하게 대답해 주었다. 주필시절의 도도한 모습만 보았던 나로서는 도무지 상상불허였다.

그 해 르 몽드는 한국의 대기업들이 광고로 스폰서 하는 한국특집을 따냈다. 퐁텐느 사장의 한국경제를 보는 눈은 주필시절과 전혀 달라져 보였다. 그 무렵 르 몽드는 한국을 언제나 "아시아의 작은 경제 強國 la petite puissance en Asie"이라는 冠辭를 붙여 부르곤 했다. 그것은 르 몽드가 이른바 '박정희 개발 독재'의 성과를 인정한다는 뜻이 스며 있었다. 1989년 가을 퐁텐느는 서울에 와서 노태우 대통령을 만나 한국의 경제성장과 거기 걸맞는 민주화발전을 평가하는 긴 회견기를 쓰기도 했다.

나는 지금까지 시사평론만 써 온 白面書生에 가까운 퐁텐느 씨가
날로 적자가 커지는 신문경영을 어떻게 제대로 해낼까 궁금했다. 언
제 어디서나 그렇지만 프랑스에서도 광고를 많이 싣지 않는 르 몽드
같은 高級紙는 경영이 매우 어려웠다. 르 몽드紙 뒷면 목차란에는
매일 그 날 신문의 발행 부수를 밝힌다. 80년대 중반 이 신문의 1일
평균 발행부수는 30, 40만 부 정도로 줄어 있었다. 80년대 초반까지
만 해도 한때 70, 80만 부를 발행하던 신문이다. 퐁텐느 사장은 그
이유를 이렇게 말했다.

"신문은 역시 정치가 열기를 띠어야 잘 팔린다. 80년대 초 프랑스
정국은 대통령선거를 전후하여 미테랑 사회당 후보의 우파 공격과 극
적인 집권과정으로 들끓었다. 그 때 신문이 잘 팔렸다."

한국의 신문사업이 잘 되는 이유를 알 것 같았다. 언제나 정치가
온 국민들의 뜨거운 관심을 불러 일으켰기 때문이다. 신문은 "정치를
먹고 사는 종이 상품"이라는 표현이 적절하겠다.

신문「리베라시옹」

빠리는 세계의 진보적인 젊은이들을 가슴 설레이게 하는 혁명의 도
시다. 해마다 7월 14일에는 빠리 시내 옛 시가지의 작은 공터들은
1789년 혁명을 기리는 축제로 붐빈다. 오페라座에서 동남쪽으로 비
스듬한 9월 4일 거리 Rue 4 Septembre는『레 미제라블 Les Misé-
rables 』에 나오는 코제뜨의 애인 마리우스가 바리케이트를 쌓고 시가
전을 벌인 바로 그 골목이다. 센느 강 左岸 rive gauche 대학가를 경
계짓는 쌩 제르망 大路 Boulevard Saint Germain는 빠리 특유의 돌
박은 길이 아니다. 정취가 없는 아스팔트 길이다. 1968년 빠리 학생

혁명 때 드골 대통령은 학생들이 길을 뜯어 낸 돌로 진압 경찰들을 공격하는 바람에 아예 아스팔트로 덮어 버렸다고 한다. 80년대 우리나라 대학가의 보도 블럭이 모두 회색의 콘크리트로 바뀐 것도 드골 대통령식 발상에서였을까.

빠리의 젊은 신문 리베라시옹 Libération과 공보관으로서 접촉하는 과정에서 나는 68 학생혁명의 과격했던 한 그룹을 알게 되었다. 그중의 한 사람과는 지금까지도 비교적 오래 관계를 유지해 오고 있다. 이 신문의 아시아담당 파트릭 싸바티에 Patrick Sabatier 기자.[14] 68 혁명 당시 열렬한 모택동주의자였다. 그 후 홍콩에 베이스를 두고 중국대륙과 동북아지역을 커버하는 특파원을 거쳐 지금은 다시 빠리 본사로 돌아가 있다. 중국의 경제특구가 처음 생길 때 그의 열정적 기사는 맹목적 모택동주의에서 벗어나 새로운 실용주의 중국을 바라보는 성숙한 시각이 살아 있었다. 싸바티에 기자와 함께 그 신문사 근처 허름한 스파게티집에서 우연히 직원들과 같이 점심을 들러 온 젊은 사장 세르주 줄리 Serge July도 소개받을 수 있었다. 이들은 과거 학생혁명 동지 사이였다.

"우리들은 당시 프랑스를 낡은 모순으로부터 해방시켜야 한다고 믿었다. 기성세대는 완강하기 때문에 무력에 의한 혁명이 아니면 물러가지 않을 것이다. 모택동의 혁명경험을 빠리에다 재현시킬 수 있다고 생각했다. 모택동 사상을 공부하고 유격전술을 도시 게릴라에 응용하는 문제를 검토했다. 세르주는 기관단총을 구입하고 준비를 서둘렀다……."

싸바티에의 회고담이다. 드골이 물러나고 대통령이 바뀌면서 결국

---

14) 싸바티에는 필명이며 원명은 뤼엘 Patrick Ruel이다.

그들의 계획은 일장춘몽으로 끝났다. 제5공화국은 위기를 넘기고 존속되었고 젊은 혁명가들은 일단 각자 일자리를 찾아 小그룹 운동에 들어갔다. 세르주 줄리는 고등학교 역사교수가 되었다. 파트릭 싸바티에는 고등학교에서 영어를 가르쳤다. 그들은 다시 만났다. 이번에는 총대신 펜으로 프랑스를 해방시키는 문제를 논의했다. 신문을 만들자. 題號를 '해방'이라는 의미의 리베라시옹으로 하고 사장에 존경하는 장 뽈 싸르뜨르 선생을 모셨다. 철저한 편집의 독립을 유지하기 위하여 광고를 받지 않고 전적으로 독자의 구독료로만 운영하기로 했다. 1978년 혁명 10년만에 주체세력들은 드디어 신문「리베라시옹」을 탄생시켰다. 그러나 이 이상주의 신문은 몇 년이 못 가서 문을 닫을 수밖에 없었다. 신문은 혁명이 아니고 기업이었기 때문이다.

이들은 80년대에 들어와서 다시 모였다. 리베라시옹의 復刊을 논의했다. 해답은 신문 프로페셔널리즘과의 타협이었다. 광고도 받고 비록 이념이 다른 직업 언론인도 제작요원으로 영입하기로 했다. 리베라시옹의 재탄생은 1982년부터 성공하기 시작했다. 운이 따랐다. 사회당 신문으로 알려진 르 마땡이 81년 미테랑 대통령 당선 이후 與黨紙로 변하면서 내리막길을 걸었다. 르 마땡에 식상한 독자들을 젊고 진보적인 신문 리베라시옹이 모두 흡수해 버렸다. '리베 Libé'라는 애칭도 생겼다. 내가 두 번째 빠리에 갔던 1983년부터 1985년까지는 그야말로 '리베'의 전성기였다. 미테랑 대통령의 젊은 수상 로랑 파비우스 Laurent Fabius가 텔레비전에 나와 르 몽드 보다 리베를 먼저 읽는다고 고백한 일이 있다. 그 정도로 리베의 영향력은 컸다. 90년대에 들어오면서 프랑스 신문들은 혹심한 경영난에 허덕였다. 리베도 예외가 아니었다. 그러나 68 혁명 동지들은 이제 펜은 총보다 강하다는 진리 하나만은 체득할 수 있었던 것이다.

레이몽 아롱

1983년 10월 17일 레이몽 아롱 Raymond Aron이 죽었다. 다음 날 아침 빠리의 신문들은 일제히 1면 톱 제목을 "위대한 敎師의 逝去 Le Grand Enseignant a décédé"라고 달았다. 우리나라에서는 맑시즘을 비판한 그의 저서 『지식인의 아편 L'opium des intellectuels』(1955)으로 잘 알려져 있다. 냉전시대 반공 분위기에서 한국 지식인들은 싸르트르는 親共 인사요 아롱은 反共 지식인으로 단순하게 갈라 보았었다. 1950년대 아롱은 싸르트르와 함께 진보적인 월간지 「현대 Le Temps Moderne」를 주도하다가 그와 헤어져 보수적인 피가로 紙에 글을 썼다. 나 역시 그를 보수주의 시사평론가쯤으로만 알았었다. 아닌게아니라 내가 빠리에 왔을 때는 역시 보수적인 시사주간지 렉스프레스에 고정 칼럼을 쓰고 있었다. 그런 그가 '위대한 교사,' 그러니까 '가르치는 선생님'이라니. 언뜻 이해가 안 갔다.

1983년 가을 780페이지나 되는 아롱 선생의 방대한 『회고록 Mémoires』이 나왔다. 너무 길어서 약 3분의 1은 제대로 읽고 나머지는 대충 중요한 대목만 훑고 덮었다. 학생시절 자신의 사상을 키우던 얘기들이 재미있었다. 그는 싸르트르처럼 앙리 까트르 출신이 아니고 베르사유의 꽁도르세 Lycée Condorcet 예과 '게으름뱅이 khâgne' 출신이다. 그리고 빠리 고등사범학교에서 두 사람은 만났다. 철학교수 알랭 Emile-Auguste Alain은 두 사람의 사상 형성기에 지대한 영향을 끼쳤다. 1905년생 동갑내기 싸르트르와의 경쟁. 그와의 우정. 그리고 제1차 세계대전. 1930년대 초 젊은 아롱은 쾰른 대학에 가서 독일사상을 연구했다.

레이몽 아롱의 첫 저서는 1935년 빠리에서 출간된 『현대 독일 사회

학 La sociologie allemande contemporaine』이다. 쾰른 대학에서 그
가 섭렵한 독일 사회학자들의 학설을 체계적으로 정리하여 소개한 책
이다. 나는 1950년대 후반 서울대학교에서 邊時敏 교수로부터 짐멜
Georg Simmel, 퇴니스 Ferdinand Toennies, 피어칸트 Alfred Fer-
dinand Vierkand, 오펜하이머 Franz Oppenheimer, 알프레드 웨버
Alfred Weber, 만하임 Karl Mannheim, 막스 웨버 Max Weber 등
근세 독일 사회학자들의 이론을 배웠다. 짐멜의 형식사회학, 퇴니스
의 공동체 이론, 피어칸트의 현상 사회학, 오펜하이머의 문화 사회
학, 알프레드 웨버의 역사 사회학, 만하임의 지식 사회학……. 나는
사회학을 철학적 하위개념으로 분류한 위대한 사회학 교수가 바로 레
이몽 아롱이라는 사실을 빠리에 와서 비로소 그의 저서를 읽고 알게
되었다. 일본 京都제국대학 출신인 변시민 선생의 독일 사회학 강좌
내용은 사실 레이몽 아롱의『현대 독일 사회학』을 거의 그대로 옮겨
놓은 것이었다.

프랑스의 사회과학도들은 대학 초급 학년에서 반드시 읽어야 하
는 책이 있다. 1967년에 발간된 아롱의『사회학 사상의 諸단계 Les
étapes de la pensée sociologique』.[15] 1950년대 아롱의 소르본느 강
의록『역사 사회학의 주요 학설 Les grandes doctrines de sociologie
historique』을 정리한 내용이다. 1960년에 나온 제1권에는 몽테스큐
Montesquieu, 꽁뜨 Auguste Comte, 맑스 Karl Marx, 드 토끄빌 Alexis
de Tocqueville을 설명했다. 1962년에 나온 제2권에는 뒤르켐 Emile
Durkheim, 빠레토 Vilfredo Pareto, 막스 웨버 Max Weber를 다루었

---

15) 베이직 북스 Basic Books 출판사의 영어 번역판 제목은『사회학 사상의 주요 흐름
Main currents of sociological thought』.

다. 위대한 사회학자들의 이론을 체계적으로 정리한 社會學史 책
이다.

나는 레이몽 아롱이 서거한 날 프랑스 신문들의 弔辭를 다시 음미
해 본다. 아롱은 평생 동안 많은 글을 썼다. 많은 저술도 남겼다. 그
러나 어떤 사회현상을 연구하여 나름대로 자신의 이론을 세우지 않았
다. 따라서 사회학자라고 하기 어렵다. 세계정치에 관한 무수한 논평
을 남겼다. 그러나 어떤 정치이론을 주장하지는 않았다. 정치학자도
아니다. 결국 사회학자, 사회사상가를 연구하여 그들의 이론을 체계
화하고 그것을 독자들에게 정확히 가르쳤다. 학문의 비평가였다. 그
리고 위대한 교사였다. 이런 점에서 분명히 싸르트르와 달랐다.

맑스주의 悔恨

故 崔文煥 선생님의 「社會經濟史」강좌는 1950년대 말 서울대 문
리대에서 가장 인기 있는 사회과학 강의 중 하나였다. 학생들은 이
강좌에서 유럽의 사회경제적 근대화를 민족주의 전개과정과 자본주의
Kapitalismus의 역할이라는 측면에서 이해하게 되었다. 서구사회에서
자본주의의 발달이 프로테스탄트의 종교 윤리를 정신적인 배경으로
하고 있다는 막스 웨버 Max Weber의 유명한 假說은 우리들을 매료
시켰고, 아시아적 정체성을 극복하기 위한 '옆으로부터의 혁명
Revolution von Seiten'을 열정적으로 외친 우리들의 은사 최문환 선
생님은 흡사 동숭동에 나타난 막스 웨버의 화신처럼 보였다.

1960년 4월 19일 학생들의 시위가 이승만 정부를 무너뜨렸을 때,
우리들은 최문환 선생님의 '옆으로 부터의 혁명'이 실현된 것으로 생
각했었다. 그러나 1961년 5월 16일 군사정변 이후 박정희 정부의 국

가주도 경제개발이 진행되면서 이번에는 유럽의 근대화 과정에 대한 선생님의 강의록을 되새겨 보게 되었다. 60년대, 70년대, 또 80년대를 지나면서 나는 50년대 대학 강의실에서 관념적으로 받아들였던 자본주의 이념이 실제로 우리들의 삶을 규정하는 현실로 나타나는 데 놀라움을 금할 수 없었다. 우리는 책에서 읽었던 유럽의 자본주의 발달사를 당대에 우리 땅에서 눈으로 보고 체험하게 된 것이다.

1984년 봄, 나는 빠리에 주재하던 연합통신 安泰用 특파원, 서울신문 權永吉 특파원, MBC 金星泰 특파원과 함께 칼 맑스 Karl Marx의 고향 트리어 Trier를 찾아가 볼 기회가 있었다. 우리들이 살고 있는 자본주의 이념을 정면으로 부정한 칼 맑스를 그 고향 땅에서 실감해보기 위해서였다. 퀼른에서 열린 「한국미술 오천년전」 개막식에 참가했다가 빠리로 돌아가는 길이었다. 다같이 사회과학에 관심이 컸던 네 사람이 마침 한차로 여행하게 되었는데 일행 중 누군가가 가는 길에 트리어를 들르자고 제의했을 때 아무도 이의가 없었다.

한국사람들은 라인 강 하면 전설의 로레라이 언덕을 떠올리게 되고 그 강이 바로 독일과 프랑스의 국경이라고 생각하기 쉽다. 라인 강은 상류에서는 독일과 스위스 및 프랑스와 국경 노릇을 하지만 중류로 내려오면 서부 독일의 중심지대를 흐르게 된다. 말하자면 라인 서쪽에도 독일 땅은 있다. 이 서부 라인 독일 땅에서 금세기 세계역사에 가장 큰 영향을 입힌 사상가 칼 맑스가 태어났다.

프랑크푸르트에서 퀼른 사이 라인 계곡의 코블렌쯔 Koblenz에서 모젤 Mosel 강을 따라 서쪽 상류로 올라가면 유서 깊은 古邑 트리어가 나온다. 지금은 조용한 작은 읍내에 불과하지만, 산업혁명 이후 19세기 라인 공업지대가 형성되면서 이 城市는 자본주의 생산현장 한복판에 놓이게 된다. 맑스는 1818년 서유럽 초기 자본주의라는 경제사회적 배경으로 등장한 인물이다.

칼 맑스——. 제2차 세계대전 후 분단체제 속에서 살아 온 한국 인들에게 이 이름은 끔찍한 悔恨을 불러일으킨다. 이 땅의 사회과학 도, 더구나 사회학도로서 나는 이 사람의 학문과 정면으로 부딪쳐 볼 기회를 만나지 못하고 학창시절을 지내 버렸다. 그의 저서『자본론 Das Kapital』을 가지고 있는 사실만으로도 실정법 위반으로 구속될 수도 있었기 때문이다. 그의 저술은 모든 것이 禁書 목록 제1호였 다. 빠리 근무 시절 고등학교 Lycée 1학년 큰 아이가 칼 맑스와 엥겔 스의 共著 불어판「공산당 선언 Manifeste du parti communiste」[16) 을 읽는 것을 보고 나도 모르게 움찔 놀랐던 기억이 있다. 우리나라 대학생이 가지고 있었다면 당장 형사범이 될수 있는 이 문서가 프랑 스에서는 고교생 정도의 사회과 교재로 쓰이고 있었기 때문이다.

60년대 학생운동에서 이념 문제를 제기한 '民比硏' 사건이 생각난 다. 1964년 무렵 이른바 6·3 세대로 불리우는 서울대 문리대 사회과 학도들은 故 黃性模 선생을 지도교수로 모시고 '민족주의 비교 연구 회' 곧 '民比硏'이라는 이념 써클을 만들었다. 이보다 앞서 황성모 선생은 우리 57년도 입학생들, 이른바 4·19 세대가 중심이 된 '후진 사회 연구회'를 지도한 바 있다. 나중에 黃 교수는 이념 써클 교수로 몰려 서울대학교에서 쫓겨났다. 뿐만 아니라 독일 뮨스터 대학 출신

---

16) 1848년 맑스와 엥겔스는 1847년 런던에서 열린 '공산주의자 동맹 제2차 회의'의 요 구에 따라 이 선언문을 작성했다. 레닌은 이 선언문을 "새로운 세계관, 인간사회에서 필연적인 유물론적 변증법, 진화에 관한 가장 광범하고 심오한 과학, 그리고 계급투쟁 과 새로운 사회 곧 공산사회의 건설 역군인 프롤레타리아에 부여된 혁명적 역할에 관한 이론을 가장 극명하게 그리고 뚜렷한 신념으로 전개한 작품"이라는 긴 논평을 남겼다.

인 황성모 선생은 1969년 마침내 東백림 간첩사건 연루 혐의로 재판
정에 서게까지 된다.

 그 때 그 자리에서 黃 교수는 학문의 자유와 관련된 유명한 진술을
남겼다.

 ── 피고는 칼 맑스의 『자본론』을 읽었는가?
 "물론 읽었다. 칼 맑스는 근세 사회과학에서 가장 큰 문제
를 제기한 학자이다. 명색이 사회과학도라는 사람이 금세기
최대의 문제 서적도 안 읽어 보고 어떻게 강단에 설 수 있었
겠는가."

 당시 반공법 제4조 제1항은 "반국가단체나 그 구성원 또는 국외의
공산계열의 활동을 讚揚, 鼓舞 또는 이에 동조하거나 기타의 방법으
로 반국가단체 (국외공산계열 포함)를 이롭게 하는 행위를 한 자는
7년 이하의 징역에 처한다"고 규정하고 있었다. 문제는 다음에 이어
지는 제2항 "前項의 행위를 할 목적으로 文書, 圖畵, 기타의 표현물
을 제작, 수입, 복사, 보관, 운반, 살포, 판매, 또는 취득한 자로 전
항의 刑과 같다"는 규정이다.

 "전항의 행위를 할 목적으로"라는 전제조건이 붙었지만 대학교수
나 언론인들과 같이 말과 글로 자신의 생각을 전파하는 일을 직업으
로 삼는 지식인들은 이른바 '불온서적'을 가진다는 것만으로 그들의
작업이 바로 공산주의를 찬양, 고무하는 행위로 반공법 제4조 제2항
을 위반하는 결과를 가져오기 십상이다. 만일 대학교수가 칼 맑스의
사상을 강단에서 강의하면서 자신이 보관한 『資本論』의 내용의 일부
를 복사하여 학생들에게 나누어 주었다고 하자. 『자본론』은 공산주의

를 명백히 찬양, 고무하는 도서이므로 그 교수는 반공법 제4조 제2항을 위반한 죄로 기소될 수 있었던 것이다.

이 문제의 조항은 1980년 12월 31일 반공법이 폐지되고 국가보안법으로 개편되어 그 후 몇 차례 개정되면서도 제7조 제5항에 '보관'을 '所持'라고만 바꾸어 지금까지 살아 있다. 물론 그 동안 많은 재판을 통하여 학자가 순전히 연구를 위하여 공산주의 서적을 소지하거나 읽는 행위만으로 죄를 줄 수 없다는 판례를 남겼다. 황성모 선생의 법정 발언은 반공법 제4조 제2항에 대한 최초의 도전이었다고 할 수 있겠다.

고읍 트리어는 미슐랭 베르 여행 가이드 북[17]이 별 둘짜리 평점을 줄 정도로 서부 독일의 수준급 관광지였다. 미슐랭 평점은 칼 맑스와는 전혀 관계가 없다. 이 도시에는 독일에서 가장 오래된 고딕 건축물인 13세기 초 성모 마리아 성당 Liebfrauen Kirche과 로마 시대 유물을 수집한 라인 지방 박물관 Rheinisches Landesmuseum, 그리고 로마의 콘스탄틴 황제가 지었다는 목욕탕 유적 Kaiserthermen이 미슐랭이 권하는 이른바 볼거리 들이다. 칼 맑스와 관련된 유적은 작은 기념관으로 꾸며진 그가 태어나서 자란 집 Karl Marx Haus밖에 없다. 이 집이 있는 그리 길지 않은 길 이름을 칼 맑스 거리 Karl-Marx-Strasse라고 불러 관광객들이 가까스로 이 집을 찾아올 수 있을 뿐이다.

칼 맑스의 집은 서양 귀족들의 저택에 비하면 초라하지만 뒷마당이

---

17) 미슐랭 베르 Michelin Vert는 프랑스 미슐랭 타이어 회사가 발간한 프랑스와 유럽 각국의 관광 가이드 북. '6. 여행' 편을 보라.

딸린 4층짜리 건물은 19세기 小邑의 유복한 계리사가 살던 주거로서
는 손색이 없었다. 이 집은 현재 금세기 역사에서 가장 큰 족적을 남
긴 사회사상가의 기념관이라기 보다는 흡사 중학교 학생들에게 사회
경제사를 가르치기 위한 교육관으로 꾸며져 있다. 산업혁명 이후 라
인 공업지대는 빠리와 런던과 같은 대도시 소비 센터에 상품을 공급
하는 배후 생산지라는 사회경제적 배경을 사진과 도표와 자세한 설명
문을 판넬로 만들어 전시해 놓았다.

　우리 일행은 이 기념관을 둘러보면서 70년대 한국의 산업화 과정에
다 곧장 '칼 맑스'를 대입해 보았다. 영등포 구로공단지대의 사법서
사는 공부 잘 해서 서울대학교에 다니는 똑똑한 아들을 가졌다. 공단
의 열악한 노동조건을 눈으로 보고 자란 이 학생은 서울의 관료와 자
본가 등 지배계급의 퇴폐적인 소비문화를 비판하면서 사회변혁의 철
학을 키운다. 그는 80년대 한국의 대학가 운동권 리더로 성장한다.
칼 맑스의 분신들은 그렇게 한강변에서 자라나고 있었다.

5

행 동 파

無錢 여행자

1980년 여름, 나는 서울을 떠나 빠리로 오면서 주소를 잃어 소식이 끊긴 한 친구가 궁금했다. 로렌쪼 뻬스텔리 Lorenzo Pestelli. '세계를 방랑하는 詩人' 내가 그에게 붙혀준 명칭이다.

1966년 5월 어느 날 그는 10살 난 어린 딸 아에나 Aéna와 함께 내가 문화부 기자로 일하던 新亞日報사에 나타났다. 떠듬거리는 영어로 자신을 소개하고 民泊 알선을 부탁하는 것이다. 그 때만 해도 외국인 무전여행자들이 신문사에 찾아오면 그 또한 재미있는 기사 거리였다. 好事家들이 그런 기사를 보고 그들을 도와 주던 시절이다. 찾아오는 외국인 여행객도 흔치 않았지만 미국 국적이 아닌 외국인을 만나기란 매우 드문 일이었다. 그가 다른 사람과 手話를 섞어 가며 영어로 얘기하는 동안 나는 그의 어린 딸에게 불어로 말을 걸었다.

"아빠, 여기 불어하는 분이 있어요."

뜻밖의 불어 사용자의 등장에 너무 놀란 딸 아이의 탄성과 함께 로렌쪼는 내게 바로 다가왔다. 우리는 주위의 시선도 아랑곳없이 큰 소리로 떠들어댔다. 그는 이제 살았구나 하는 표정으로, 나는 먹혀들어가는 내 불어 실력에 스스로 우쭐해져서 꽤나 수다를 떨었다. 우리는 그렇게 만났고 금새 친해졌다.

로렌쪼는 보통 서양 사람들이 김포공항을 통해 오는 방식과는 다르게 서울에 왔다. 그 히 개통된 釜關페리를 타고 일본에서 부산에 도착하여 길에서 지나가는 화물 트럭을 타거나 승용차에 편승하면서 서울까지 올라온 것이다. 범어사, 직지사, 해인사, 경주, 석굴암을 찾아서 구경하며 올라왔다. 수원에서 그들 부녀를 길에서 태우고 서울에 온 사람은 국제기구에서 일하는 호주 사람이었다. 아에나와 비슷한 나이의 딸을 가진 이 호주인은 뻬스텔리 부녀가 서울에 머무는 동안 자기가 사는 남산 외인주택에서 함께 지냈으면 했다. 딸아이에게 서울에서는 만나기 힘든 유럽인 친구를 붙여 주려는 생각이었다. 딴에는 외인주택의 미국 아이들과 어울리면서 물들어오는 싸구려 양키 문화가 싫다는 것. 그러나 로렌쪼는 경비원이 지키는 서울의 외인주택 촌에서 원주민과 격리된 '작은 외국'을 보려고 한국에 온 것이 아니다. 진짜 한국을 냄새맡고 맛보고 느끼기 위해 온 것이다.

로렌쪼는 아에나를 데리고 같이 가도 괜찮겠느냐고 해서 좋다고 했더니 퇴근 후 바로 우리집으로 따라왔다. 열흘 동안 함께 지내면서 우리는 많은 인연을 쌓았다. 무엇보다도 로렌쪼 뻬스텔리의 매력은 그때까지 내가 만났던 서양인들, 주로 미국인들과는 달리 우리 사람과 우리 문화에 대해 보통 서양인들이 가지는 일종의 우월감이나 편견을 전혀 갖고 있지 않다는 점이다. 한반도에서 태어나 자라고 교육을 받은 나와 대화하는 데 피차간에 그 어떤 오해나 겉치레가 필요

없었다. 우리에게 東西의 벽은 없었다.

나는 그 때 결혼 전이었고 나와 부모님과 형제들이 같이 살던 우리 집은 전통 한옥이었다. 내가 동생들과 함께 쓰던 온돌방에서 그들 부녀는 나와 같이 잤다. 물론 동생들에게는 양해를 구해 다른 방으로 보내고 한국식 이부자리를 내주어 깔고 덮고 자게 했다. 너나없이 어려웠던 시절의 기름기 없는 채마전 같은 아침밥을 소반에 올려 놓고 같이 먹었다. 저녁때는 자신의 내의와 양말을 마당 수돗가에서 각자 빨아 마당에 쳐놓은 빨래줄에 널었다. 우리들 사이에 한국식 의식주 생활은 전혀 불편하지 않았다. 이삼 일 지나자 처음에는 아주 기이한 표정으로 접근조차 어려워하던 내 동생들과도 제법 눈인사를 해 가며 그 동안 한두 마디 얻어들은 우리말 인사를 해보여 우리를 웃기곤 했다.

로렌쪼 뻬스텔리는 1935년 런던에서 태어났다. 아버지는 플로렌스 출신의 프랑스 외교관, 어머니는 벨지움 출신. 고등학교를 이탈리아 플로렌스에서 다녔다. 벨지움 루뱅 Louvain 대학, 카나다 몽레알 Montréal 대학, 그리고 빠리 쏘르본느 대학에서 문학을 전공했다. 글은 불어로 쓴다. 튀니지와 알제리 그리고 중국과 일본에서 불어를 가르치기도 했다. 몽레알에서 만나 결혼한 아내 미셴느 Michène와 둘째딸 리안느 Riane는 일본 교또에 두고 서울에는 데려오지 않았었다.

로렌쪼 뻬스텔리의 家系를 보면 父系 조상이 유럽의 中原 사람이요 母系 조상이 근대 유럽의 중심지 출신이다. 자신은 근대 서양의 중심 도시에서 태어나 교육은 부계와 모계 조상들의 고향을 찾아다니며 받았다. 나는 그 후 빠리로 스톡홀름으로 뉴욕으로 다니면서도 로렌쪼 뻬스텔리처럼 혈통과 정신면에서 정통 서양인을 만난 일이 없다. 뿐만 아니라 지금까지 이만큼 나와 정신적으로 의기투합한 정통 서양인도 만나 보지 못했다. 문학, 미술, 음악, 연극, 영화 작품들의 가치평가에서 우리들은 언제나 서로의 의견일치를 확인할 수 있었다.

로렌쪼 뻬스텔리는 이념적으로 좌파 지식인에 속한다. 60년대 한국에서는 禁斷의 지역인 알제리와 중국에서 상당 기간 살았다는 사실만으로도 위험인물일 수 있었다. 그는 내게 이념적인 정치 이야기는 일체 하지 않았다. 한국인인 나의 안전을 고려하는 눈치였다. 알제리에 있을 때 본 북한 영화가 완전히 선전물만은 아니고 상당한 예술성이 있더라는 식의 코멘트를 내게 한 일은 있다. 그러나 만리장성이나 하노이에 갔었던 얘기는 내가 궁금해서 물어도 대답을 피했다. 그리고 무엇보다도 주한미군에 대한 반감이 강했다. 60년대에는 젊은 대학생 층에서도 반미주의는 커녕 親美 일변도이던 시절이다. 또 하나 로렌쪼의 위험성은 군인에 대한 강한 거부감이었다. 군부 집권이 안정기에 들어선 시기였지만 진보적인 서구 지식인의 눈에는 우리나라가 병영국가처럼 보였을지 모른다.

우리는 정치는 제쳐놓고 동양과 서양의 문화와 역사에 관해 여러 가지 얘기를 나누었다. 나는 우리나라 교육에서 차지한 서양 문명에 대한 과장된 인식을 비판했다. 특히 서양 문화와 예술에 대한 神秘化 mystification를 지적했다. 로렌쪼는 내 얘기를 흥미있게 들었다. 그리고 내게 반대로 서양 지식인들이 동양에 대해 얼마나 과장된 인식에 사로잡혀 있는가를 말해 주었다. 나중에 내가 서양에서 만난 지식인들은 대개 중국문화를 아는 척하고 일본문제에 열을 올리는 것을 많이 보았다. 거기다 나를 만나 얻어들은 한국 얘기는 그들 사회에서 아직은 미지의 아무나 못가진 교양을 과시하는 훌륭한 자료였다. 과연 로렌쪼의 말은 사실이었다.

나는 우리의 國樂이 세계적인 음악이라는 말을 로렌쪼로부터 처음 들었다. 그는 국악을 좋아하다 못해 동경해 마지않았다. 아악과 같은 궁중음악과 여러 가지 민속악들을 담은 LP 레코드판을 열심히 사 모았다. 어디서 알았는지 당시 秘苑 앞에 있던 국립국악원에 나를 끌고 용케 찾아가서 구경한 것이다. 그 무렵 나는 클래식 기타 연주를 배우며 그 매혹적인 중세적 서양 音色에 반해 있었다. 사실 그 때까지 부끄럽게도 국악 연주를 직접 감상해 본 일이 없었다. 한 정통 서양인을 만난 덕분에 나는 처음으로 화려한 의상의 花冠舞를 구경할 수 있었다. 아이러니컬한 얘기다. 가야금과 거문고와 판소리 唱 實演을 그 때 처음 들어 보았다. 로렌쪼는 미친 듯이 국악에 심취했다. 서울서 지낸 열흘 동안 국악공연만 서너 번은 쫓아다니지 않았나 기억된다. 그는 악기 연주보다도 唱소리를 더 좋아했다. 아에나와 함께 우리 온돌방에 정좌하고 무릎을 한 손으로 박자쳐 가며 時調 唱을 흉내내던 모습이 지금도 눈에 선하다.

로렌쪼와 나는 피차 자기쪽 지식인들에게 상대방 문화와 예술에 대한 神秘化를 깨부셔 주는 노력을 하기로 약속했다. 그는 과연 그 약속을 지켰다. 유럽에 돌아간 뒤 브뤼셀과 제네바에서 작은 모임을 갖고 자기가 가 본 아시아를 열심히 얘기했다. 그가 찍은 사진을 전시하고 수집한 레코드를 들려 주며 동양의 神秘를 풀어 주었다. 나도 해외 근무에서 돌아와 知己들과 만나면 나대로 세계를 다니며 내가 직접 확인한 얘기를 입에 거품을 물고 전하곤 했다. 나의 『서양문화 뒤집어보기 Culture vs. Culture』는 어쩌면 로렌쪼와의 약속을 제대로 지키기 위한 동기에서 출발한 것인지도 모른다.

끊어진 文通

서울을 떠난 로렌쪼는 가는 곳마다 내게 편지를 보내 왔다. 1967년 봄 인도네시아에서 보내온 편지에는 수카르노 실각 후 수하르토 지휘 하의 군부가 몇십 만의 인민을 학살하고 집권한 사실을 고발하고 있었다. 당시 인도네시아는 외신기자를 일체 받아 주지 않는 철저한 통제 속에 고립된 나라였다. 세계의 매스컴은 이 엄청난 킬링 필드를 전혀 커버할 수 없었다. 무명의 방랑시인 로렌쪼 뻬스텔리는 이 가려진 사실을 기록한 유일한 서구 지식인이었다. 조선일보 외신부 기자였던 나는 그의 편지를 번역하여 군부 집권하의 인도네시아 사정을 현장르포 기사로 보도한 적이 있다. 로렌쪼가 1967년 2월 중부 자바를 여행하면서 목격한 군인들의 무자비한 폭력을 내게 편지로 호소한 내용을 옮긴 것이었다.

로렌쪼 뻬스텔리는 1968년 무렵 유럽으로 돌아갔다. 처음엔 브뤼셀에서 편지가 왔다. 다음엔 로잔느에서 왔다. 나도 여러 번 직장을 옮기고 집을 옮겼다. 동서양의 두 떠돌이가 용케도 70년대 초 무렵까지 文通을 계속할 수 있었다. 그러다가 마침내 서로 주소를 잃어버렸다. 편지가 오고 가는 동안 나는 두 권의 책을 받았다. 1968년 8월에 받은 첫 번째 책은 스위스 로잔느에 있는 「보 州 문예부흥 노트 Cahiers de la Renaissance Vaudoise」라는 거창한 이름의 출판사가 내는 문학 동인지 「문학 제4집 ECRITURE 4」. 이 고급 문학잡지에서 평론가 니꼴라 부비에 Nicolas Bouvier는 로렌쪼 뻬스텔리라는 무명의 방랑시인을 스위스 불어권 文壇에 등단시키고 있다. 부비에 씨의 로렌쪼에 관한 소개말에 이어 대표적인 詩 세 편이 실렸다. 아버지의 고향 플로렌스와 그가 교사로서 일했던 알제리, 그리고 그의 대표적인 여행지로서 자바에서 각각 쓴 작품들이다. 「자바 열차 안에서 군사작전」
은 인도네시아 군부집권의 현장고발 문학인데 내게 보냈던 편지 내용
을 주제로 쓴 작품이다.

 1970년 크리스마스 무렵 로렌쪼 뻬스텔리는 자신의 첫 紀行 詩集
『긴 여름 Le Long Eté』 제1권을 내게 보내 왔다. '긴 여름' 이란 책
의 제목은 저자가 유라시아 대륙의 오른쪽 해안을 따라 흡사 초생달
모양의 지대를 여행하면서 일 년 내내 여름에만 살았다는 뜻. 중국,
일본, 한국 등 온대지방 나라들은 진짜 여름에 여행했다. 가을과 겨
울동안에는 인도차이나 반도와 인도네시아, 네팔, 티베트, 인도 등
常夏의 나라에 가 있었다. 로렌쪼의 아시아 여행은 그야말로 그의 지
칠줄 모르는 정열만큼이나 길고 긴 여름 그 자체였다.
 유럽에 가 보기 전까지 나는 여름이란 말이 가진 의미 connotation를
그저 '무덥고 지겨운 한반도의 여름' 쯤으로만 알았다. 사실 그 의
미만으로는 林甲 선생님의 불문학 맛보기 시간에 함께 읽은 까뮈의
수필집 『알지에의 여름 L'été à Algier』이 말하는 계절의 감각을 도저
히 느낄 수 없었다. 로렌쪼의 『긴 여름』도 서울에서 처음 책을 받아
보았을 때 비슷한 인식의 혼란이 있었다. 빠리에 와서야 나는 비로소
프랑스 인들이 말하는 여름의 의미를 깨달을 수 있었다. 크게 봐서
지중해성 기후대에 속하는 유럽에서 여름은 일년 중 가장 좋은 계절
이다. 부활절 Pâques과 함께 시작되는 유럽의 여름은 위도가 높아질
수록 짧게 끝난다. 가톨릭의 종교 휴일도 대체로 여름에 몰려 있다.
유럽의 여름은 한반도에서는 가을의 이미지에 해당한다.

『긴 여름』 속의 한국

紀行 詩集 『긴 여름』의 표지 디자인[18]은 12干支를 상징하는 열두 가지 동물을 그려 넣은 둥근 수레바퀴의 천연색 사진을 깔았다. 서양 사람들 눈에 동양 맛이 나도록 엑조티시즘을 강조한 것이다. 책의 목차는 十二干支를 쓰는 子시 畜시 寅시 등 동양식 시간에 따라 한 時에 두 章씩을 묶었다. 로렌쪼의 긴 여름 여행은 아침시간 寅時에 중국에서 출발하여 늦은 저녁 戌時에 유럽으로 돌아온다. 한밤중인 亥時 子時 畜時는 여행을 마치고 잠을 자는 시간으로 설정되어 있다.

로렌쪼는 내게 증정한 책 속표지 빈 칸에 다음과 같은 글을 적어 보냈다.

"친구 준에게 『긴 여름』 제1권을 준다. 그 여름 제4시에 나는 너와 함께 살았다. 너와 네 아내에게 뜨거운 우정을 보낸다. 답장을 다오. 로렌쪼 뻬스텔리. 1970년 12월 15일."

나는 1967년 4월 28일 결혼했다. 폐백 때 활옷을 입은 신부와 한복을 입은 신랑 모습을 당시 처음 나온 칼라사진에 담아 로렌쪼에게 보냈었다. 아내는 아름다운 활옷을 입은 신부의 미모를 격찬한 로렌쪼의 답장을 지금도 고이 간직하고 있다.

『긴 여름』 제1권은 寅시에 중국과 베트남, 卯시에 일본과 한국, 辰시에 캄보디아와 타이, 巳시에 말레이지아와 발리로 끝난다. '제4장 한국 時 Heure Coréenne'는 序詩 Poème initial와 斷想 Pié-

---

18) 표지 사진은 스위스 사진 작가 랑바끄 Pierre Rambach가 일본 큐슈 어느 神社 현관 천정 장식을 찍은 오리니널 작품이다.

cette, 그리고 本詩 Poème와 落穗거리 Scories로 구성된다. 斷想과 本詩와 낙수 다음에 각각 세 편의 여행 노트 Notes de voyages가 따라붙는다. 로렌쬬는 '한국 時' 편이 시작하는 페이지에 8세기 아라비아 여행자 아흐바 앗시우 와이힌드 Ahbar As-siu Wa-I-hind의 진기한 기록을 불어로 인용하고 있다. 언젠가 편지에 브뤼셀의 어느 도서관에서 찾았다는 바로 그 한국에 관한 오랜 기록이다. 이 여행자는 한반도에 와 본 것은 아니고 중국에서 들은 한국 애기를 쓴 것이다.

> 황해 바다 동쪽에는 신라라는 나라가 있다.
> 흰 옷을 입은 사람들이 산다.
> 중원의 天子에게 朝貢을 바쳐야
> 자기 나라에 가뭄이 안 든다고 변명한다.
> 서양인들은 아무도 그 나라에 가 보지 못했다.
> 그들은 흰 매 白鷹를 길들여 쓴다.

『긴 여름』의 '한국 時' 편에서 斷想 「석굴암 Sakkuram」과 詩 「덕수궁 정원에서 Dans les jardins du palais de Tuksoo」 만은 독자에게 소개해 두고 싶다. 60년대의 한국을 보는 유럽 지식인의 정치적 비평 시각을 새롭게 느껴 볼 수 있기 때문이다. 「석굴암」은 정치보다는 바다와 태양과 자연을 詩로 읊으면서 한반도의 비극적인 운명을 예언하고 있다. 로렌쬬 뻬스테리는 페씨미스트였다. 그는 언제나 인간은 태어나면서부터 비극적인 존재라고 믿었다. 그래서 역설적으로 비극적인 운명을 사랑했다. 한반도의 역사적인 비극에 진한 애정을 느끼고 있었다. 우리가 서로 만났을 때 로렌쬬의 나이는 나보다 한 다섯 살 정도 많았다. 그러나 정신 연령은 나보다 한 20년은 더 위였다. 물론 개인적으로도 나보다 成熟한 知性의 소유자였다. 그러나 늙은 유럽 대륙과 신흥 아시아의 역사 문화적 成熟度의 차이도 감안해야 할 것이다. 그 당시 나는 역사와 인생을 부정하는 그의 悲觀주의를 도저히 이해할 수 없었다. 한반도에 갇혀 자란 20대의 기고만장한 개구리는 바깥 세상에 대한 무한한 동경에만 사로잡혀 있었다. 단상 「석굴암」을 다시 꺼내 읽으면서 나도 어느덧 로렌쪼 뻬스텔리의 悲觀과 厭世를 이해할 나이에 이르렀음을 알았다. 서글프다. 아시아도 그만큼 성숙한 대륙으로 변하고 있으면 좋으련만.

석 굴 암

혹심한 겨울은 지나가고 매서운 바람은 지금 어디로 갔나?
　(嚴冬이 지나거냐 雪風이 어디 가니)
저 멀리 언덕은 안개로 뒤덮혀 있고 부드러운 바람은 고요하기만 하다.
　(千山 萬山에 봄 기운이 어리었다)
나는 문을 열어젖히고 봄 아지랑이 물든 아침을 바라보련다.
　(지게를 晨朝에 열고서 하늘 빛을 보리라)

한국 시인 윤선도 (1587~1671)[19]

---

19) 로렌쪼는 윤선도의 山中新曲 중 3행 시조 春曉吟의 영역문을 영어 그대로 인용했다. 영문 번역문을 저자가 우리말로 옮긴 것. (괄호 안은 우리말 시조 원문)

나는 긴 여름 태양의 첫 햇살을 기다린다.

한복판 중심에 자리잡은 위대한 태양은 우리들의 여행을 밝혀줄 것이다.

동해바다 위로 계곡이 열린다 : 여명에 벗겨지는 천 갈래 파도,

유라시아 대륙의 인간들이 맞이할 새로운 나날을 삼키려고 한다.

활처럼 휘인 산허리들, 은행나무에 핀 꽃들,

석가모니 像의 보라빛 눈은 아직 빛에 굶주려 있다!

그러나 우스꽝스럽게도 태양은 떠올랐지만 아직 그 빛이 너무 약해서 이 壯觀을 구경하려고 밤에 걸어 올라온 학생들의 검은 모자들도 여인들의 화사한 옷자락도 제대로 비추지 못해 그들을 실망시킨다.

무리들과 떨어져서, 庵子의 어깨 뒤에 숨어서, 석굴암 나라의 헐벗은 나뭇가지들 사이에 가려져서, 태양 神을 섬기던 아즈텍 사람들의 허영스런 축제가 연상되어 이 해맞이 儀式의 진부함에 슬퍼지면서, 동해의 용왕님은 아무도 제물을 바치지 않아서 영험을 잃어버렸다는 사실을 우리는 알아야 한다. '자유'와 '상업주의'라는 이름의 제단 앞에 나라의 젊은이들을 희생시켰기 때문에 태양은 이 해맞이 무리들의 웅성거림을 더 이상 진정한 예배로 흠향하고 싶지 않을 것이다. 태양은 다시

빛을 발했다. 그것도 傍白처럼 잠깐. 그러나 태양은 꾸준히 떠오르고 있었다. 기껏 두터운 구름의 옷을 껴입을 수밖에 없으면서도.

한편 어린 학생들은 성스러운 佛壇 앞에서 선생님이 얘기해 준 奇蹟이 나타나기를 초초하게 기다린다.

大佛의 이마가 빛을 받지 못하면 온 나라에 大凶이 닥치리라.

그리되면 절을 문닫아 걸고, 성스러운 美裝들을 放賣하고, 온갖 푸닥거리 祭具들을 바다에 던져 버려야 한다.

태양이 끝내 떠오르지 않으면 조용한 아침의 나라에는 파멸이 올 것이다.

1966년 5월 경주 석굴암에서

詩「덕수궁 정원에서」는 「석굴암」에 비해 독자들에게 격렬한 이데올로기를 느끼게 해 줄 것이다. 『긴 여름』의 발행인은 이 책에 '詩的 政治紀行 Itinéraire poétique et politique'이라는 副題를 붙혀 주었다. 시인의 정치의식을 강조한 것이다. 로렌쪼 뻬스텔리는 분명히 미군이 주둔하고 군부정권이 지배하는 남한을 부정적인 눈으로 보았다. 그의 눈에는 주체성을 강조하고 사회주의 理想을 선전하는 북한이 더 긍정적인 체제로 생각되었을지 모른다. 물론 서울에 있는 동안 나는 그가 북한을 찬양하는 것을 보지 못했다. 단지 설악산을 다녀와서 일선지대 군인들에게 받은 거친 인상을 전해 준 기억은 있다. 의사소통이 어려운 상태에서 근무 중인 군인들이 처음 보는 거지행색의 서양인 父女를 어떻게 대했을까 상상이 갔다. 60년대 남한의 현실은 지금 생각하면 일종의 한계상황이라고 해야 할 것이다. 그 때 그 시절은 서독의 여류시인 루이제 린저 Luise Rinser가 북한을 찬양하는 책을 쓰던 때였다. 로렌쪼 뻬스텔리는 이 시에서 남한의 현실을 압축한 한마디의 詩語를 만들었다. 내가 여기서 '만들었다'는 표현을 쓴 이유는 그가 압축한 단어가 불어의 造語였기 때문이다. 아르미제르 Armisère. 軍 플러스 慘狀 Armée+misère. 굳이 의역하면 "군인이 지배하는 나라의 참상"이라고 할까.

덕수궁 정원에서

여기서는 달의 변하는 모습도 볼 수 없다.
비도 오지 않는다.
지독한 고통과 고독의 먹구름도 없다…!
내가 온 이곳은 지글거리는 삼복 더위의 태양 공간
대륙의 한 팔에 해당하는 곳!
사막과 같은 바다 위에 뜬 섬나라가 아니다.
땅 넓이가 제한된 列島가 아니다.
이곳은 한결같이 하얀 옷으로 덮힌 넓은 땅,
가슴까지 올라오는 치마로 성글게 덮은 땅,
이곳에서는 술취한 사람들이 만사를 잊어버리고 비틀거린다.

대낮에, '아르미제르'의 아물지 않는 그을린 상처도,

외국 군대의 점령도, 兵舍도, 풀먹여 다린 와이샤스 族도,

듬성듬성 꿰진 아스팔트 길과 섬광 조차도 다 잊어버렸다…!

이곳은 태평양의 축축한 물기에 썩어 가는 섬나라가 아니다.

이곳은 절단된 반동강 팔뚝,

피흘리는 대륙의 肢體,

大地의 몸통에서 아직 성한 부분과 분단된 채 피흘리고 있는,

나는 이 으깨진 팔뚝을 막아 보고자 한다.

막걸리와 外債가 이 팔뚝을 아주 결단내기 전에,

이곳은 아시아가 형언할 수 없는 괴로움에 못이겨 바다로

내 뻗은 팔 끝.

언제나 내 肢體를 따라 나와 동행하는 괴로움을 떨치려고

내가 찾아온 대륙의 팔……!

보라, 나를 둘러싼 무리들이 나를 드넓은 광장으로 데려갔다.

광장에 겹쳐지는 그림자는 성벽 곁에서 아주 엷게 나타난다!

이곳은 섬나라가 아니다.

무수한 먼지들로 성가신 들판이다.

먼지로 뒤덮힌 땅에 軍靴 발자국이 새겨진 들판!

이곳은 섬나라가 아니다.

형체를 알 수 없는 팔뚝이다.

지탱할 몸통이 없고 손이 잘려 나간 팔뚝,

아니 거꾸로 매달린 팔뚝,

어깨에 대적하여 팔꿈치까지 武裝한 팔뚝이다!

나는 태양이 비치는 공간을 다시 찾는다.

그리고 온갖 근심 걱정의 늪 위에 떠서 반짝이는 '아르미제

르'의 별도 찾아본다.

그 늪을 감히 내가 건너갈 수 있을까.

이 왕국의 황폐한 풍경 속에서 그 늪을 기어서 빠져 나가도
록 저주받은 내 운명이.

마치 迷宮을 만난 그 옛날 여행자들과도 같다!

이곳은 섬나라가 아니다.

어머니 아시아의 되찾은 몸통이다.

잘린 四肢에서 피가 흐른다!

어떻게 하면 콸콸 흐르는 피를 졸라서 멈추게 할 수 있을
까?

어떻게 하면 썩어 가는 상처를, 잘못 치료한 흉터를, 하나
씩 하나씩 싸 안을 수 있을까?

나는 상처를 두고 떠날 것이다. 흐르는 피를 온 몸에 묻힌 채,

나는 섬나라로 다시 돌아가서

'아르미제르'의 피가 묻은 갑옷을 말끔히 닦아 낼 것이다.

내가 가는 발자취를 따라 줄이은 핏자국마다

憐憫의 눈물을 흠뻑 적시게 하리라.

백마강에 스스로 몸을 던지던 그 옛날 여인들은 지금 어디
있는가?

침략자들과 목을 내놓고 싸웠던 사나이들은 지금 어디 있는
가?

오늘의 사람들은 束縛을 잊기 위하여 술을 마시는가,

절망한 나머지 武器를 손가락으로 가리워 숨기고 있는가,

한낮 납빛 태양 아래 무서워서 나서지 못하는 겁에 질린 도

마뱀으로 變身했는가.

나는 다시 밤의 세계로 돌아간다.

팔꿈치 끝까지 반역한 팔뚝의 부담을 가슴에 간직한 채,

이제 自殺의 섬나라에 돌아가면

나는 자기 자신과의 싸움을 각오한 아내를 걱정하게 될 것

이다.

1966년 5월 서울에서

『긴 여름』 한국 時 편 「여행 노트」에는 주로 절을 찾아가는 길 풍경이 많이 나온다. 범어사, 직지사, 해인사로 가는 길에서 어디서나 보이는 봄 풍경이 묘사되었다. 흰 옷을 입은 농부와 여인들이 장구에 맞추어 춤을 추며 노래하는 풍경이다. 먼 나라에서 온 시인의 눈에는 사람들이 봄을 맞아 가면을 벗어 내던지는 축제쯤으로 비춰졌을 것이다. 이방인 시인은 그들과 함께 춤추며 말이 안 통하는 걱정도 잊어버렸다. 해인사를 다녀오면서 시인은 아름다운 山水와 人情에 취하면서도 "폭력과 참상의 들판"을 바라보는 날카로운 눈매를 풀지 않았다. 그는 이 「여행노트」에서 "황폐한 들은 농부들의 탓이 아니다. 외국 병력의 그늘 아래 사는 寄生사회의 상부구조 탓"이라고 꼬집어서 말했다.

詩人의 夭折

1980년 봄 빠리에 온 뒤 주소를 잃어버린 친구 로렌쪼 삐스텔리를 꼭 만나 보고 싶었다. 그와 헤어진 지 15년, 文通이 끊어진 지 9년.

나는 스위스 로잔느에 있는 『긴 여름』의 출판사 「보州 문예부흥 노
트」의 주소로 저자를 찾는 편지를 냈다. 답장은 엉뚱하게도 로잔느
교외에 있는 베비 Vevey라는 작은 마을에서 날아왔다. 베르틸 걀랑
출판사 Edition Bertil Galland로부터 다음과 같은 소식을 받았다.

"나는 내 친구 로렌쪼 뻬스텔리의 저서 『긴 여름』의 발행인입니
다. 전에 보 州 문예부흥 노트社 사장으로 동인지 「문학」 발간을 주
도했습니다. 7월 9일자 당신의 편지를 잘 받아 보았습니다. 하지만
당신에게 슬픈 소식을 전할 수밖에 없군요. 작가는 1977년 9월 11일
모로코를 여행하던 중 마라케쉬에서 교통사고로 사망했읍니다. 그렇
게 오래 전에 그와 만났던 당신이 다시 그를 찾아보려는 성의에 감동
합니다. 당신에게 각별한 인사를 드리며, 베르틸 걀랑."

그러니까 친구 로렌쪼 뻬스텔리는 42세의 젊은 나이에 그가 그처럼
슬퍼하며 안쓰러워 하던 세상을 등진 것이다. 편지와 함께 역시 보
州 문예부흥 노트가 발행한 『긴 여름』 제2권 증정본과 신문기사 스크
랩 한 장이 동봉 배달되었다. 로잔느의 최대 불어 일간지 「뱅뜨까트
르 외르 24 Heures」 1977년 9월 17일자에 실린 시인 로렌쪼 뻬스텔
리의 죽음을 애도한 기사는 베르틸 걀랑 사장의 寄稿文이었다.

시인 로렌쪼 뻬스텔리는 지난주 모로코에서 갑자기 교통사
고로 사망했다. 불어권 스위스 文壇 전체가 그를 애도한다.
플로렌스 출신 아버지와 벨지움 출신 어머니를 가진 이 위대
한 여행가는 불어로 글을 썼다. 그는 1968년부터 아내와 두
딸과 함께 제네바에서 살았다. 가족들은 아시아 15개국을 가
난 속에서 유랑하는 순례자의 고행과도 같은 길고도 긴 여행

을 그와 함께 해냈다…. 삐스텔리 씨는 불어 사용 작가였지만 파벌이 심하고 폐쇄적인 문단에서 그의 奇行이 이해되기 힘들었고 결국 받아들여지지 않았다. "나는 내가 지닌 철조망 안에 스스로 갇혀 있다"고 언젠가 그는 쓴 일이 있다. 낡아 버린 케케묵은 유럽 讚美는 이미 어린 시절 토스칸 지방의 우아한 바로크 문화 속에서 다 끝내버렸다. 20세기 후반 세계의 주요 투쟁들이 찢어진 양심의 모습으로 그의 詩에 묘사된다. 알제리 전쟁, 베트남 전쟁, 문화혁명, 신생 국가들의 등장이 그의 눈에는 인류의 희망과 정당한 권리로 비쳤다. 투쟁의 현장에 사는 인민들의 장래를 위하여 무엇을 해야 할지 잘 알면서도 그 자신은 정작 아무것도 할 수 없었다. 튀니지에서, 알제리에서, 중국에서, 일본에서 그는 생계를 위하여, 관찰을 위하여, 또 참여를 위하여 학생들을 가르치는 일도 했다. 깊은 抒情主義의 증인으로서 여러 갈래의 위대한 유라시아 神話에 민감한 그는 중국에서도, 아프리카에서도, 결국 異邦人이었다. 글을 쓸 때나 말할 때 언어에서 풍기는 이탈리아的 음악성으로 하여 스위스에서도 그는 이방인일 수밖에 없었다……. 그는 산과 사막과 여인을 노래한 시인이었다. 한 마디로 그의 痼疾인 현기증세와 마흔두 살의 갑작스런 죽음도 그가 부르던 황홀과 연민과 고통의 노래를 멈추게 하지 못할 것이다.

걀랑 사장이 보내 준 『긴 여름』 제2권은 午時에 자바와 수마트라, 未時에 세일론과 인도 드라비다, 申時에 네팔과 티베트, 酉時에 인도와 남 아프리카, 그리고 戌時는 서양으로 돌아간 뒤의 얘기로 구성된다. 중국에서 출발하여 유라시아 대륙을 초생달 모양으로 圓弧를 그려 유럽으로 돌아와 취침에 들어간 것이다. 나와 文通이 끊어진 사이에 로렌쪼의 『긴 여름』은 그렇게 완성돼 있었다. 그 후 나는 어느 해엔가 스위스 여행중 레만 호숫가에 있는 작은 마을 베비를 찾아갔다. 베르틸 걀랑 씨를 만났다. 우리는 요절한 우리들의 친구를 함께 추모했다. 걀랑 씨는 제네바에 살던 로렌쪼의 유가족 주소를 알려주었다.

빠리에 돌아와 나는 그 주소대로 미망인 미셴느에게 내 소식을 전했다. 그리고 얼마 후 미셴느는 그 옛날 서울에 왔던 큰 딸 아에나를 데리고 빠리로 나를 찾아왔다. 그들은 내가 로렌쪼에게 보냈던 내 결혼사진을 갖고 왔다. 한복을 입은 신랑 신부의 폐백사진 말이다. 초창기 칼라사진이었기 때문에 기술이 모자란 탓인지 색이 다 바래 버린 사진이었다. 아에나는 할아버지의 고향 플로렌스에 가서 노래 공부를 한다고 했다. 이제 어엿한 숙녀가 된 아에나는 서울에서의 추억을 어렴풋하게나마 기억하고 있었다.

6

여 행

부르조아의 개념

빠리쟝 parisien들처럼 여행을 좋아하는 사람들도 없을 것이다. 오 죽하면 불어에서 휴가를 비운다는 뜻의 바깡스 vacances라고 할까. 휴가철 빠리 시내는 실제로 텅 빈다. 휴가철 빠리는 거꾸로 외국 관 광객들 차지다. 거듭 말하지만 여름은 유럽에서 가장 좋은 계절이 다. 지중해 연안의 여름은 세계에서 제일 멋진 태양의 계절이다. 강 렬한 햇살에 빛나는 바닷물은 푸르디 푸른 코발트 빛으로 아름답다. 그래서 南佛 해안을 '코발트 빛 해안 côte d'azur'이라고 부른다. 여 름이면 빠리 사람들은 대부분 지중해 연안으로 자동차를 달려간다. 빠리에서 마르세유까지 뚫린 고속도로는 '태양의 고속도로 autoroute du soleil'라는 별명을 가졌다. 여름날 태양을 찾아서 자동차를 달리 는 길이라는 뜻이다.

"빠리 시내에 아파트 하나를 갖고 코발트 빛 해안에 별장 하나를 갖는 것. 씨트로엥 Citroen에 4인 가족이 함께 타고 태양의 고속도로를 달려 코발트 빛 해안 별장에 가서 바깡스를 즐기는 것."

이것이 빠리 평균 시민들의 꿈이다. 나는 빠리 평균 시민을 단연 부르조아 bourgeois 계급이라고 생각한다.

일제시대 우리나라 지식인들은 부르조아라는 말을 봉건귀족이라는 뜻으로 썼던 때가 있다. 중국에서는 無產階級 prolétariat에 대한 대칭 개념으로 부르조아를 資產階級이라고 번역한다. 우리나라에서는 아직도 부르조아라고 하면 富者라는 뜻으로 통한다. 산업화 이전 우리나라 부자는 지주였다. 그 시절 지주를 우리는 부르조아라고 했다. 그 연장선상에서 요즘 돈 많은 재벌까지 부르조아라고 말하는 사람들도 있다. 그러나 프랑스의 부르조아는 역사적으로 후진국인 러시아나 중국의 자산계급과는 그 사회경제적 성격이 다르다. 부르그 bourg는 중세 서양의 城市이다. 어원적으로는 부르조아는 성시에 사는 사람들을 말한다. 중세 후기 西歐에서 성시에 사는 사람들은 주로 自營 상인들이 많았다. 그들은 자산을 모으고 정치적 발언권을 주장하기 시작한다. 역사적으로 이들 계급이 봉건 王政을 쓰러뜨리는 혁명의 주체가 된다. 1789년 프랑스혁명의 주체는 바로 빠리의 부르조아들이다.

나는 지금도 빠리의 주인은 역시 부르조아 자영 상인들이라고 생각한다. 꽁코르드 광장 Place de la Concorde에서 샹젤리제路 Avenue des Champs Elysées를 따라 개선문 Arc de Triomphe을 직선으로 지나면 위대한 육군路 Avenue de la Grande Armée가 나온다. 개선문 가까이 이 陸軍路에는 자동차 부속품 가게들이 몰려 있다. 서울의 청계천 상가를 연상시킨다. 내가 가끔씩 이용하던 육군로의 한 자동차 부속품 가게 주인은 전형적인 빠리의 부르조아였다. 조그만 가게에 두세 명의 점원을 고용한 엄연한 '빠트롱 patron,' 우리말로 사장이다. 가게 유리문에는 육필로 개점 시간이 적힌 쪽지가 안쪽에 붙어있다. 월요일에서 금요일 동안 오전 9 : 30부터 12 : 30까지 오후 2 : 30부터 5 : 30까지. 공휴일 휴무. 여름 1개월 바깡스. 나는 점심시간에 헤드라이트 전구를 사러 갔다가 꼬박 한 시간을 기다려야 했다. 정확히 오후 2시 30분. 드디어 포도주 점심 반주에 거나해진 사장께서 두 사람의 점원을 거느리고 나타나신다. 주머니에서 열쇠 꾸러미를 꺼내 문을 열고 기다리는 손님을 차례로 맞아 물건을 판다. 이 주인은 틀림없이 빠리 시내에 아파트를 가지고 있다. 코발트 빛 해안에 별장을 가지고 있다. 자기가 타는 씨트로엥 중형차 한 대. 마누라가 타는 르노 쌩크 Renault V 소형차 한 대. 아들 하나 딸 하나. 세상에 더 이상 부럽고 무서울 건 하나도 없다. 그가 예외적으로 겁내는 것은 오직 세금쟁이뿐이다.

프랑스의 부르조아들은 숫적으로 결코 전체 인구에서 절대 다수를 차지하고 있지는 않다. 그러나 그들이 이 나라 시민을 대표한다는 말은 부르조아야말로 이 나라에서는 선망의 계급이라는 뜻이다. 프랑스의 정치체제는 본질적으로 부르조아 시민계급에게 유리한 자본주의 체제라고 볼 수 있다. 68 학생혁명도 바로 이 부르조아 체제를 타도의 표적으로 삼았었다. 프랑스 인구에서 숫자로 말하면 노동자 계급이 가장 많을 것이다. 그러나 선거 결과를 보면 노동자의 정당이라는 프랑스 공산당의 최고 득표율은 아무리 많아도 유권자의 20퍼센트를 넘어본 일이 없다. 선거에서 공산당 득표율은 보통 10퍼센트 내외.

어느 노동자에게 물어 보았다.

"당신은 왜 공산당에게 투표하지 않는가?"

대답은 의외에도 간단하다.

"만일 공산당이 선거에 승리하여 집권하면 내가 빠트롱이 됐을 때 부르조아 생활을 누릴 수 없지 않은가."

프랑스 노동자들은 대부분 비록 지금은 남에게 고용되어 있으나 언젠가 자기도 自營業으로 독립할 것을 꿈꾸고 산다. 그러므로 노동자라고 해서 다 공산당에게 투표하는 것은 아니다. 프랑스의 체제는 현재를 누리는 부르조아와 내일을 누릴 꿈 속에 사는 노동자들의 바램이 조화가 되어 그렇게 유지되는 것이다.

미슐랭 여행 가이드 북

빠리 사람들은 여행 하면 자동차 여행을 말한다. 빠리를 중심으로 四通八達 고속도로가 뻗었다. 바깡스 철 빠리의 어느 신문은 "온 프랑스가 바퀴 위에 타 앉아 있다"고 제목을 뽑았다. 자동차 여행에는 필수품이 하나 있다. 그것은 좋은 지도이다. 유럽의 자동차여행에서 제일 유용한 지도는 단연 미슐랭 Michelin이다. 미슐랭은 우리나라에도 잘 알려진 프랑스의 타이어 제조회사이다. 미슐랭 社는 타이어 판촉 사업의 하나로 전 유럽의 지도를 제작 보급해 오고 있다. 지도 뿐만 아니라 자동차관광 안내책자를 나라 별로, 프랑스의 경우 지방 별로 씨리즈를 만들었다. 빠리, 로마, 런던과 같은 중요한 도시는 별책으로 나왔다. 미슐랭 관광 가이드 북 Guide de Tourisme은 양복 주머니에 집어 넣으면 책이 절반쯤 밖으로 나오는 장방형의 포케트 북이다. 관광 가이드 씨리즈는 초록색으로 통일하여 흔히 '미슐랭 베르 Michelin vert'라고 부른다. 똑같은 모양의 장방형 포케트 북으로 다만 빨강색으로 통일된 다른 씨리즈 '미슐랭 루주 Michelin rouge'가 있다. 호텔과 레스토랑 안내책자이다. 미슐랭 지도, 미슐랭 베르, 미슐랭 루주, 이렇게 미슐랭 3조는 자동차여행을 즐기는 빠리 사람들의 필수품이다.

미슐랭 베르는 정말 대단한 여행 안내서이다. 한 나라, 한 지역, 한 도시의 문화 인프라를 안내하는데 기가 막히게 잘 만들었다. 이탈리아 편을 한 번 보자. 우선 첫 페이지에 이탈리아 관광지도가 나온다. 주요 관광지와 자동차 기간도로를 표시한 것이다. 간단한 생활정보와 축제 일람표가 뒤따른다. 그리고 총론에 해당하는 '여행 입문'이 다음과 같은 내용으로 구성된다. 이탈리아식 생활문화, 이탈리아 반도의 地勢, 경제와 산업, 어제의 이탈리아──역사 연표, 오늘의 이탈리아──정치와 언론, 교황청, 고대 문명──그리스 · 에트루리아 · 로마 · 이탈리아 미술──시대별 미술 略史 · 르네쌍스 미술가 계보 · 시대별 미술 大作 연표, 음악, 연극, 영화, 문학, 민속과 공예, 식탁──이탈리아 요리, 몇 가지 미술과 고고학 전문 용어 해설도 있다.

각 관광지 별 각론은 알파벳 순으로 찾기 쉽게 정리되어 있다. 각론에 들어가기에 앞서 가장 중요한 페이지를 놓치면 안 된다. 방문지 旅程 약도 Itinéraires de visite régionaux, 중요한 관광지를 거치는 자동차 여행 코스를 표시한 지도이다. 이 코스는 반드시 세 가지 정도가 제시되고 그 중 하나를 擇一해야 한다. 단체 주문 식사 때도 메뉴의 택일을 고집하는 프랑스 사람들이다. 개성을 존중하는 문화에 익숙해 있기 때문이다. 미슐랭 코스는 고속도로를 되도록 피하고 있다. 꼬불꼬불한 지방도로를 쫓아가면 아름다운 풍경과 고색창연한 역사의 자취를 만난다. 어떻게 보면 자동차로 되도록 험한 길을 많이 달리게 해야 타이어 소비가 늘어날 것이다. 정말 그런 뜻이 있는지는 모르지만 만약 그렇다면 미슐랭社의 판촉 의도가 놀랍다. 미슐랭 씨리즈는 타이어를 많이 팔기 위한 판촉물인데 그 자체로도 베스트셀러가 되고 있다.

미슐랭 베르의 또 하나 특징은 관광지와 관광 대상을 별 표로 평가하고 있는 것이다. 별 하나, 별 둘, 별 셋으로 구경할 가치를 표시한다. 별이 많을수록 관광 가치가 높다. 미슐랭의 별 표 기준은 다분히 프랑스의 문화적 가치판단에 의한 것이다. 가끔 프랑스와 특별한 인연이 있는 내용이 과대평가되는 수도 있다. 그러나 역사와 예술에 관한 평가는 비교적 객관성과 보편성을 가졌다고 본다. 나는 유럽을 여행하면서 전적으로 미슐랭 베르에 의존했다. 물론 별 셋짜리만 골라 다녔다. 과연 별 셋짜리들은 언제나 만족한 구경거리였다. 여름철 미슐랭 코스를 열심히 따라 달리면 프랑스 번호판을 단 자동차를 많이 만난다. 모두 미슐랭 베르 가족이다. 또 관광지를 찾아가면 여기 저기 긴 장방형의 초록색 포케트 북을 들고 다니는 사람들을 만난다. 그들은 틀림없이 프랑스 사람들이다. 아니 예외가 있을 수 있다. 빠리 편과 런던, 로마 등 몇 권은 영어 사용 관광객을 위한 영어판이 나왔기 때문이다.

미슐랭 베르 씨리즈는 편집 레이아웃 면에서도 특이하다. 도시 마다 관광 목표물과 도로가 표시된 자세한 약도가 있다. 처음 가는 사람도 목표를 쉽게 찾을 수 있다. 박물관 같은 경우 건물의 단면도를 넣었다. 루우브르 박물관의 경우 유명한 다 빈치의 「모나리자」가 몇층 무슨 방에 있다는 정도로 상세히 안내된다. 루아르 강변 古城 편에는 프랑스의 발루아 왕조와 부르봉 왕조의 족보가 나뭇가지 그림으

로 실려 있다. 그리고 모든 사진은 흑백 일러스트레션으로 처리한 것
이 독특한 정취를 풍긴다. 반드시 '아무개가 찍은 원 사진 D'après
photo de….'의 출처를 밝히면서. 독창성을 존중하는 프랑스의 문화
적 특징이다. 그런데 미슐랭 베르의 최신판 레이아웃이 바뀌었다. 단
색 일러스트레이션은 모두 천연색 사진으로 대체된 것이다. 이 경우
名畵의 컬러 사진은 훌륭하다. 그러나 문화재나 풍경은 흑백 일러스
트레션 표현이 풍기는 품위와 멋이 사라졌다. 아쉽다.

로 마

10년 전 미슐랭 베르 로마 편에는 다음과 같은 안내의 글이 나와
있었다.

"당신은 로마를 3년 걸려도 다 볼 수 없다. 그러나 당신은 3일 동
안에 로마를 구경할 수 있다. A, B, C. 세 가지 중 擇一."

로마의 유적이나 문화재는 실로 무궁무진하다. 그야말로 도시 전체
가 유적이요 문화재다. 그것을 다 보려면 실제로 3년을 가져도 불가
능하다. 그러니 보통의 관광객들은 3박 4일이나 일 주일 동안에 몇
가지만 골라 볼 수밖에 없다. 미슐랭의 3일 코스는 그런 의미에서 실
용적인 선택이다. A, B, C 이후에 나온 개정판에는 '3일 일정'과
'8일 일정'을 각각 하나씩만 소개하고 있다. 개정판 '로마의 3일'은
이렇게 짜여진다.

제1일. 오전 : 베니스 광장 Piazza Venezia과 베니스 궁 Palazzo
Venezia. 빅톨 엠마뉴엘 2세 기념탑 Vittoriano. 싼타 마리아 교회당
Santa Maria d'Aracoeli. 깜피돌리오 광장 Piazza del Campidoglio.

꼰세르바토리 궁 Palazzo dei Conservatori 박물관. 까피톨린 Capitolin 박물관.

오후 : 로마 포룸 Foro Romano. 팔라티노 언덕 Palatino. 원형 극장 Colosseo. 콘스탄티노 개선문 Arco di Constantino. 임페리알리 포룸 Fori Imperiali.

제2일. 오전 : 싼타 안젤로 城 Castel Sant'Angelo. 바티칸 Vatican 박물관. 성 베드로 광장 Piazza San Pietro. 성 베드로 대성당 Basilica San Pietro.

오후 : 파르네즈 궁 Palazzo Farnese. 게수 Gesù 교회당. 범신전 Pantheon. 싼 루이기 San Luigi dei Francesi 교회당. 나보나 광장 Piazza Navona.

제3일. 오전 : 싼 지오바니 대성당 Basilica San Giovanni in La-terano. 까라칼라 공동 목욕탕 Terme di Caracalla. 카타꼼베 지하묘지 Catacombe. 성 바울 대성당 Basilica San Paolo Fuori le Mura.

오후 : 싼타 마리아 마죠레 대성당 Basilica Santa Maria Maggiore. 트레비 분수대 Fontana di Trevi. 콘도티 거리 Via dei Condotti. 스빠냐 광장 Piazza di Spagna. 포폴로 광장 Piazza del Popolo. 싼타 마리아 델 포폴로 Santa Maria del Popolo 교회당. 핀치오 Pincio에서의 眺望.

나는 1981년 봄 처음 로마에 갈 때 유럽특급 European Express 야간 열차를 탔다. 저녁에 빠리 리용 역 Gare de Lyon을 떠나 아침에 눈을 떠 보니 終着驛 스따지오네 떼르미니 Stazione Termini였다. 기차는 步道와 바로 접한 곳에 몸체를 눕히고 '끝 FINE'이라는 팻말을 바라보고 멈춘다. 아직 餘氣를 뿜어 내고 있는 기차의 트랩을 내리면

바로 로마 시내 한길인 것이다. 나는 데 씨카 Vittorio De Sica 감독
의 1952년도 영화 「종착역 Stazione Termini」에서 몽고메리 클리프트
Montgomery Clift와 제니퍼 존스 Jennifer Jones가 포옹하던 바로 그
로맨틱한 무대에 와 있었다. 과연 모든 유럽 열차의 끝, 종착역다웠
다. 로마는 모든 여행의 마지막 목적지라는 뜻인가. 말하자면 서양이
라는 세계의 서울 로마. 이 도시에 서양세계의 상징적인 황제, 교황
이 사신다. 하늘의 권능을 지상에서 대표하는 분이다. 그리스도교 박
해로 유명한 네로 Nero가 완성했던 로마에 이제는 교황이 그리스도
를 전교하고 있으니, 그리스도교에서 말하는 攝理의 역사를 눈으로
보여 주는 셈이다.

도착하는 날 아침부터 나는 종착역 앞에서 떠나는 로마 시내 단체
관광 뻐스를 이용했다. 미슐랭 3일 계획에 맞추려니까 시간에 쫓긴
다. 뻐스는 코스 별로 잘 조직되어 있었다. 퇴직 교사 출신의 늙은
관광 안내원이 인상적이다. 이탈리아어, 프랑스어, 독일어, 영어 4개
국어를 구사한다. 뻐스가 카타꼼베로 가는 길 비아 아피아 안티카 Via
Appia Antica를 지날 때, 안내원 할아버지는 바울이 예수를 만난 기
적을 4개 국어로 연이어 설명한다.

"주여 어디로 가시나이까? 쿼 바디스 도미네 Quo Vadis Domine."

유명한 대사를 읊는 노인의 음성은 사뭇 감동적이었다. 대성당이나
박물관에 가면 관광객들은 4개 언어별 전문 안내원 줄반장을 따라 흩
어진다. 우리 가족은 할 수 없이 프랑스어 안내원 班에 줄을 서서 따
라다녔다.

바티칸의 聖 베드로 대성당은 세계에서 제일 큰 그리스도교 성당이
다. 대성당 안 드넓은 홀 성단을 향하여 오른쪽으로 작은 예배소

chapelle에 관광객들이 몰려있다. 르네쌍스 최고의 미술가 미켈란젤로 Michelangelo Buonarroti의 불후의 명작 「삐에따 Pièta」를 보려는 것이다. 이탈리아어로 '삐에따'는 연민이라는 뜻. 성모 마리아가 십자가에서 죽은 예수의 몸을 피흘린 채로 안고 있는 모습에서 우리는 인간이 느낄 수 있는 가장 깊은 연민을 본다. 1500년 25세의 천재 미술가는 이 깊은 연민을 대리석으로 조각해 놓았다. 당시에도 천재를 시기하는 무리가 있었나 보다. 이 걸작을 놓고 미켈란젤로 작품이 아니라는 소문이 돌았다. 미켈란젤로는 성모 마리아의 가슴을 걸치는 긴 옷고름 위에 자신의 이름을 아주 새겨버렸다. 자기 싸인을 넣은 유일한 작품이 되었다.

바티칸 박물관은 대성당과 붙어 있으나 입구는 다르다. 대성당은 유럽의 어느 성당이나 마찬가지로 언제 누구에게나 열려 있다. 그러나 박물관은 입장료를 따로 받는다. 이 박물관에는 고대 유물이나 르네쌍스 미술품이 많다. 그 중 가장 압권은 역시 미켈란젤로의 작품들. 시스티네 예배당 Cappella Sistina의 그 유명한 천정畵 「천지창조에서 대홍수까지 De la Création du monde au Déluge」는 생각보다 작은 규모였다. 워낙 많은 逸話로 인구에 회자되다 보니 모두들 크게 생각했기 때문인지 모른다. 하긴 시스티네 예배당 자체가 규모로 따지면 바티간 궁 안의 한 작은 예배소에 불과하다.

1983년 여름, 이번에는 자동차로 로마에 왔다. 미슐랭 가이드 북에 따라 이탈리아를 돌면서 나폴리로 가는 길에 로마에 들른 것이다. 박물관과 성당 등은 지난번 3일 관광으로 가름하고 고대 로마의 유적지에서 하루를 보냈다. 시내 한복판에 神殿과 원로원의 남은 기둥들, 그리고 원형 극장의 형체가 폐허 위에 우뚝우뚝 서 있는 모습은 빛바랜 오랜 역사 속, 서양의 중심을 실감하게 한다. 로마 포룸은 여러 신전들의 폐허로 둘러싸인 텅 빈 공터에 지나지 않는다. 이름모를 개선문과 남아 있는 기둥들을 손으로 더듬어 쓸어 보면서 헐리우드 영화의 복원된 모습을 상상해 본다. 원로원 앞 광장에서 브루터스 Marcus Junius Brutus가 금방 나타나 줄리우스 씨이저를 찌르는 장면이 그대로 연출될 것 같다. 유럽의 고적지에서는 여름밤 조명과 음향 장치를 활용하여 역사의 사건 장면을 연출한다. 이 시청각 쇼를 '빛과 소리 son et lumière'라고 부른다.

나는 8미리 영사기를 들고 포룸에서 벗어나 상상의 映像을 찾아 팔라티노 Palatino 언덕에 오른다. 아폴로 神殿과 티베르 황제의 궁터, 시민들의 저택들이 스탠드만 남아 있는 경기장과 함께 즐비해 있다. 영화 속의 상상이 아니라 과연 대단했던 크기와 화려함을 그대로 전달해 주는 것 같다. 팔라티노 언덕의 고대로마 殘影은 다음 날 달려간 폼페이 유적지에서 더욱 생생하게 되살릴 수 있었다. 베스비오 Vesvio 화산 폭팔과 함께 묻힌 폼페이 Pompeii는 로마시대 생활문화를 엿볼 수 있는 자연박물관인 셈이다.

나는 1990년 뉴욕 IBM 갤러리에서 폼페이의 유적을 설명하는 '씨디롬 CD-ROM'을 보고 새로운 충격을 받았다. 씨디롬은 갤러리에 전시된 저택에서 발견된 아름다운 벽화라든가 삶의 형체 그대로 화석이 된 인간들을 감상하기 위한 보조자료였다. 물론 IBM이 자기들이 개발한 첨단매체 상품을 선전하려는 의도에다가 플러스 이탈리아 문화부의 문화홍보 의지가 잘 어울린 합작품이긴 하다. 이 씨디롬은 베스비오가 폭팔하는 장면부터 그 어마어마한 용암이 고대 로마의 번영한 도시 폼페이를 삼키는 장면, 그리고 광장과 거리와 저택과 공중목욕탕과 거기서 살아 움직이던 인간들을 포함하여 이 도시의 삶 전체

가 그대로 화석화하는 한 편의 장대한 '씨퀀스 séquence'를 보여 준
다. 뉴욕 만하탄 매디슨 路 56가 IBM 본사 건물 지하 갤러리에서 나
는 마치 타임머쉰을 타고 기원 79년 8월 24일 당일 폼페이에 와 있는
가상현실을 체험하고 있었다.

베니스·플로렌스

베니스 Venezia는 빠리 사람들에게 가장 인기 있는 신혼 여행지로
통한다. 우리나라 사람들에게 제주도와 같은 이미지를 가진다. 베니
스는 아름다움의 여신 비너스에서 따온 이름이다. 그 어원에 어울리
는 風致 때문에 신혼 부부들이 끌리는지 모른다. 물 위에 뜬 아름다
운 도시, 특히 밤의 베니스는 하늘의 神이 내려다본다면 파도 위로
피어난 비너스임에 틀림없다. 그러나 베니스의 신화는 다분히 작위적
이고 관능적이며 비극적이다. 부패의 분위기 속에서 꾸며지는 온갖
음모의 고장에서 아름다운 꿈은 곧잘 악몽으로 변한다. 토마스 만
Thomas Mann의 『베니스의 죽음 Der Tod in Venedig』은 베니스의
그런 분위기를 잘 나타내고 있다.

이 도시에는 자동차가 못 들어간다. 미슐랭 코스를 따라 온 사람들
은 자동차를 교외 대형 주차장에 세워 두어야 한다. 여기서부터 물
위를 달리는 뻐스 바포레또 vaporetto를 타야 한다. 117개의 작은 섬
들이 150개의 운하와 400개의 다리로 연결되어 있다. 무지하게 조용
한 도시다. 마치 죽음처럼. 신혼 부부가 中世의 조용한 아름다움을
즐기며 둘만의 시간으로 골목 골목을 소요할 수 있는 곳. 그 곳이 바
로 베니스다.

싼 마르코 광장 Piazza San Marco 앞에 서면 대성당의 화려한 전

면 浮彫 relief가 넘실거리는 바닷물을 배경으로 눈이 부신다. 9세기부터 13세기까지 베니스는 서양을 지배하는 도시帝國이었다. 베니스 제국은 자신들의 상업적인 이해를 위하여 종교를 빙자한 십자군전쟁을 일으킨다. 역사적으로 서양문명은 동방무역을 통해 쌓은 富를 토대로 발전해 왔다. 알렉산더 대왕은 동방무역의 중간이익을 가로채는 페르샤를 정복하기 위하여 동방원정에 나선다. 베니스는 중근동 지방을 지배하는 터키 제국과 무역마찰을 피할 수 없게 된 것이다. 교회의 이름으로 전 유럽을 동원하여 원정군을 출동시켰다. 싼 마르코 대성당이 간직한 아름다움과 찬란함의 뒤안에는 언제나 베니스帝國의 권력과 영화를 위한 惡의 음모가 도사리고 있었다.

베니스의 패권은 15세기부터 18세기까지 플로렌스 Firenze로 넘어간다. 중세 유럽을 그 손아귀에 넣고 농락하던 메디치 家門은 플로렌스를 유럽문화 르네쌍스의 중심 도시로 만들었다. 한 가문의 存位를 위해 대대적인 인간회복의 문화운동을 벌였다. 절대 神權인 교황을 사유하면서 神에 도전하는 혁명을 감행한 것이다. 그 찬란한 투쟁의 역사——곧 수많은 예술품이 플로렌스 도처에 즐비하다. 로마를 3일에 보라고 권한 미슐랭 가이드북은 플로렌스의 경우 4일 코스를 제시하고 있다. 서양 미술사 측면에서 플로렌스가 로마를 능가한다는 증거다.

제1일. 오전 : 대성당 광장 Piazza del Duomo 주변(대성당, 성당 종탑, 세례당, 성당 박물관 Museo dell'Opera di Santa Maria del Fiore).

오후 : 씨뇨리아 광장 Piazza della Signoria과 베키오 다리 Ponte

Vecchio(시뇨리아 광장, 베키오 궁 Palazzo Vecchio, 씨뇨리아 外廊 Loggia della Signoria, 베키오 다리).

제2일. 오전 : 바르젤로 Bargello 궁과 싼타 마리아 노벨라 Santa Maria Novella 교회당(바르젤로 궁과 박물관, 싼타 마리아 노벨라 교회당).

오후 : 우피찌 미술관 Galleria degli Uffizi(13 - 14세기의 치마뷰 Cimabue 죠또 Giotto, 15세기의 보티첼리 Botticelli의 「비너스 탄생」, 다 빈치 Leonardo da Vinci의 「聖母領報 Annonciation」).

제3일. 오전 : 피티 궁 Palazzo Pitti(팔라티노 미술관 Galleria del Palatino의 티티앙 Tiziano과 라파엘 Raphael, 금속 공예 박물관, 현대 미술관).

오후 : 싼타 크로체 Santa Croce 수도원과 언덕 산책로 Passegiata ai Colli(싼타 크로체 교회당과 수도원, 미켈란젤로 산책로 Viale Michelangiolo와 미켈란젤로 공원 Piazzale Michelangiolo).

제4일. 오전 : 싼 마르코 박물관 Museo di San Marco과 아카데미 미술관 Galleria dell'Academia(싼 마르코 박물관의 안젤리코 Fra Angelico, 아카데미아 미술관의 미켈란젤로의 「다비드 David」).

오후 : 싼 로렌쪼 San Lorenzo 본당과 메디치 궁 Palazzo Medici-Riccardi(교회당안의 메디치 가문의 무덤, 궁전 안의 예배당).

나는 1983년 여름 이탈리아 여행 이후 지금까지 다시 한 번 이탈리아를 가야 한다는 강박관념에 사로잡혀 있다. 플로렌스 때문이다. 미슐랭이 4일을 권한 도시에서 하룻밤밖에 묵지 못했다. 그 때는 갈 길이 정말 바빴었다. 베니스를 출발하여 아드리아 해안을 따라 라벤나 Ravenna를 거쳐 싼 마리노 San Marino 공화국을 들러 아페닌 산맥을

넘어 플로렌스로 들어왔었다. 빠리에서 나폴리까지 15일 동안 자동차
로 다니면서 미슐랭이 매긴 별 셋짜리 도시만 훑어 가는 그야말로 走
馬看山 여행이었다. 플로렌스를 떠나 씨엔나 Siena와 아씨시 Assisi
를 보고 로마로 들어갔다. 그러므로 1983년 이탈리아 여행은 어디까
지나 예행 작업이었다. 이탈리아는 플로렌스를 포함하여 다시 한 번
여유를 가진 출행을 필요로 한다.

이베리아 半島

1984년 여름의 목표는 이베리아 반도였다. 미슐랭 베르의 지침을
좋아 이베리아 반도를 지그재그로 탐험할 계획을 세웠다. 북쪽에서부
터 부르고스 Burgos, 쌀라망카 Salamanca, 세고비아 Segovia를 거쳐
마드리드로 들어갔다. 프라도 박물관 Museo del Prado은 유럽의 다
른 나라 박물관과 달랐다. 보통 유럽의 박물관들은 중세 르네쌍스 미
술을 이탈리아 미술가 중심으로 꾸미고 있다. 프라도는 15세기에서
18세기에 이르는 찬란한 스페인 流派를 자랑하고 있다. 엘 그레꼬
Domenikos El Greco에서 시작하여 벨라스케스 Diego Velazquez를
거쳐 고야 Francisco de Goya에 이르는 스페인 유파의 빛나는 걸작
들은 유럽의 다른 박물관에서는 보기 어렵다. 엘 그레꼬의 그림들을
보라. 사각구조의 틀을 부순 구성이나 짙은 色調가 주는 강한 이미지
는 렘브란트나 다 빈치 같은 르네쌍스 大家들의 고전적인 畵風을 뛰
어넘는 독창성을 느끼게 한다. 이런 특이한 스페인 미술의 전통이 바
로 20세기에 와서 피카소나 달리 Salvador Dali와 같은 위대한 화가
를 낳게 한 것이다. 마드리드 남쪽 교외의 옛 도시 톨레도 Toledo에
는 엘 그레꼬의 집이 있다. 이 집은 16세기 톨레도 사람들의 생활공

간을 상상하게 해 준다. 톨레도는 8세기 회교 통치자가 건설한 이베리아 반도에서 가장 북쪽에 위치했던 도읍이다.

마드리드에서 서남쪽으로 달려 바다호스 Badajoz에서 국경을 넘어 포르투갈로 들어갔다. 이 작은 국경도시의 세관원은 대한민국 여권을 처음 구경했다. 어쩌면 그는 한반도 출신 가족을 처음 보는 것일지도 모른다. 한국과 포르투갈의 비자면제협정 여부를 확인하는 데 시간이 걸렸다. 그통에 뒤따라 오던 미슐랭 가족 차량들이 순식간에 긴 줄을 만들었다.

에보라 Evora는 로마 시대 성채가 남아 있는 古都이다. 로마가 망하고 야만족 비지고트 Wisigoth가 이 도시를 유린했다. 8세기에는 회교도들에게 점령당한 일도 있다. 12세기에 그리스도교도들이 다시 회복하여 대성당을 세웠다. 에보라를 떠나 곧바로 리스본 Lisboa으로 들어갔다. 미슐랭은 언제나 한 도시의 옛 거리를 중요시한다. 리스본의 옛 거리 알파마 Alfama 지역을 간다. 쌍 조르주 성채 Castelo de Sao Jorge를 오르면서 내려다보이는 대서양이 흡사 호수처럼 느껴진다. 저 호수 건너 편 아메리카 대륙으로 단숨에 건너갈 수 있을 것 같다. 역시 바다 길과 가까운 포르투갈 사람들이 동북 아시아에도 제일 먼저 나타났다는 역사적 사실을 실감케 한다. 리스본을 떠나 대서양을 끼고 세투발 Setubal까지 내려왔다. 국도를 따라 다시 스페인으로 와서 세빌리아 Sevilla로 들어와 출구를 알 수 없는 迷路 같은 좁은 골목길 여관에 짐을 풀었다.

안달루시아 Andalucia 지방에 온 것이다. 세빌리아는 8세기부터 아랍인의 도시였다. 11세기부터 안달루시아 회교 왕국의 수도였다. 가

장 드높은 회교사원의 尖塔 히랄다 Giralda가 남아 있다. 알카사레스
왕궁 Reales Alcazares은 기독교 왕이 회교풍의 아치를 살려 세운 正
宮이다. 정궁이 있다는 것은 이 도시가 어느 한 시대의 도읍이었다
는 사실을 말해 준다. 로씨니 Gioacchino Rossini의 오페라「세빌리
아의 이발사 Barbiere di Seviglia」로 알려진 그런 이발사 동네만은 아
니었다.

큰 도시의 여관은 어디서나 고객에게 만족을 주기는 어려웠다. 차
한 대가 간신히 들어가는 골목길을 따라 왔는데 고객용 주차장이 있
는게 신통했다. 카스바 casbah라는 회교 城砦의 특징은 신비스러운
迷路로 연결된 성내 소통망이다. 세빌리아 역시 전형적인 카스바 형
태의 舊 시가지를 갖고 있었다. 카스바 한복판에 박힌 이 여관에서
남쪽 해안의 카디스 Cadix에서 진짜 투우 경기가 있다는 정보를 들었
다. 관광객을 위한 시시한 경기가 아닌 이름난 투우사의 진짜 경기라
는 것이다. 이런 찬스가 없었다. 다음 날 새벽같이 차비를 하고 카디
스까지 새로 닦은 고속도로를 단숨에 달려갔다. 표는 다 팔리고 없었
다. 어디서나 뒷거래는 가능했다. 정가의 두 배나 주고 암표를 사서
겨우 투우장에 입장할 수 있었다.

鬪 牛

투우, '또로마치 toromachi'는 하나의 스포츠 경기이다. '꼬리다
Corrida'라고 부르는 한 경기는 오후 5시에서 시작하여 보통 세 시간
걸린다. 세 명의 '투우사 matador'가 450킬로 짜리 4년생 투우 여섯
마리를 싸워 죽이는 시간이다. 나팔 소리와 함께 화려한 의상을 입은
세 명의 투우사와 7, 8명의 조수들이 장엄한 행진을 한다. 이것을

'빠세오 paseo'라고 한다. 소 한 마리를 잡는 싸움을 '리디아 lidia'라고 하는데 각 리디아는 '세 가지 단계의 경기 tercio'를 보여 준다. 중세 때부터 18세기까지의 투우는 말을 타고 소와 싸우는 것이었다. 로메로 Romero라는 투우사 가문이 18세기 말부터 19세기 초에 현재와 같은 투우 경기를 정형화시킨 것이다.

제 1 막은 투우사의 조수들이 경기장으로 내몰린 소를 이곳 저곳에서 붉은 천으로 유혹한다. 소는 이리저리 미친 듯이 날뛴다. 이윽고 투우사 마타도르가 길고 큰 붉은 천 '카페 cape'를 가지고 나와 소를 유인해 자기 몸 옆으로 지나치게 하면서 소의 성질을 테스트한다. 테스트가 끝나면 갑옷 입은 창잡이 '삐까도르 picador'가 갑주로 싼 말을 타고 나팔 소리와 함께 나타난다. 긴 창으로 소의 어깨 근육 관절 부분을 깊이 찔러 소의 힘을 적당히 빼 준다. 펄펄 뛰던 소의 동작이 느려진다. 이 날 경기의 초년생 마타도르를 위하여 삐까도르는 창을 여러 번 찔러 준다. 너무 많이 찌르면 관중들이 야유를 한다. "아싸씨노! 아싸씨노! assassino!" 암살자처럼 비겁하게 소를 죽인다는 뜻이다. 그러나 그날의 主戰 마타도르의 소에게는 두 번 이상 찌르지 않는다.

제 2 막은 꽃창꽂기. '반데리예로스 banderilleros'라는 창잡이들이 두세 군데서 리봉이 달린 작은 창을 들고 나타난다. 하나씩 소에게 다가가서 어깨 관절에 꽃창을 던져 꽂아 준다. 두세 개 꽃창을 어깨에 달고 피를 흘리며 이리저리 뛰는 소는 野性을 그대로 드러낸다. 이 꽃창은 힘을 빼는 것이 아니라 소의 성미를 돋구어 더욱 사납게 만들어 관중을 흥분시킨다.

제 3 막은 마침내 소를 죽이는 경기다. 다시 한 번 나팔 소리와 함께 마타도르가 이번엔 작은 붉은 사지 천 '물레타 muleta'를 막대기에 받쳐들고 나온다. 경기장의 귀빈석 앞으로 가서 대회장에게 인사하고 투우사는 자기가 잡을 소를 경기장에 나온 한 여성에게 바친다. 그 선망의 여성은 투우사에게 붉은 카네이션 꽃을 던진다. 투우영화에 흔히 나오는 장면이다. 경우에 따라서 투우사는 소를 그 날 군중에게 바칠 수도 있다. 오른손에 칼을 들고 붉은 천으로 소를 놀린다. 소가 물레타를 뿔로 치받고 투우사를 스치듯 지나칠 때마다 관중들은 일제히 "올레 olé"를 합창한다. 아슬아슬한 투우사의 묘기로 관중은 점점 흥분한다. 옆에 있는 한 친구는 가죽주머니에 담아온 포도주를 연신 들이킨다. 나에게도 마시라고 권한다. 서부 활극 영화에 나오는 카우보이들의 가죽물병은 입구에 장치를 달아서 입을 대지 않고 물을 받아 마실 수 있는 구조라는 것을 처음 알았다. 라틴 족들의 인간미였다. 마침내 소는 지쳤다. 투우사 앞에서 동작을 멈추고 호흡을 가다듬으면서 마지막 공격의 기회를 노리고 있다. 투우사는 오른손의 칼을 드러내고 소에게 다가간다. 소를 찔러죽이는 '에스토까도 estocado'를 보여 주려는 것이다. 양 肩甲骨 가운데를 정확히 찌른다. 순간 붉은 물레타에 현혹된 소의 오른쪽 뿔이 하마터면 투우사를 받을 뻔했다. 소의 마지막 공격이었다. 관중들은 순간 탄성을 지른다. 드디어 소는 무릎을 꿇고 넘어진다. 네 발이 땅에서 들린다.

심판은 투우사의 경기 성적에 따라 점수를 준다. 상품은 죽은 소의 귀를 자를 권리를 주는 것이다. 귀 하나, 귀 둘, 아주 잘 하면 꼬리까지. 내가 본 경기에서는 마지막에 나온 그 날의 主戰 마타도르만이 귀 둘을 잘라 들고 자신이 바친 여인 앞에 가서 인사하는 것을 보았다.

코르도바 · 그라나다

코르도바 Cordoba는 719년부터 11세기까지 스페인 회교 왕국의
수도였다. 이 도시 한가운데 모스크 성당 Mezquita-Catedral이 있
다. 옛 회교 사원을 그리스도교 성당으로 개조한 것이다. 한국인의
의식구조로서는 도저히 이해할 수 없었다. 나 또한 그랬다. 불교 절
에다 예수교 예배당을 만든다? 우리나라에서는 상상도 할 수 없는
일이다. 회교 사원은 무수한 아치로 외부와 뚫려 있다. 신자들이 언
제 어디서나 사원에 들어와 경배하기 쉽도록 배려한 구조이리라. 그
리스도 교도들은 사방에 뚫린 회교 사원의 아치 출입구를 모두 돌로
막아 버렸다. 사원 안 제단이 있던 자리에 성서를 놓는 聖壇을 만들
었다. 회교 사원이 훌륭한 가톨릭 성당으로 변한 것이다.

　나는 뜨거운 스페인의 여름 태양 아래 이 기괴한 건물 메스키타 까
테드랄 주위를 맴돌면서 마치 머리를 빡빡 깎고 장삼을 걸친 채 염주
를 들고, 그리고는 할렐루야를 외치는 중도 신부도 아닌 司祭를 만날
것 같은 착각에 빠졌다. 스페인의 역사를 생각했다. 15세기 후반부터
17세기 말까지 스페인의 가톨릭 왕국은 세계 도처를 정복하고 大제국
을 건설했다. 문득 1963년 서울에서 사서 읽었던 문고판 불어 원서가
생각났다. 알타미라 Rafael Altamira 교수의 『스페인 역사 Histoire
d'Espagne』. 1951년에 작고한 전 마드리드 대학 역사교수는 스페인
의 역사적 세계성을 이렇게 설명했다.

　"스페인의 역사는 처음부터 문명의 植民으로 시작한다. 역사시대
로 들어오면서 스페인 땅에는 페니키아, 그리스, 켈트, 카르타고 문
명이 차례로 심어진다. 기원전 2세기에 로마 제국의 판도에 편입된
다. 2, 3세기 로마 점령시대에 기독교가 들어온다. 로마제국이 망한

4세기부터 야만족 비지고트가 지배한다. 8세기에 시작된 회교 통치는 13세기까지 계속된다. 스페인 땅의 역사는 처음부터 여러 문명의 피식민, 여러 민족의 피지배로 점철되고 있다."

자기 나라의 역사를 피식민, 피지배의 역사로 쓰다니 놀라운 얘기다. 漢四郡 역사를 반민족 史觀으로 매도하는 우리 시각과 본질적으로 다르기 때문이다. 알타미라 교수의 지론은 바로 여러 문명과 여러 민족의 지배가 16세기에 마침내 스페인의 위대한 세계성으로 나타난다는 주장이다. 오늘날 스페인어는 세계에서 가장 넓고 중요한 언어권을 형성하고 있다. 스페인어는 라틴어 가족의 하나다. 그러나 아랍어가 섞여 있기 때문에 포르투갈어와 구별된다. 스페인어는 세계에서 가장 배우기 쉬운 언어라고 전문가들은 말한다. 알타미라 교수는 지중해의 여러 민족이 스페인을 지배하면서 그들의 다양한 문화가 스페인어에 심어져서 스페인어가 문화적 세계성을 가졌다고 주장한다. 그러므로 어느 민족에게나 스페인어가 낯설지 않기 때문에 가장 배우기 쉬운 외국어라는 것이다.

그라나다 Granada의 알함브라 Alhambra 궁전은 클래씩 기타를 배울 때 이름을 처음 들었다. 불후의 기타 음악가 타르레가 Francisco Tarrega의 작품「알함브라의 회상」에 나오는 매혹적인 트레모로 선율을 한때 나 자신도 제법 흉내내어 연주할 수 있었다. 알함브라 성채는 그라나다 거리를 내려다보는 높은 언덕에 요새처럼 솟아 있다. 거리에서 쳐다보면 이 성채 뒤로 눈덮힌 네바다 산맥 sierra Nevada이 배경으로 깔린다. 북미 대륙에 있는 네바다州의 고향 이름이다.

알함브라의 白眉는 14세기에 지은 나사리에스 궁 Palacios nazaries의 황홀한 건축미에 있다. 코르도바와 세빌리아를 그리스도 교도들에게 빼앗긴 회교도들은 그라나다에 마지막 왕조를 세운다. 나사리에스 왕조는 이베리아 반도 최후의 거점에 회교 미술의 극치를 보여 준 왕궁을 건설해 놓은 것이다. 어쩌면 마지막 신명을 다한 무당의 막굿처럼 이슬람 예술세계의 技와 魂을 다하고 있다. 궁전의 아치와 천정과 벽장식은 섬세한 이슬람 무늬가 흡사 트레모로 기타 선율처럼 관광객의 혼을 사로잡는다. 잠시 눈을 감고 클래식 기타의 주제를 떠올려 본다. 스스로 타르레가가 되어 찬란했던 알함브라의 榮華를 幻影처럼 떠올린다. 그렇다, 榮과 辱이 수백 년 세월이 흐르는 동안 궁전의 아치 문과 벽무늬 장식에 함께 뒤섞여 묻혀 버린 것이다. 나는 여기서 속절없는 한 사람의 방관자였다.

15세기 말 무어 왕은 그리스도교 미녀 소라야와의 사랑에 빠져 자신의 왕비와 왕자가 합세한 궁중 반란을 겪는다. 알함브라 회교왕국은 이 內訌과 함께 비극의 현장만 남긴 채 역사 속으로 사라져 간 것이다.

7

음 식

이휘영 불문학 강좌

"살기 위하여 먹느냐 먹기 위하여 사느냐?" 어디서 많이 들어 본
소리다. 우스개 같기도 하고 어찌 생각하면 심각할 수도 있는 얘기
다. 그러나 누가 어디서 한 말인지 정확히 아는 사람은 드물다. 1959년
가을 동숭동 문리대 시절 故 李彙榮 교수의 「17세기 불문학」 강의실
에서 이 말의 문학적 출처를 알아 낼 수 있었다. 그 내용은 몰리에르
Jean-Baptiste Molière의 희극 『수전노 L'Avare』 3막 1장 중간쯤에 나
온다. 돈만 아는 주인공 아르빠공 Harpagon이 아들의 애인인 줄도
모르고 젊은 아가씨와 재혼할 욕심으로 약혼 만찬을 준비한다. 이번
엔 딸의 애인인 청년이 음식을 너무 많이 차리면 안 된다고 구두쇠
영감의 비위를 맞춘다.

"…옛 사람이 말했지요. 살기 위해서 먹는 거지 먹기 위해서 사는
건 아니라고.

Il faut manger pour vivre, et non pas vivre pour manger."

그러니까 아르빠공이 말한다.

"아! 그 말 참 잘했어. 이리 가까이 오게. 그 말 값으로 자넬 안아주고 싶군. 내 일생에 그렇게 근사한 말은 처음 듣는군.

먹기 위해서 산다 살기 위해서 먹는….

Il faut vivre pour manger, et non pas manger pour vi….

아니 그게 아닌데. 아까 자네 뭐라고 그랬지?"

몰리에르 다운 익살이다. 라루스 Larousse 출판사版 주석은 수전노가 감탄한 인용구를 처음 쓴 옛 사람이 로마의 修辭學者 키케로 Marcus Tullius Cicero라고 밝히고 있다. 몰리에르는 『헤레니우스에게 주는 修辭學』 제3권 제28장에서 이 말귀를 따다가 인용했다. 우리나라 옛 문인들이 중국의 고전에서 유명한 글귀를 인용하던 것과 같다.

이휘영 선생님의 「17세기 불문학」 강좌는 불문과 3학년 정도 수준이 듣는 전공과목이었다. 불문학 전공이 아닌 나로서는 좀 벅찼지만 고등학교 때 닦았던 불어실력을 계속 유지하고 싶었다. 17세기 프랑스의 3대 극작가인 몰리에르, 코르네유 Pierre Corneille, 라신느 Jean Racine의 대표 작품들을 원문으로 읽어 나가는 맛에 무리한 줄도 몰랐다. 또 이 시간에 선생님으로부터 배운 불문학의 戲曲論이 지금도 생생하게 떠오른다. 선생님은 비극 tragédie과 희극 comédie을 다음과 같이 구분하여 설명해 주셨다.

"비극은 긴장 tension을 일으키고 흥분 exaltation과 감동 sensibilité 끝에 방탕 excès으로 도덕성을 상실한다 absence de morale. 희극에는 笑劇 farce과 하이 코메디 la haute comédie가 있다. 笑劇은 이완 détente을 가져오고 하이 코메디는 비판 critique과 예지 intelligence

를 동원하여 상식 bon sens과 도덕성 morale을 갖게 해 준다. 그리고 불어로 코메디란 말은 광의의 연극이란 뜻으로도 통한다. 그래서 코메디안이 바로 연극배우다."

하긴 가만 생각해 보면 연극이라는 것 자체가 코메디일 것 같기도 하다. 그래서 프랑스 국립극장을 코메디 프랑새즈 Comédie Française라고 부르는 걸까.

이휘영 선생님의 얘기를 좀 더 해야겠다. 라신느의 비극 『훼드르 Phèdre』는 희랍비극을 17세기 불문학으로 다시 쓴 것. 주인공 훼드르와 의붓아들 이뽈리트 Hippolyte와의 불륜의 사랑을 이휘영 선생님은 이렇게 말했다. "주인공들이 죽어서 지옥에 가서까지 증오에 불타는 감정의 긴장"이라고. 불어의 자음 중에서도 독특한 입술 소리 '쥬-je,' '부우-ve'는 흥분과 방탕을 연상하게 한다. 라신느는 훼드르의 대사에서 '쥬'와 '부우'로 韻을 맞추어 비극의 감동을 고조시킨다. 비극의 韻을 소리내어 읽어 주시던 선생님의 목소리가 생각난다.

코르네이유의 희극 『썬나 Cinna』는 몰리에르와는 아주 다른 프랑스식 理性을 보여 준다. 사랑하는 두 남녀가 부모의 원수인 절대권력을 가진 통치자를 상대로 반란을 꾸민다. 곧 음모가 발각나고 통치자는 배반한 남녀를 결혼시켜 변방의 총독으로 내보낸다. 恩典이 아니다. 참형을 받은 배반자에게 쏠릴 여론의 동정을 차단시킨 것이다. 선생님은 코르네이유의 희극을 비판과 예지의 해피엔딩이라고 가르쳐 주셨다. 그러나 몰리에르는 다르다. 수전노, 厭世家, 양반 신사…. 신흥 부르조아계급을 희화한 것으로 관객을 익살로 弛緩시키고 상식과 도덕성을 일깨워 준다.

느닷없는 이휘영 선생님과 코르네유 몰리에르 얘기는 지금부터 쓰고자 하는 서양의 음식문화를 뒤집어보기 전에 목을 추기기 위한 食

前酒 아페리티프 apéritif로 늘어놓은 것이다.

부르고뉴 음식

빠리에 와서 몰리에르가 생각난 것은 새로운 음식문화를 만났기 때문이다. 한반도에서 전쟁과 가난 속에서 굶주림을 경험한 세대들은 음식하면 늘 생존을 위한 것으로만 떠올렸다. 그런 상황 속에서 '먹고 산다' '식사하셨읍니까?' 또 '밥벌이'라는 말은 어쩌면 지극히 자연스러운 표현이었다.

빠리는 달랐다. 사무실의 공식적인 점심시간은 12시 30분부터 2시간. 1시간 점심시간에 설렁탕 점심을 단 5분에 해치우고 다방에 가서 30분 커피를 마시던 나의 체질로는 한동안 적응기간이 필요했다. 빠리에서 식사는 단순히 생존을 위한 영양분 섭취만이 목적이 아니었다. 먹는 일 그 자체를 즐기는 일이 중요한 것이다. 요즘은 좀이 아니라 많이 달라졌다고 하지만 내가 빠리에 살 때만 해도 맥도날드 집이 샹제리제 거리 딱 한군데 밖에 없었다. 오직 독일인과 미국인 관광객들을 위한 가게였다. 빠리쟝들은 대부분 패스트 푸드 fast food를 좋아하지 않는다. 프랑스 교육성의 한 인사와 약속이 있어 언젠가 나는 한국대사관 옆 교육성 청사의 구내식당에 갔다가 놀란 일이 있다. 그야말로 명목상의 식권 값에 불과한 실비 식당인데도 前菜 entrée와 主食 plat과 후식 dessert의 기본 세 접시가 나오는 것이다. 몰리에르의 익살처럼 과연 살기 위해서 먹는 게 아니라 먹기 위해서 사는 사람들인가 보다.

빠리에서 남쪽으로 '태양의 고속도로 Autoroute de Soleil'를 따라

300킬로쯤 달리면 디종 Dijon이 나오고 곧이어 보온느 Beaune 그리고 샬롱 쉬르 소온느 Chalon-sur-Saône가 연달아 나온다. 포도주와 음식으로 유명한 부르고뉴 지방 Bourgogne이다. 디종은 옛 부르고뉴 公國 Comté의 수도요, 보온느는 로마시대 성채가 남아 있는 포도주의 집산지다.

1980년 봄 어느 주말 나는 가족과 함께 샬롱 쉬르 소온느의 군수 sous-préfet 라르팡퇴르 Jean Larpenteur [20]씨의 초대를 받아 부르고뉴 지방을 구경할 수 있었다. 샬롱 쉬르 소온느의 샤또처럼 웅장한 군수 관사를 찾아 간 날 마침 인근 古城에서 파티가 있다기에 아이들을 괴괴하게 큰 관사에 재우고 우리 내외는 군수 부부를 따라 나섰다. 부르고뉴의 포도밭 한 가운데 낡은 古城 클로 드 부조 Château de Clos de Vougeot는 파티에 온 손님들의 자동차만 아니었다면 흡사 타임머쉰을 타고 중세기로 돌아간 듯한 분위기였다. 리셉션에서 우리 부부는 예외적인 유색인 불청객이었지만 호기심에선지 모두들 친절하게 반겨 주었다. 무엇보다도 이 파티에 쫓아간 소득은 평생토록 잊지 못할 아주 굉장한 프랑스 요리를 즐긴 일이다. 그 후에도 나는 빠리와 뉴욕의 고급 레스토랑을 순례하다시피 다녔지만, 그 질과 양 면에서 그 날밤 맛본 끌로 드 부조 리셉션 음식을 능가하는 맛은 없었다.

파티의 사연은 이랬다. 이 지방 어느 포도주 부자집 마나님이 평생

---

20) 라르팡퇴르 씨는 원래 여행을 좋아하여 부인과 함께 한국에 왔을 때 내가 경주를 안내했었다. 르 몽드 지 여행란에 경주에 관한 기사를 쓴다기에 취재를 도와 주었던 것. 이 여행란은 매주 세계에서 흔한 관광지가 아닌, 고상한 문화도시를 가이드 한다. 르 몽드 필리프 퐁스 동경 특파원은 바로 이 여행란에 1988년 서울을, 1990년 평양을 르포 기사로 소개했다.

수집한 미술품을 박물관에 기증했다. 중앙에서 문화장관이 레지옹 도뇌르 훈장 Légion d'Honneur을 수여하기 위해 내려왔다. 마나님은 지방 유지들을 500명이나 초대했다. 이 많은 사람들이 정식으로 테이블에 앉아서 접시를 갈아가며 식사할 수가 없었기 때문에 선 채로 한 입에 집어 먹을 수 있게 특별히 만들어진 요리를 내놓았다. 정말 열두 가지도 넘게 음식을 풍성하게 차렸다. 수십 명의 시골 아가씨들이 땀을 뻘뻘 흘리며 날라댔다. 음식은 흔히 많으면 맛이 안 난다. 그러나 그 날 음식은 그렇게 양이 많았는데도 정말 맛있었다. 포도주 부자집 마나님답게 물론 마실 것은 질 좋은 부르고뉴 포도주. 마시는 飮과 먹는 食의 매치. 부르고뉴 요리를 부르고뉴 포도주에 잘 맞춘 그야말로 일대 앙쌍블이었다.

가끔 자기의 일대를 삶과 싸워 이긴 분들이 모든 것을 사회에 바친다는 신문기사를 보고 감동하게 된다. 그러나 부르고뉴의 포도주 할머니가 평생을 모은 자기의 문화를 기증한 행동은 정말 내게는 하나의 문화충격이기도 했다. 이 충격은 그날 저녁 음식의 맛과 함께 진한 감동을 남겼다.

프랑스의 한 음식 평론가는 다음과 같이 쓰고 있다.

"포도밭의 영광과 그 토양의 풍부함과 토산품의 빼어난 품질과 그리고 주방장과 아줌마 요리사들의 솜씨와 입맛으로 부르고뉴는 수세기 동안 가장 아름다운 전통을 이어오고 있다. 화려한 부르고뉴는 과연 식도락의 천국이라고 하겠다."

부르고뉴 음식이 그토록 찬사받는 이유는 무엇일까? 우선 재료가 좋다. 포도주는 뒤에 말하기로 하고, 프랑스에서 제일 질 좋은 육류와 조류를 공급하는 목장과 사냥터를 가졌다. 그리고 채소가 다른 고장과 비교할 수 없을 정도로 풍부하다. 루아르 강 La Loire과 소온느 강 Le Saône에서 잡히는 흰 생선. 모르방 Morvan 지방의 송어와 가재. 그리고 맛있는 여러 가지 버섯들, 프랑스 요리 하면 우선 생각나는 달팽이, 또 앵두 등 맛좋은 과일, 이런 재료로 만든 요리가 어찌 맛이 없을 수 있겠는가.

다음으로 부르고뉴 요리는 일단 풍부하고 영양가가 높다. 大食家와 美食家를 합친 耽食家로서 부르고뉴 사람들의 기질을 잘 드러내고 있다. 이 지방의 자랑인 포도주는 물론 모든 요리에서 중요한 역할을 한다. 부르고뉴의 포도주 소스는 향료와 양념이 들어간 것이다. 거기다 버터와 밀가루가 버무려진다. 이 소스를 친 쇠고기 구이를 '뵈프 부르기뇽 boeuf bourguignon'이라고 한다. 레스토랑에 가면 흔히 나오는 메뉴다. 그 다음 크림으로 말할 것 같으면 햄 크림, 버섯 크림 등 얼마든지 있다. 햄 크림의 역사는 15세기까지 거슬러 올라간다고 한다. 別味 spécialités로는 껍질채 삶은 달팽이 요리, 흰 기름이 섞인 햄, 송아지 쏘세이지, 백포도주에 양념한 생선, 크림과 소스를 친 닭구이, 그리고 갖가지 계란 요리. 그런 별미들을 그날 나는 클로 드 부조 城 파티에서 골고루 맛보았다. 정말 맛있었다.

포도주 이야기

기원 1세기 무렵 로마인들은 갈리아 지방을 점령하고 포도 재배에 적합한 지역을 찾아다녔다. 소온느 강 상류 부근의 언덕지대와 갸론느 강 La Garonne 상류의 역시 언덕지대에서 좋은 질의 포도를 수확할 수 있었다. 유럽 지도는 포도주와 맥주로 地境이 갈라진다. 라인 강과 알프스 산맥은 자연의 경계선을 이룬다. 라인 동쪽 알프스 북쪽은 맥주 지역이고 서쪽 남쪽이 포도주 지역이다. 음식이 다르니까 두 지역의 문화도 달라진다. 포도는 지중해性 기후의 산물이다. 라인 북쪽 강변인 독일과 오스트리아에도 포도가 나지만 그것은 白포도주감 밖에 안 된다. 엄밀한 의미에서 포도주는 赤포도주라야 한다. 흔히 생선에는 백포도주, 육류에는 적포도주라고 하지만 프랑스에서는 식사 때 생선이나 고기나 적포도주만 마시는 게 보통의 상식이다.

물론 포도주의 원조는 그리스다. 호머 Homeros의 문학에 나오는 영웅 오디세이 Odusseus가 씨실리 섬의 외눈박이 神 싸이클로프 Kuklopes를 포도주로 잠재우고 그 눈을 찌르고 도망하는 애기에서 우리는 포도주의 기원을 확인한다. 전설 속의 그리스 포도주는 오늘날 그렇게 유명하지도 상품화되지도 못했다. 그러나 바로 옆나라 이탈리아 포도주는 다양하고 질 좋은 고급이 많다. 나는 이탈리아 레스토랑이 많은 뉴욕에 근무하면서 이탈리아의 고급 포도주를 꽤나 섭렵할 수 있었다. 이탈리아 포도주의 대표적인 상표로 끼앙티 Chianti가 있는데, 같은 이름의 상표를 붙였어도 품질에 따라 맛과 가격의 격차는 엄청나게 다르다. 포도주에 대한 상당한 경험이나 지식이 없으면 끼앙티는 상표만 보고 주문하기 어렵다.

포르투갈도 포도주를 많이 생산하는 나라인데 국제시장에 나온 포르투갈 와인은 대부분 값싼 로제 rosé 종류가 많다. 로제는 엷은 장미빛이 나지만 백포도주처럼 얼음에 채워서 마신다. 고기가 많지 않은 한식에 잘 어울릴 수 있다. 포르투갈에 살았던 외교관들 얘기로는 포르투갈 사람들은 좋은 포도주는 반드시 포도밭 주인이 마시고 중질 이하를 내다 판다는 것이다. 믿거나 말거나 같은 소리.

지구상에 포도 생산에 적합한 지중해성 기후를 가진 지역은 그리 많지 않다. 그중 미국 칼리포니아의 나파 계곡 Nappa Valley은 19세기에 개발된 포도 산지로 유명하다. 여기다가 프랑스 포도를 옮겨와 심었는데 보르도 쪽보다는 부르고뉴 포도종자를 많이 가져와 프랑스와 같은 수준의 잘 알려진 '칼리포니아 와인'을 생산하고 있다. 상표도 아예 까베르네 쏘비뇽 Cabernet Sauvignon이나 삐노 누아르 Pinot Noir처럼 프랑스 이름을 쓴다. 뉴욕에 근무할 때는 주로 칼리포니아 와인을 마셨다. 프랑스 포도주는 아주 고급 레스토랑이 아니면 보관에 문제가 있었다. 포도주는 생산만큼이나 보관이 중요하다. 언제나 常溫을 유지해 주어야 한다. 대서양을 건너오는 동안 세심한 주의를 해야하는데 개발도상국 외교관 신분이었던 내가 찾는 중질품들은 아무래도 소홀히 다루어지기 쉬웠다. 그래서 칼리포니아産이 차라리 안전했다.

그밖에 지중해 연안 아닌 지역으로 南美 칠레의 적포도주가 우수한 성공사례의 하나다. 나는 1987년 국립무용단 南美 순회공연 단장으로 갔을 때, 그 곳의 싱싱한 쇠고기 요리와 칠레의 적포도주 vino tinto가 어울리는 기막힌 맛을 보았다. 마치 자기나라産 쇠고기에 맞추어 담근 것 같이 향기 또한 빼어났다. 나는 그 때 음식문화도 역시 창작되어지는 것이라는 생각이 들었다.

프랑스의 부르고뉴와 보르도는 2,000년의 포도 역사를 자랑한다. 좋은 포도주는 좋은 포도로 결정된다. 따라서 포도주 상인들은 좋은 포도를 얻기 위해 비상한 투자를 하지 않으면 안 된다. 사실 그들은 고급 포도주를 세계시장에 비싸게 팔아 많은 수익을 올려 온 것이다. 불어로 포도주 상인을 '商談者'라는 뜻의 '네고시앙 négociant'이라고 부른다. 내가 갔던 부르고뉴의 클로 드 부조城에는 중세 때 포도주 생산시설들을 전시한 작은 박물관이 있다. 옛날에는 부근 포도밭이 거의 교회의 소유였으며 수도원 수도사들의 노동력으로 포도를 재배하고 포도주를 생산했다. 보온느 城市에 사는 포도주 상인들은 교회가 독점 생산한 포도주를 단지 중개하여 파는 도매업에 종사하다가 차츰 자본을 축적하면서 마침내 부르조아 시민계급으로 성장하게 된다. 오늘의 네고시앙들은 이제는 포도밭을 소유하고 있는 근대적인 의미의 독점자본가로 변해 있다.

좋은 포도를 생산하는 데에는 日照量과 바람과 토양 등 여러 가지 요인이 작용한다. 부르고뉴나 보르도 지방에 가면 경사진 언덕지대에 계단식으로 만든 포도원들은 반 고흐 작품에 나오는 그림 그대로다. 이 일대 포도밭들은 가장 이상적인 일조량이 비치고 바람 또한 적당히 부는 일급 포도 産地들이 많다. 그러니까 같은 언덕지대에서도 위치에 따라 좋은 포도의 생산은 달라질 수 있다. 오랫동안의 생산실적을 따져서 포도밭의 땅값은 엄격한 등급이 매겨진다. 1980년 내가 부르고뉴에 갔을 때 클로 드 부조城 부근의 좋은 포도밭의 평당 가격은 당시 서울 강남의 고급 아파트와 비슷했다. 따져 보면 서울 아파트값이 훨씬 올랐을 테니까 어쩌면 지금은 더 쌀지도 모르겠다. 부르고뉴의 좋은 포도 농장은 보통 주식회사처럼 여러 네고시앙들의 공동소유로 되어 있었다. 오랜 역사 속에서 상속과 거래가 겹쳐졌기 때문이리라.

물론 포도 재배에는 뭐니뭐니해도 일조량이 가장 중요하다. 해마다 일조량이 다르기 때문에 그 일조량에 따라 포도가 잘된 해가 생긴다. 그래서 포도주는 생산 연도를 따지는 것이다. 주로 프랑스에서 최근 일조량을 중심으로 포도농사가 잘된 해는 1978년 1983년 1985년 1989년 1990년을 꼽는다. 대표적인 적 포도주 산지인 보르도와 부르고뉴가 모두 최고 품질의 포도를 수확했기 때문이다. 부르고뉴의 경우 1971년, 1988년, 1991년 모두 아주 좋았다. 보르도는 1975년, 1982년, 1986년이 좋은 해였다. 이 포도주 연도는 어디까지나 평균 비교치를 말한다. 아무리 농사가 안 된 해에도 좋은 포도주는 생산된다. 다만 양이 적다는 것뿐이다. 따라서 포도주의 연도를 따지는 것은 몇 년씩 오래 담가서 만들어 내는 값비싼 고급술의 경우에만 해당된다. 포도주는 무조건 오래 묵혔다고만 다 좋은 건 아니다. 왜냐하면 기후가 좋은 해에 좋은 밭에서 잘 익은 포도라야 오래 담글 수 있기 때문이다. 위에 말한 연도에서 지금 마실 수 있는 상태는 대체로 1983년 이전 것들이다. 그 이후 것들은 지금도 포도상인들의 지하 저장실에서 한참 발효 중이다. 물론 해마다 중질의 포도주는 계속 생산되고 소비되기는 한다.

우리나라에서도 90년대에 들어와서 쇠고기 육류 소비량이 늘면서 곁들여 마시는 포도주를 안다는 게 무슨 교양의 척도로까지 비치고 있다. 적포도주의 본고장인 프랑스에서는 포도주를 따지는 데 별로 신경쓰지 않았다. 보통 식당에 가서 보통 포도주를 마시면서 만족할 수 있었다. 포도주는 본고장을 떠나니까 더 문제가 되었다. 北歐의 상류사회에서는 포도주를 아는 척해야 축에 끼워 주었다. 속물주의 snobbism가 강한 뉴욕에서도 예외는 아니었다. 식탁에서는 반드시 서브되는 포도주에 대해서 한 마디씩 하고들 넘어간다. 나는 빠리에서 제법 살았었다는 경력 때문에 그 한 마디를 강요당하기 일쑤였다. 그때마다 적당히 둘러댔는데 아무도 반론을 제기한 경우를 만나지 못했다. 사실은 그 집 주인도 값만 보고 샀을 뿐 특별한 감식력이 없었기 때문인 것이다.

일본 신문에 포도주 얘기가 자주 나오기 시작한 것은 그들이 서서

히 경제대국으로 세계에 등장하기 시작한 80년대가 아니었나 기억된
다. 더군다나 기호품마다 세계적인 상표를 의식하는 일본인들의 기질
이 포도주를 놓고 가만있을 수 있으랴. 그예 섬나라 근성이 발동한
것이다. 아무튼 경제성장과 포도주 문화의 상관관계를 무시할 수는
없을 것 같다. 이제는 우리도 고급 레스토랑에 갔을 때 와인 리스트
를 보고 포도주를 골라야 하는 당면과제를 안게 되었으니까 말이다.
그러나 무조건 비싼 것을 고르면 된다는 벼락부자식 발상으로 해결될
일이 아니다. 좋은 포도주는 그것을 감식할 수 있는 혀가 중요하다.
오래 묵힌 좋은 술일수록 예민한 감식력을 발휘하지 않으면 무의미하
니까. 물론 나는 전문적인 포도주 감식가 connaisseur는 아니다. 그
러나 나의 포도주 문화 체험이 서양의 속물주의를 극복하는 데 조금
이나마 도움이 되기를 바랄 따름이다.

1983년 봄 어느날 나는 400년의 역사를 자랑하는 빠리의 名所 레
스토랑 뚜르 다르장 Tour d'Argent에서 서울에서 오신 귀빈 덕분에
지금까지 마셔 본 중 가장 비싼 포도주를 맛볼 수 있었다. 1963년도
보르도였는데 유명한 로스실드城 Château de Rothschild에서 담근
것. '로스실드'라는 상표가 고급이라는 이름을 듣기는 했었다. 하여
튼 그 날 와인 리스트에서 가장 값비싼 것 중 하나였다. 한 병에
1,000프랑이라고 기억되는데 그 때 우리돈 10만 원쯤 되었다. 프랑스
포도주 값은 보통 빠리에서 1,000프랑 짜리가 외국의 고급 레스토랑
에 나가면 2, 3배 비싸진다. 그러니까 그 날 고른 포도주는 뉴욕에만
가도 500달러는 충분히 받을 수 있는 비싼 술이다. 부드럽다 못해 끈
적했던 그때 혀의 느낌이 지금까지 남아 있다. 프랑스 사람들은 보통
포도주 맛이 좋다고 할 때 '가볍다 légère'라는 표현을 잘 쓴다. 부드

럽고 가벼운 감촉이 입 안에 돌면서 '가볍다'는 표현의 의미를 알 것 같았다. 그러나 내 입맛에는 조금 싱겁다는 생각이 들었었는데 웨이터가 試飮을 권했을 때 과감하게 퇴짜를 놓지 못했었다. 결정적으로 김이 빠진 술은 물론 아니었기 때문이다. 그 이후 나는 연도를 따지는 비싼 포도주는 아무리 돈 많은 분이 권하더라도 주문을 사양한다. 공연히 정신적인 객기를 부리고 싶지 않아서였다.

프랑스 赤포도주는 지역에 따라 보르도와 부르고뉴, 꼬트 뒤 론느 Côtes du Rhône, 보졸래 Beaujolais 등이 있다. 보르도는 보통 다른 지역 것보다 쏘는 맛이 강하게 난다. 나의 경우 부르고뉴 음식에 대한 첫사랑 때문에 부르고뉴를 선호한다. 그러나 어디서나 와인 리스트에서 부르고뉴는 보르도보다 숫적으로 밀린다. 그래도 양보다는 질이 좋아서 그렇겠거니 믿고 싶다. 어떤 경우 흔한 보르도 대신 좀 색다른 부르고뉴에서 고르면 포도주 감식의 격조를 인정받기도 한다. 꼬트 뒤 론느는 고급은 먹어 보지 못했는데 빠리에서는 서민층이 많이 마신다. 남부 프랑스 보졸래 지방에서는 그 해에 수확한 포도로 담근 그 해의 포도주를 내놓는데 우리 햅쌀 막걸리 식이다. 해마다 늦가을이면 빠리의 레스토랑들은 보졸래를 식탁에 서비스로 내놓는다. 빠리쟝들은 그 때 보졸래의 신선한 맛을 즐기게 된다. 요즘은 우리나라 특급 호텔에서도 이따금 보졸래 파티가 열리곤 한다.

포도주 병에는 라벨에 반드시 자세한 족보가 적혀 있다. 포도주의 상표는 대개 포도 농장의 지명을 딴 것이다. 쌩 떼밀리용 Saint-Emillion은 보르도 부근 작은 읍 이름인데 이 일대 생산되는 포도주의 상표인 셈이다. 보르도 종류 중 제일 흔하고 유명하다. 포도주의 질은 상표만으로는 알 수 없다. 같은 쌩 떼밀리용도 그 질은 천차만별이기 때문에. 포도주는 두 가지로 일단 대별된다. 한 군데 포도밭의

포도로만 담근 것과 여러 밭의 것을 섞은 것. 우선 '무슨무슨 샤또에
서 담았다는 표시 embouteillé en Château de…. '가 라벨에 있으면
그 농장의 포도만 썼다는 뜻이다. 고급 포도주는 물론 좋은 포도밭에
서 수확이 좋았던 해의 포도만 따서 다른 것을 섞지 않고 오래 담가
야 한다. 그렇다고 '샤또'가 붙었다고 다 좋은 것은 아니다. 한 포도
농장도 워낙 넓기 때문에 다 좋은 포도만 수확되기는 어렵다. 더구나
날로 늘어나는 세계적인 赤포도주 수요에 고급품만으로 부응할 수가
없다. 그래서 포도주 상인들은 좋은 포도주의 대중화를 생각해냈다.
라벨에 '아무개 아무개 네고시앙이 담았다는 표시 embouteillé par
Négociant…. '가 바로 그 것. 중상품의 좋은 포도주를 대량 공급하기
위해 아주 잘된 포도에다가 웬만큼 된 포도를 함께 섞어 일정 수준의
품질을 보증한 것이다. 전통적인 네고시앙의 명예가 걸려 있기 때문
에 어줍잖은 '샤또'보다 오히려 더 나을 수도 있다.

레스토랑 문화

레스토랑을 우리는 보통 식당으로 알고 있다. 식당이라고 하면 우
리식 개념으로는 음식을 그냥 사 먹을 수 있는 곳이다. 그러나 유럽
에서 말하는 레스토랑은 단순히 음식을 파는 곳만은 아니다. 물론 사
람들은 레스토랑에서 음식을 사 먹는다. 그러나 거기서 사람을 만나
사교하는 장소라는 더 중요한 의미가 있다. 빠리 직장인들의 긴 오찬
은 반드시 먹고 즐기기 위한 시간만은 아니다. 이 시간에 사람을 만
나 토론하고 일을 한다. 뉴욕 사람들이 주로 商談을 위한 오찬 business
luncheon에 익숙해 있다면 빠리 사람들은 토론을 통한 社交를 중요
시 하는 것이다. 따라서 어디서나 레스토랑은 분위기가 중요하다.

레스토랑의 분위기를 위하여 먼저 일하는 종업원들부터 질서가 필요하다. 종업원 위계에는 대체로 3단계 계급이 있다. 그에 따라 역할 분담도 엄격하다. 급사장 captain은 손님을 맞고 자리를 배정하고 안내한다. 급사 waiter는 음식의 주문을 받는다. 급사 보조는 음식을 나르고 접시를 치우는 서브를 담당한다. 손님도 레스토랑을 이용하려면 그 문화를 알아야 한다. 급사장에게 주문을 한다거나 급사에게 빈 접시를 치워 달라고 하면 곤란하다. 또 레스토랑에 들어갈 때 아무리 빈 자리가 많다고 하더라도 급사장의 안내를 받지 않고 아무데나 빈 자리로 찾아가 앉으면 안 된다. 그것은 미리 예약을 한 경우도 마찬가지다.

한국인들이 레스토랑에 가서 당황하는 것은 너무나 당연하다. 우리의 음식문화가 서양의 그것과 다르기 때문이다. 게다가 일본을 거쳐서 들어온 사이비 洋食문화가 우리를 더 혼란시키고 있다. 무엇이든지 제 속에 수용하면 제 것으로 만들어 버리는 일본인들은 양식문화까지도 日本化해 버린 것이다. 양식이라면 비후스텍 정도 아는 경험으로는 서양 레스토랑의 메뉴판을 아무리 들여다보아도 어떤 체계를 가지고 만들어진 건지 알 수 없다. 고유명사까지 섞인 요상한 요리 이름만 보고는 도무지 무슨 음식인지 상상이 안 간다. 할 수 없이 남을 따라 시켰다가 그 음식이 입에 안 맞아서 식사를 망치기 십상이다. 그렇다고 해서 세트 메뉴를 주문하면 평균 한국인으로서는 양이 너무 많아 음식을 남길 때가 많다. 우선 洋食은 우리나라 전통 식사처럼 한 상에 다 차려지지 않는다. 접시를 바꾸어 가면서 서브되는 순서대로 먹어야 한다. 또 飮과 食, 즉 마시는 것과 먹는 것은 반드시 그 순서에 따라 짝을 맞추어 서브된다.

洋食문화는 前近代 서양사회 귀족들의 생활문화에 그 뿌리를 두고 있다. 같은 서양에서도 영국과 프랑스는 음식문화 전통이 좀 다르다. 시민사회가 먼저 온 영국에서는 귀족들이 도시 紳士 계급으로 등장한다. 그들은 '클럽'을 만들어서 제한된 회원 exclusive member들끼리 만나는 사교장이 필요했다. 귀족들의 오랜 계급문화를 자본주의 시민사회에서도 독점적으로 유지하기 위한 방편이었다. 영국식 자본주의 시민사회를 계승한 미국 동부에서도 영국 전통에 따라 이런 프라이비트 클럽 private club이 발달했다. 뉴욕에는 유명 대학들이 동창생만 회원으로 하는 하바드 클럽 Harvard Club, 예일 클럽 Yale Club, 윌리엄스 칼레지 클럽 Williams College Club들이 있다. 클럽에서 쓰는 비용은 회원들만이 정기적으로 계산하여 지불하게 된다. 따라서 초대된 손님은 돈을 낼래야 낼 수가 없다.

한편 프랑스에는 英美式 클럽이 없다. 프랑스 귀족들은 클럽보다도 더 제한되고 프라이비트한 샤또와 저택을 사교장으로 썼기 때문이다. 물론 샤또나 저택은 대개 교외에 위치하여 시내에 있는 클럽과는 다른 분위기라고 하겠다. 시민사회가 근대화하면서 귀족과 신사는 사라졌다. 도시 부르조아들이 시내에서 필요한 사교장, 그것이 바로 오늘의 레스토랑이다. 레스토랑은 영국의 클럽처럼 회원제가 아니다. 그런 의미에서 프랑스혁명으로 계급을 타파한 빠리 시민들이 시민적인 레스토랑 문화를 만들었다고 믿고 싶다.

풀 코스 晩餐

서양 귀족들은 왕궁이나 저택에서 저녁마다 夜宴會 soirée를 열었다. 풀 코스 만찬 후 무도회로 이어진다. 기록상으로 서양식 궁중만찬에 처음으로 참석한 한국인은 忠正公 閔泳煥이 아니었나 싶다. 빠리로 부임하는 비행기 안에서 나는 충정공의 유럽여행기 『海天秋帆』을 읽었다. 1896년 러시아의 쯔아 니콜라스 2세 Alexandrovitch Nicolas Ⅱ 대관식에 참석하고 돌아온 大韓帝國의 赴俄 全權特命公使의 비공식 日記였다. 명색이 외교관 신분으로 유럽에 나라일을 하러 가면서 100년 전 조선왕조의 大臣은 서양을 어떻게 느꼈을까 궁금했다. 1896년 5월 26일 모스크바 크레믈린 궁에서 거행된 대관식에 대한제국의 민영환 전권특명공사는 쯔아를 알현하고 고종 황제의 國書를 올렸다.

"5월 28일. 궁내부에서 오전 11시 祝賀禮 청첩이 왔다. 우리 일행이 大禮服을 입고 크레믈린 궁에 가서 각국 사절들과 함께 차례로 황제와 황후에게 허리를 세 번 구부려 알현하고 축하의 禮를 올렸다…. 궁내부에서 황후 夜宴 청첩이 왔다. 오후 9시 일행이 小禮服을 입고 황후 夜宴會에 가 보니 황족과 문무제관 남녀가 동부인인 듯 각국 사신이 다 모였는데 몇천 명이 된다. 황제와 황후가 보행으로 나오는데 귀족 남녀가 쌍쌍이 따라 나와 남자는 황후의 손을 잡고 여자는 황제의 손을 잡고 연하여 바꾸어 잡으며 會席을 여러 번 순회하니 이것이 極敬하는 것이요 극히 榮寵의 일이라고 한다. 자정에 공관으로 돌아왔다."

민영환 전권특명공사는 100년 전 서양 요리의 前食에 관하여 다음과 같이 논평했다.

"6월 3일. 접대관 바쉬코프가 요리집에다가 오찬을 차려 놓고 초청했다…. 俄國 풍속에 손님을 청하면 먼저 간단히 酒肴 한 상을 내오는 것이 우리나라에서 잔치할 때 큰 상보다 먼저 酒案床을 내오는 것과 비슷하다."

충정공은 처음 겪는 서양의 음식 매너에 전혀 당황한 기색이 없
다. 오히려 우리 풍습과 비교하면서 문화의 형식보다는 기능적인 접
근을 시도하고 있는 것이다. 이에 비해 오늘 날 국내에서 상당한 지
도급 인사들이 서양 매너에 턱없이 반발하는 모습을 많이 본다. 바로
이러한 것들이 일본의 식민지 지배를 받기 이전의 한국인과 이후의
한국인과의 문화적 차이가 아닐까.

　毛澤東은 그의 「矛盾論」에서 이렇게 말했다.
　"…음식은 먹어 보지 않으면 그 맛을 알 수 없다. 혁명은
참여하지 않으면 그 의미를 이해할 수 없다……."
　서양의 음식문화를 알기 위하여 이제부터 타임머쉰을 타고
과거로 돌아가 직접 만찬에 참석해 보자.

서양의 저택이나 궁전은 주인이 손님을 맞는 접견 홀 salle에서 시
작된다. 17세기식 의상을 입은 문지기가 오른 손에 여러 갈래 색실로
만든 술이 달린 긴 장대를 세워 잡고 있다가 손님이 들어설 때 마루
를 쾅 치고 손님의 관등 성명을 큰 소리로 아뢴다. 요즘도 뉴욕의 유
엔본부같이 격식 좋아하는 외교관 파티에서는 종종 이런 문지기를 동
원하는 것을 볼 수 있다. 그러나 빠리에서는 아주 고급 레스토랑만
문지기가 있다. 주인의 환영을 받은 손님들은 홀에 달린 대기실 anti-
chambre에서 선 채로 다른 손님들과 서로 인사를 나눈다. 이 때 마
실 것은 食前酒 apéritif로 대개 식욕을 촉진하는 과일 술이나 칵테일
이다. 안주로 서브되는 오르되브르 hors-d'oeuvre는 새우 칵테일,
치즈, 쏘세지 같은 찬 음식이 서서 먹을 수 있도록 작은 꽂이로 나온
다. 요즘도 빠리나 뉴욕의 고급 레스토랑에 가서 아페리티브를 주문

하지 않으면 조금은 의아해하는 웨이터를 만난다. 그러나 아주 고급 레스토랑만의 경우다. 중산층들은 얼마든지 생략할 수 있다.

대기실에는 반드시 좌석표가 비치된다. 초대된 남자 손님들은 자기 자리 오른쪽의 숙녀를 찾아 모셔야 한다. 그날 밤 그 숙녀의 騎士 cavalier로 차출된 것이다. 자신의 아내는 누군가가 에스코트해 줄 테니까 염려할 것 없다. 주인이 먼저 主賓의 부인을 팔장을 끼고 에스코트하여 식당 salle à manger에 들어가 자리에 앉힌다. 주빈은 주인 마나님을 모시고 들어가고 손님들도 각자 자기 파트너를 에스코트한다. 식탁에는 다섯 개의 큰 접시가 겹쳐져 있고 곁에 작은 접시 두개가 좌우에 따로 놓인다. 큰 접시 앞에 모양이 다른 네 개의 크리스탈 잔이 나란히 준비된다. 겹친 접시 왼쪽에 포크 네 개와 오른쪽에 스푼과 생선용 칼과 나이프가 각각 한 개씩 있다.

네 개의 크리스탈 잔 중 하나는 물인데 미리 채워져 있다. 왼쪽의 작은 접시에는 빵이 서브된다. 그리고 수프. 수프가 끝나면 얼음에 채워졌던 白포도주가 목이 긴 크리스탈 잔에 따라진다. 그 때 주인이 자리에서 일어난다. 인사말을 하려는 것이다. 이 만찬의 의미, 주로 주빈에 대한 축하나 앞날을 비는 기원 따위를 되도록 나름대로 멋진 표현을 빌어 늘어놓고 백포도주가 따라진 크리스탈 잔을 들어 건배를 외친다. "당신의 건강을 위하여! à votre santé." 그리고 나서 바로 前菜 entrée가 서브된다. 생선 요리다. 가재나 달팽이 같은 특수한 요리인 경우 거기 사용할 별도의 도구가 준비된다. 이 때 주빈이 일어나서 주인의 인사말에 바로 답하면 안 된다. 주인의 인사말에 주빈은 일단 눈인사로 감사하다는 표시만 해두고 답사는 主食이 끝난 다음에 해야 한다. 왜냐하면 성찬에 대한 주인마님의 솜씨와 배려를 언급해야하기 때문이다. 포도주는 항상 잔의 3분의 1 정도 따라지는데

의사표시가 없는 한 비우는 대로 계속 채워진다. 그런데 여기서 주의
해야 할 점은 포도주를 조금이라도 남기는 것은 주인에 대한 실례라
는 것이다. 포도주의 질이 나쁘다는 간접 표시로 받아지기 때문이
다. 다 마실 생각이 없으면 반드시 미리 거절해야만 한다.

전채가 끝나면 잠깐 입가심으로 얼린 과일즙 쏘르베 sorbet가 나온
다. 우리나라에서는 샤벳이라고 잘못된 발음으로 불리기도 한다. 드
디어 주식 plat이 나올 차례. 주식은 보통 세 가지 카테고리가 준비된
다. 육류 viande, 생선류 poisson, 家禽類 volaille. 쉽게 말해서 육
해공군이다. 손님은 기호에 따라 선택하면 된다. 레스토랑의 메뉴판
에는 반드시 主食欄이 이 세 가지 카테고리로 짜여 있다. 주식과 함
께 음료는 적포도주가 서브된다. 백포도주는 얼음에 채워서 차게 마
시지만 적포도주는 방안의 常溫에서 마셔야 한다. 白이나 赤이나 포
도주 잔이 목이 긴 것은 체온이 손을 통하여 술에 전달되지 않도록하
기 위함이다. 따라서 포도주 잔을 건배할 때 손바닥으로 잔의 몸통을
싸안으면 안 된다. 검지와 중지로 잔의 목을 V자 형으로 잡아서 체온
이 술을 덥히지 않게 해야 한다.

식사 중에 騎士들은 항상 자기 오른쪽 숙녀 파트너를 즐겁게 해 주
어야 한다. 즐거운 얘기를 들려 주고 무엇보다도 勸酒하는 것을 잊지
말아야 한다. 서양 귀족사회에서 숙녀들은 식탁에서 자기 앞의 술잔
을 마음대로 마실 수 없다. 술꾼으로 흉을 잡히기 때문이다. 남자가
권하는 잔만 마지못한 척 마시는 것이 숙녀의 매력 플러스 매너이
다. 주인은 일일이 많은 손님에게 여러 번 술을 권하기 어렵다. 기
사들이 챙겨 줘야 한다. 남녀에 대한 편견은 유럽도 가부장적인 전
통이 우리와 비슷하다. 스칸디나비아에서는 건배를 스콜 skål이라고 한

다.[21] 이 독특한 건배 문화는 결국 숙녀가 즐겁게 술을 들도록 하기 위한 풍습이다. 騎士는 술잔을 들고 반드시 숙녀의 눈동자를 맞추고 심각하게 째려보면서 "스콜"을 외쳐야 한다. 상대방 숙녀도 "스콜"로 화답한다. 이 때 주의할 점은 술잔을 다 비울 때까지 눈길을 다른 데로 돌리거나 감으면 안 된다. 끝까지 심각한 표정으로 서로 쳐다보아야 한다. 또 절대로 웃으면 안 된다. 미소조차 금물. 여성해방운동 이후 이 봉건적인 풍습도 퇴색하고 있다. 그러나 일부 상류사회에서는 그런 속물주의가 아직도 일종의 낭만으로 남아 있다.

서양 사람들과 식사를 하다 보면 우리나라 건배의 말을 물어 온다. 그 때 당신은 무엇이라고 서양인을 교육하는가? "건배!" "위하여!" 몇 가지 둘러대면서도 내내 찜찜한 기분이 가시지 않을 것이다. 건배는 중국말 '간빠이 乾杯' 즉 '잔을 비우세'에서 왔고, 위하여는 프랑스 말 '아 보트르 쌍떼 à votre santé' 즉 '당신의 건강을 위하여'의 끝마디를 따온 것이 아닌가. 영어에서는 '기분내자'는 뜻의 '치어즈 cheers'가 있다. 무언가 순수한 한국식 勸酒語는 없을

---

21) 스콜의 유래에 관해서는 여러 가지 우스개와 몇 가지 그럴듯한 학설이 있다. 제1설은 바이킹 학설이다. 옛날 바이킹들은 술을 마시다가 흔히 상대방이 방심한 틈을 타서 칼로 찔러 죽였다고 한다. 그래서 술을 마실 때는 피차 상대방을 계속 노려보면서 경계하는 습관에서 비롯되었다는 것. 제2설 역시 바이킹과 관련된 학설이다. 바이킹 들은 믿거나 말거나 사람의 해골에다 술을 부어 마셨다고 한다. 영어로 해골을 '스컬 skull'이라고 하니까 발음이 와전되었다는 주장이다. 제3설은 파티에서 남녀가 서로 눈을 맞추고 눈길과 술로 깊은 정을 나누는 풍습에서 온 것이라는 해설이다. 제1설과 제2설은 스웨덴 사람들이 외국인과 식사할 때 반드시 나오는 우스갯거리 안주감이다. 바이킹의 야성과 연결시킨 제1설이나 영어의 비슷한 스펠링을 꿰맞춘 제2설은 아무래도 작위적인 냄새가 풍긴다. 당연히 나는 제3설을 지지한다. 서양의 식탁 문화에서 술은 반드시 남성이 여성에게, 주인이 손님에게 권하도록 되어있다. 스웨덴에서도 보수적인 여성들은 남성이 권하지도 않는 술을 스스로 마시지 않는다. 스웨덴 남성 특유의 심각한 표정의 강한 눈길과 '스콜'이 어울리는, 은근한 유혹의 勸酒를 기다리는 것이다.

까? 어느 문화장관은 술 권하는 사람이 '지화자!' 외치면 '조오타!'
로 화답하자고 제의한 일이 있다. 그러나 실제로 '지화자! 조오타!'
는 술자리에서 보급하는 데 실패했다. 고증인 즉 지화자 조오타는 막
일꾼들이 단체로 막걸리 마시면서 기분낼 때 주고받는 말마디였다.
품위 있는 양반문화는 아닌 것이다. 나는 한 언론계 선배로부터 가장
확실한 한국의 권주문화를 배운 일이 있다. 酒道의 大家 고 金凡父
선생께서 이렇게 말씀하셨다고 들었다. 우리나라 양반들의 술문화에
는 아예 건배의 말을 외쳐대는 법이 없다. 勸酒에 말을 붙이는 것은
서양식이다. 한국에서는 아랫사람이 웃사람에게 잔을 올리면 웃사람
은 이 잔을 마시고 아랫사람에게 그 비운 잔을 내리는 것이다. 이것
이 한국의 권주문화다. 한국식 권주의 말은 어떤 것이냐 물어 왔을
때 이렇게 설명해 주면 서양 사람들은 상당히 유식한 교양을 받았다
고 생각하는 것 같았다.

　주식과 함께 오른쪽 작은 접시에는 야채 légume가 곁들여진다. 주
식이 끝나면 치즈 서브. 우리나라 음식에서 김치처럼 없어서는 안 될
좋은 소화제인 셈이다. 음료는 계속 적포도주. 어지간히 식사가 끝났
다 싶을 때 마지막 남은 크리스탈 잔에 샴페인이 돌려진다. 샴페인
잔은 꽃병처럼 홀쭉하게 길거나 반대로 넙적하게 입이 넓은 두 가지
형이 있는데 둘 다 손잡이는 길다. 이 때서야 주빈은 자기 앞의 크리
스탈 잔을 포크로 두드려 주목시킨다. 일어나서 초대에 대한 감사의
스피치와 함께 샴페인으로 건배를 한다. 그리고 손님 중에서 주인과
주빈에 관한 축하 또는 德談을 하고 싶은 사람은 역시 크리스탈 잔을
두드려 주목시키고 일어나서 말하고 건배할 수 있다. 그러나 이런 건
배를 숙녀가 자청해서 하는 경우는 보지 못했다. 건배가 끝나면 후식

이 나온다. 후식까지 끝난 뒤 주인이 먼저 주빈의 부인을 인도하여 식당을 떠난다. 불어로 居室이란 뜻의 쌀롱 salon에는 안락의자들이 있다. 여기서 편안히 앉아 커피와 씨가를 들며 담소를 즐긴다. 또 食後酒 digestif로서 꼬냑 cognac과 리커 liquor類를 골라 마신다. 이렇게 식후주로 조금씩 마시는 비싼 꼬냑을 동남아 사람들은 병채로 마시는 걸 보았다. 무지와 문화의 혼동이었다. 특히 꼬냑 잔은 목이 아주 짧고 몸통이 크게 배가 나왔다. 손바닥으로 잔을 싸안고 들라는 뜻이다. 꼬냑은 다른 포도주와 반대로 체온으로 덥혀 가며 마시기 때문이다.

夜宴會는 보통 저녁 9時에 시작하여 아무리 빨라도 자정은 넘어야 끝난다. 물론 레스토랑에서의 定食은 야연회 풀 코스와는 달리 많이 생략될 수 있다. 그러나 오찬이나 만찬이 되려면 기본적인 골격은 갖추어야 한다. 음료로서 식전주와 포도주와 식후주의 3단계. 식사로서 전채와 주식과 후식의 3단계. 그리고 살라드와 치즈와 커피를 곁들일 것. 우리나라 잔칫상의 가짓수나 質에 비교하면 많은 것도 아니다. 손님으로 초대되어 식탁에 앉으면 접시가 몇 개 포개어 있는가, 잔이 몇 개 놓여 있는가 보라. 그 날 메뉴의 규모를 대개 잔과 접시의 수로 짐작하는 것이다.

현대 프랑스사회에서 정식 만찬은 상상 밖으로 간소했다. 세상이 복잡해지니까 자연히 격식도 덜 차리게 되는 것일까. 1984년 7월 4일 수요일 프랑스 공화국 대외관계부 [22]셰이쏭 Claude Cheysson 장관은

---

22) 1981년 미테랑 정부가 들어서면서 외무부 Ministère des Affaires Etrangères 명칭을 대외관계부 Ministère des Relations Extérieurs로 바꾸었다.

外相회담을 위해 방문 중인 대한민국 李源京 외무장관을 위한 공식
만찬을 깨 도르새 Quai d'Orsay 23) 영빈관에서 베풀었다. 1886년 韓
佛수교 이후 두 나라가 최초로 外相급 공식회담을 가진 날 저녁이었
다. 나는 이원경 장관을 수행한 尹錫憲 주불대사와 李福衡 구주국장
등과 함께 주불대사관 공보관 자격으로 이 역사적인 만찬에 참석한
것이다. 그 날의 내 파트너는 르 몽드 紙 대외관계부 출입기자 베르
나르 브리굴레익스 Bernard Brigouleix였다.

이 날 저녁식사 메뉴는 前食과 主食 외에 살라드와 치즈를 곁들이
고 後食뿐이었다. 음료는 백포도주와 적포도주 그리고 건배를 위한
샴페인. 그 옛날 궁중만찬과 비교하면 간단하기 그지없었다. 비록 간
단했지만 음식의 質과 맛은 빠리 최고급 레스토랑 수준이었다. 역시
깨 도르새는 깨 도르새였다. 특히 포도주는 처음 들어 보는 라벨이었
지만 모두 일품이었다. 백포도주는 1977년도 부르고뉴 Hospices de
Beaune Cuvée Grivault. 적포도주는 1970년도 보르도 Château Brane
Cantenac. 샴페인은 1975년도 Comtes de Champagne. 前食은 야채
소스의 얼린 농어 Bar en gelée, sauce verte. 主食은 피스타치 열매
와 함께 구운 오리요리 Ballotine de Canard aux Pistaches. 싸이드
디쉬로는 살라드 Salade mélangée와 각종 치즈 Fromages. 후식은 멜
론 샤벳 Sorbet au Melon. 오리요리의 맛은 양은 적었지만 400년 된
레스토랑 뚜르 다르장의 비싼 오리 맛보다 오히려 더 인상적이었다.

---

23) 廳舍가 오르새驛 옆에 위치한 데서 유래된 프랑스 외무부의 별명.

빠리의 한국 식당

엘리제궁 부근 몽딸리베街 Rue Montalivet 13번지에는 한국 레스
토랑 르 서울 Le Séoul이 있다. 빠리에서는 가장 오래된 한국 식당의
하나이고 오히려 서양식 레스토랑 개념에 더 가깝다. 초대 미스코리
아 출신 姜貴姬 여사가 운영한다.[24] 이 레스토랑의 특징은 한국 요
리를 프랑스 사람들 입맛에 맞게 '佛化'시켰다는 점이다. 한국 손님
들은 순수한 우리 한식 맛이 안 난다고 불평했다. 나는 이 식당에서
물엿을 묻혀 튀긴 닭고기 le poulet caramélisé를 좋아했다. 르 서울
이 특별히 개발한 닭고기 튀김이다. 프랑스 요리는 일반적으로 달
다. 나는 비교적 단 음식을 싫어하지 않는 편이다. 또 이 식당에서
한식 중에 '전'이야말로 가장 훌륭한 前食이라는 사실을 확인했다.
호박 전과 버섯 전은 나의 프랑스 인 초대 손님을 언제나 만족시켰
다. 전과 함께 이 집의 조갯살 시금치 수프 또한 逸品이다. 전식으로
전을 조갯살 수프와 함께, 메인 디쉬로 닭고기 튀김을, 그리고 그리
비싸지 않은 포도주를 곁들이면…. 이렇게 우리 음식도 잘만 개발하
고 다듬으면 얼마든지 세계화할 수 있겠다.

르 서울에는 한국인 고객보다 프랑스 인 고객이 더 많았다. 엘리제
궁이 가까워서 언젠가 미테랑 대통령도 다녀갔다고 한다. 나는 실제
로 미테랑 대통령의 아들 장 크리스토프 Jean-Christophe를 이 식당
에서 만난 일이 있다. 나와 함께 식사하던 AFP 통신의 장 방상 Jean
Vincent 기자가 그를 내게 소개했다. 장 크리스토프는 1960년대에
AFP 알제리 특파원을 지냈다. 그 때 알제리를 방문한 김일성을 인터

---

24) 姜여사는 다른 사업에 몰두하면서 1995년 르 서울을 문닫았다.

뷰한 일이 있다. 이 인연으로 장 크리스토프는 어머니 다니엘 Dani-èle 여사와 함께 1970년대에 김일성의 초대로 평양을 방문하기까지 했다. 내가 르 서울에서 만났을 때는 엘리제 궁 아프리카 담당 보좌관으로 아버지를 돕고 있었다. 또 어느 날 캄보디아 망명 정부 수상 손 산 Son Sann을 르 서울에서 만났다. 역시 장 방상의 소개였다. 장 크리스토프나 손 산은 둘 다 르 서울의 단골 손님들이었다.

몽빠르나스의 들랑브르街 Rue Delambre 22번지 신도꾜 新東京 Shin Tokyo는 한국의 불고기 문화를 빠리에 심은 성공사례이다. 각 식탁마다 즉석에서 구어먹는, 이 식당이 고안한 직사각형의 철판을 갖추었다. 냄새를 빼는 장치도 특수하다. 불고기 양념에 달작지근한 왜간장을 썼다. 빠리사람들 혀에 맞추려면 역시 달아야 하기 때문이다. 신도꾜는 이 독특한 요리 秘法 recette으로 프랑스 고객에게 어필하게 되었고 얼마 안 가서 빠리에는 신도꾜 체인이 몇 개 생길 정도로 번창했다.

이 불고기 문화의 전파자는 1994년에 작고한 영화인 이강수 씨였다. 40년대 牧歌的 흑백 영화 「마음의 고향」을 감독한 분이다. 50년대에 영화를 본격적으로 공부하기 위해 빠리로 왔었다. 영화의 뜻은 펴지 못했지만 불고기 식당은 성공했다. 자녀들이 많았는데 신도꾜 분점을 하나씩 내 줄 수 있었다. 빠리에는 현재 신도꾜 체인이 4개나 있다. 나는 이강수 씨의 넷째 아들이 맡았던 드라공街 Rue de Dragon 즉 '龍의 거리'에 있는 코리언 바베큐 Korean Barbecue에 자주 다녔다. 쌩제르망 大路 Boulevard Saint Germain에 있는 싸르트르의 단골 되 마고 까페 Café Deux Magots에서 길 건너 맞은쪽 골목이었다. 물론 신도꾜나 코리언 바베큐는 분위기나 가격 면에서 고급 레스

토랑이라고 할 수는 없다. 그러나 프랑스의 진보적인 언론인이나 지
식인들은 격식을 갖춘 호화 레스토랑보다 오히려 이런 류의 서민적인
레스토랑을 선호하는 경향도 있다. 바로 음식도 문화로 즐기는 프랑
스 인의 멋스러움이라고나 할까.

만하탄 食道樂

'미국 음식 American food'이란 말은 있다. 그러나 '미국 요리
American cuisine'라는 말은 없다.

유럽에도 샌드위치가 있지만 패스트 푸드에 관한 한 단연 '美國的
음식'이라고 해야겠다. 과거 선진 유럽 사람들 편에서 보면 미국인들
은 기업 이윤을 위해 점심 시간을 아껴 가며 뛰는, 실용주의에 철저
한 일벌레 workholic들이었다. 햄버거는 미국이 만든 대표적인 양키
문화의 하나다. 만하탄 중심가에는 지금도 노변 햄버거 상인이 있고
날씨가 온화한 계절에는 점심시간에 사무직원들이 길에서 햄버거로
점심을 때우는 게 보통이다.

사실 서양 음식에서 미국 요리라고 내놓을 만한 이렇다 할 음식이
없다. 쇠고기를 포도주 소스에 구운, 가장 간단한 스틱 Beef Steak
요리도 프랑스의 대중음식인 비프테끄 bifteck의 미국식 변형에 지나
지 않는다. 뉴잉글랜드 해안의 바닷가재 Lobster 요리와 체사피크灣
Chesapeake Bay의 게 Crab 요리를 들 수 있다. 그것도 프랑스 요리
에서 흔한 前菜 hors-d'oeuvre 메뉴가 아닌가.

정작 미국요리는 변변치 못한 대신 뉴욕은 세계의 음식이 다 모여
있는 '음식 天國'이다. 만하탄에 있는 레스토랑 숫자만 어림잡아 몇
천인지 모른다. 평생 살면서도 뉴욕의 레스토랑을 다 섭렵하지 못할

정도다. 반드시 레스토랑 가이드가 필요하다. 뉴욕 타임스는 매주 수요일 생활란 The Living Section에서 음식과 레스토랑을 소개한다. 특히 뉴욕 타임스의 레스토랑 평가는 권위가 있다. 기자들이 신분을 감추고 몇 차례씩 손님으로 가서 요리를 먹고 서비스를 받아 본 다음 평점을 내리기 때문이다. 나는 오찬이나 만찬 행사를 정할 때 실제로 이 신문의 평가표에 전적으로 의지했다.

뉴욕 타임스의 食道樂 부장 gastronomic editor 브라이언 밀러 Bryan Miller는 만하탄의 수천 개 레스토랑에서 우선 만하탄 전화 지역번호와 같은 212개를 우선 추렸다. 그리고는 음식맛과 요리의 질 및 서비스 등에 따라 별 숫자로 평점을 매겼다. 별 하나는 양호 Good. 별 둘은 아주 양호 Very Good. 별 셋은 優 Excellent. 별 넷은 秀 Extraordinary.

브라이언 밀러가 뽑은 별 넷짜리 레스토랑은 모두 다섯 군데. 르 베르나댕 Le Bernadin, 불리 Bouley, 르 씨르끄 Le Cirque, 류떼스 Lutèce, 퀼티드 지라프 The Quilted Giraffe…. 다 프랑스 요리를 전문으로 하는 곳이다. 별 셋짜리 레스토랑은 16 곳이 뽑혔는데, 그 중 12 곳이 프랑스 식당이고 나머지 4 곳이 이탈리아 식당이다. 그리고 96 곳의 별 둘짜리 레스토랑들 역시 주로 프랑스와 이탈리아 식당이 차지하고 일본과 중국 식당이 비교적 많은 가운데 스페인, 그리스, 인도 등도 있다. 물론 한국 식당도 하나 끼었다. 36가에 있는 우촌 牛村 Woo Chon이 영예의 별 둘이다.

8

연 극

앙띠 떼아트르 빠리 - 서울

빠리는 연극의 고향이다. 1680년 루이 14세는 몰리에르 극단을 중
심으로 다른 극단의 배우들을 병합하여 코메디 프랑새즈 Comédie-
Française를 만들었다. 당시 왕립극단은 혁명과 반혁명의 우여곡절
을 거쳐 오늘의 프랑스 공화국 국립극단으로 발전한 것이다. 코메디
프랑새즈는 1792년부터 지금까지 빠리 1구 오페라路 Avenue de
l'Opéra 센느 강 쪽으로 맨 끝 앙드레 말로 광장 Place André Malraux
왕궁 Palais Royal 부속극장에 자리 잡았다. 센느 강 남쪽 左岸에는
룩셈부르그 궁 옆에 오데옹 국립극장 Théâtre National de l'Odéon
이 있다. 빠리의 국립극장 체제는 右岸의 코메디 프랑새즈와 左岸의
오데옹으로 대칭적으로 운영된다. 보수적인 우안 문화와 진보적인 좌
안 문화를 각각 대변하는 것이라고나 할까. 코메디 프랑새즈의 레파
토리는 몰리에르, 코르네유, 라신느, 세익스피어 William Shakespeare

등 고전과 체호프 Anton Tchekhov, 피란델로 Luigi Pirandello, 아누이 Jean Anouilh, 이오네스코, 베케트 등 현대에 이르기까지 다양하다. 오데옹 국립극장은 故 장 루이 바로 Jean Louis Barrault를 중심으로 주로 20세기 작품에 치중해 왔다.

앙리에뜨 극장 Théâtre Henriette은 대학가의 북쪽 끝 쌩 미셀 광장 Place St-Michel 뒷골목에 있는 작은 창고극장이었다. 70년대 초 서울 삼일로에도 창고극장이 나타났었다. 연극인 方泰守 씨의 「에저또 창고극장」. 나중에 「삼일로 창고극장」으로 이름을 바꾸어 연극인 李源京 씨가 운영했다. 1980년 여름 국제연극협회 ITI 행사 참가차 빠리에 들린 연극인 金義卿 선배와 함께 앙리에뜨 극장에 갔다. 내가 빠리에 와서 처음 본 연극이 코메디 프랑새즈도 아니고 오데옹 국립극장도 아닌 왜 하필 창고극장이었을까? 바로 이 극장에서 이오네스꼬 Eugène Ionesco의 50년대 두 작품 「대머리 여가수 La Cantatrice chauve」와 「수업 La Leçon」이 동시공연 중이었기 때문이다.

1960년 4·19 학생혁명 이후 대학극 출신 젊은 연극인들은 새로운 연극운동을 모색했다. 그 해 가을 극단 실험극장이 탄생했다. 주력 멤버는 김의경 씨. 11월 7일 '反연극을 이해하기 위한 集會'가 열렸다. 빠리 유학에서 돌아온 金正鈺 씨가 '불란서 反연극 운동 현황'을 발표했다. 첫 세미나에 反연극이 주제였다. 새로운 연극을 찾는 젊은 연극인들의 요구를 반영한 것이다. 나는 11월 27일 동국대학교 소극장에서 열린 실험극장 창립공연 이오네스꼬의 「수업」을 관람한 기억이 있다. 許圭 연출에 金東勳[25]이 '선생'역으로, 이원복이 '학생'

---

25) 나와 고등학교 동기이며 서울대 연극회시절 이후 막역한 친구였던 연극인 金東勳은 1996년 봄 뇌졸증으로 일찍 타계했다.

으로 출연했었다.

　나는 빠리에서 연극을 구경하면서 신기한 사실을 하나 발견했다.
서울에서 이오네스꼬 번역극을 보면 이해가 잘 안 갔었다. 그래서 불
어 대본을 사다 읽었다. 그것도 대단히 난해한 느낌이었다. 그런데
앙리에뜨 극장에서 구경한 「대머리 여가수」나 「수업」은 그렇게 선명
하게 머리에 들어왔다. 어쩐 일인가? 우선 배우들의 발음이 정확무
쌍해서 알아듣기가 쉬웠다. 동작 하나 하나 분명한 演技를 통하여 그
렇게 부조리한 의미를 무리 없이 전달할 수 있다는 데 놀랐다. 17세
기 극작가를 중심으로 불어가 연극을 통해 발전해 왔다는 불문학자들
의 말이 실감나는 경험이었다.

　솔직히 고백하면 나는 처음 빠리에 도착했을 때 불어를 알아듣기가
매우 어려웠다. 고교 졸업반 때 이미 불어에 자신을 얻은 나였지만.
물론 저 사람이 무슨 단어를 말했는지 정도는 알아들었다. 왜 그 단
어를 썼는지 그게 빨리 이해 안되었다. 듣기 능력이 부족하니까 무엇
보다도 고유명사가 귀에 잘 들어오지 않았다. 빠리의 길 이름은 유명
한 인물의 이름이 많다. 몽테뉴路 Avenue Montaigne를 얘기하는데
처음에는 『瞑想錄』을 쓴 16세기 수필가 몽테뉴 Michel Montaigne를
연상하며 말 뜻을 짐작하려니까 이해가 안 되는 것이다. 빠리 체재
반년이 못 되었을 때였다. 겨우 말 알아듣기가 되어 갈 무렵 앙리
에뜨 극장의 이오네스꼬 연극이 나의 불어실력을 크게 고무시켜 주
었다.

　이오네스꼬의 연극은 전통적인 연극술 dramaturgie을 거부하고 不
條理한 새로운 연극기법을 보여 주고 있다. 베케트 Samuel Beckett
와 함께 50년대 빠리에서 펼친 反劇운동 anti-théâtre은 60년대와 70

년대에 걸쳐 우리나라 젊은 연극인들에게는 하나의 충격이었다. 이오
네스꼬의 1950년 데뷔 작「대머리 여가수」는 한국에서는 1969년 4월
빠리 유학 출신 연극인 金正鈺 씨가 이끄는 극단 자유극장이 명동에
'까페 떼아트르 Café Théâtre'라는 까페식 소극장의 개관 공연으로
처음 소개했다. 연극인 林英雄 씨의 극단「산울림」은 1969년 한국일
보 13층에서 가진 창립공연 작품으로 베케트의「고도를 기다리며 En
attendant Godot」를 택했다. 그후 90년대까지 출연진을 바꾸어 가며
「고도…」는 극단 산울림의 상징 레파토리로 계속되고 있다. 빠리의
反劇운동은 60년대 서울의 연극정신을 지배했다고 해도 과언이 아니
다. 앙리에뜨 극장은 80년대 내내 이오네스꼬의 두 작품만 장기 공연
하고 있었다. 90년대에 와서야 이 창고극장에서는 새로운 실험극으로
레파토리를 바꾸었다고 한다. 이오네스꼬의 앙띠 떼아트르는 빠리에
서는 이미 古典化되었음을 말해 주는가.

쓰 베이 푸 이야기

AFP 대기자 장 방상은 50대 중반의 나이인데도 중국어를 계속 다
듬고 있었다. 중국어 선생은 50년대 북경의 유명한 京劇배우 쓰 베이
푸 石佩普. 학생은 장 방상과 동거하는 플로렌스 출신 신문기자 레
진 다릭 Régine Daric. 레진은 소림사 권법에 심취하여 남부 중국을
떠돌다가 빠리로 와서 이탈리아 신문과 잡지 몇 군데 통신원 일을 한
다. 늘 검은 소림사 도복 패션을 멋으로 알고 입는다. 장 방상의 권
유로 나도 쓰 베이 푸 선생의 중국어 제자의 한 사람이 되었다. 시간
당 100프랑. 1주일에 2시간씩 개인 레슨을 받았다. 나에게는 세 번째
중국어 선생님[26]이다. 드디어 당대의 名 경극배우에게 중국어를 배우

게 되다니. 쓰 선생의 발음은 정말 기막히게 음악적이면서 명료했
다. 지금와서 생각해보니 이렇게 훌륭한 선생님에게 개인지도까지 받
았으면서도 끝내 중국어를 마스터하지 못한 것이 못내 아쉽다. 少年
易老 學難成이라더니. 나이 먹어서 외국어를 또 하나 하기는 정말
어려웠다.

빠리에 있을 때 나는 사실 쓰 베이 푸 선생의 복잡한 내력을 잘 몰
랐었다. 장 방상으로부터 들은 애기는 쓰 선생이 빠리에 왔다가 간첩
죄로 체포된 것을 자신과 북경특파원 출신 기자들이 정부에 청원하여
6개월 복역 후 석방되었다는 것. 현재 망명객 신분이라는 것. 북경주
재 프랑스 대사관 행정관 베르나르 부르시코 Bernard Boursicot가 쓰
베이 푸를 여자로 알고 결혼하여 아이까지 낳았다고 주장했지만 프랑
스 당국이 신체검사한 결과 여자가 아니라는 것. 간첩 혐의 내용이란
북경주재 프랑스 대사관이 人民日報를 몇 부 구입하는가 따위의 정
보를 중국 外事경찰에 알려 준 정도라는 것 등이다. 장 르클레르 뒤
싸블롱 Jean Leclerc du Sablon이 렉스프레스 誌에 쓴 그의 최종 재
판에 관한 기사를 읽은 기억이 난다. 그렇다고 石 선생에게 직접 난
처한 질문을 던질 수도 없었다. 본인 스스로도 자신의 애기를 들려
주지 않았다. 언젠가 주은래와 함께 찍은 사진을 보여 주면서 1950년
대 전성기 때 자신의 인기를 자랑한 일은 있었다. 石 선생에 대한 나
의 인상은 깨끗한 피부를 가진 불어를 유창하게 말하는 잘생긴 40대

---

26) 첫 선생님은 1964년 서울 용산의 화교 王 아무개. 지금은 미국에서 변호사를 하고 있
는 소설가 徐升海(未堂 徐廷柱 선생 아들) 형과 함께 山東 출신 王 선생의 구식 중국
어를 배웠다. 두 번째 선생님은 1969년 高大 아세아문제연구소 중국어 강좌 교수 李允
中 선생. 중국인 어머니에게서 태어난 이윤중 선생은 1960년까지 북경에서 고교교사를
지낸 분이다. 대륙식 簡字體와 표준 현대 중국어를 비로소 맛만 보았다.

중국 남자, 그것뿐이었다.

쓰 베이 푸를 다시 떠올린 것은 1987년 서울에서 뉴욕 손님을 만나서 들은 애기 때문이다. 뉴욕 아시아 소사이어티의 베아티 고든 Beate Gordon 여사가 그 때 히트하고 있는 브로드웨이 연극 「무슈 버터플라이 M. Butterfly」를 들려 주었다. 한 프랑스 외교관이 중국의 경극 배우와 결혼하여 아이까지 낳았는데 알고 보니 그 배우는 남자였다는 것. 연극의 라스트 씬은 경극배우가 나체로 남성의 모습을 보여 주면서 하하하 서양 남자를 놀려 준다는 애기다. 고든 여사에 따르면 데이비드 황 David Hwang이라는 중국계 미국인 극작가는 「무슈 버터플라이」를 통하여 항상 아시아 여성을 性의 노리개로 보려는 서양인들의 「마담 버터플라이」식 시각을 비판했다는 것이다. 그럼에도 불구하고 1990년대 브로드웨이에서는 신판 「마담 버터플라이」인 뮤지칼 「미스 싸이공」이 롱런하고 있다. 아무튼 「무슈 버터플라이」는 혹시 쓰 베이 푸 애기가 아닐까. 데이비드 황은 實話를 연극화했다고 한다. 그렇다 바로 쓰 베이 푸 애기였다.

1993년 8월 15일자 뉴욕 타임스 일요 매거진은 "그림자와 사랑에 빠진 간첩"이란 제목으로 연극 「뮤슈 버터플라이」의 실화를 이렇게 소개하고 있었다. 사건은 1983년 6월 30일 빠리에서 프랑스 내무부 소속 국토감시총국 Direction de la Surveillance du Territoire 요원들이 베르나르 부르시코를 약 500건의 외교문서를 빼돌렸다는 혐의를 들어 간첩죄로 체포하면서 시작된다. 그 당시 부르시코는 중국에서 불러온 경극배우 출신 아내 쓰 베이 푸와 16살 난 아들 쓰 두 두, 프랑스 이름으로 베르트랑과 함께 본국 근무 중이었다. 부르시코의 체포에 이어 쓰 베이 푸도 체포되었다. 재판소가 신체검사한 결과 쓰 베이 푸는 남자였다. 7월 8일자 르 몽드는 "남자 간첩이냐 여자 간첩이냐? Espion ou Espionne?"란 제목으로 이 국가적인 스캔들을 보도했다.

부르시코가 쓰 베이 푸를 만난 것은 1964년 12월 북경주재 프랑스 대사관의 한 파티에서였다. 쓰 베이 푸는 북경의 프랑스 주재원들의 중국어 개인지도 선생. 부르시코는 물론 한 남자 경극 스타를 알게 된 것이다. 어느 날 그는 자신이 출연한 창작 경극 「나비 이야기」를 들려준다. 옛날 봉건시대 아름다운 한 소녀의 이야기였다. 양반의 딸로 총명하게 태어난 소녀가 오빠의 옷으로 男裝하고 남자들만 다니는 황실 학교에 들어간다. 한 학급의 미소년과 사랑에 빠진다. 미소년은 같은 사내아이에게 마음이 끌리는 자신을 이해할 수 없었다. 그러나 소녀는 집안 체면 때문에 자신의 비밀을 털어놓지 않았다. 마침내 집안에서 정혼이 이루어져 학교를 떠나야 할 때가 왔다. 자신이 여자임을 비로소 밝힌다. 미소년은 당장 사랑을 고백하고 청혼한다. 그러나 소녀의 집에서는 정혼한 신랑을 고집한다. 미소년은 자살한다. 소녀는 결혼식 전날 애인의 무덤을 찾아간다. 무덤 가 버드나무에 목을 매단다. 집안에서는 소녀를 애인의 무덤 옆에 묻어 준다. 죽은 미소년과 소녀의 영혼은 나비가 되어 무덤가를 맴돌았다. 두 무덤에서 자란 버드나무 가지들은 흡사 서로 껴안듯이 뒤엉켜 자랐다는 것이다. 마치 중국판 로미오와 줄리엣 같은 스토리다.

슬픈 이야기 끝에 쓰 베이 푸는 실제로 자신이 바로 이야기의 주인공처럼 남장한 여자임을 고백한다. 교조적인 모택동 치하 중국에서는 경극 스타가 그런 봉건적인 비밀을 가졌다는 사실만으로도 죄가 될수 있다. "무서운 비밀을 나에게 털어놓다니…." 부르시코는 감동했다. 엑조티시즘에 약한 젊은 프랑스 청년은 의협심이 발동했다. 평생 여자라는 사실을 감추고 살아야 하는 이 여인을 구해야한다. 필요하다면 자기보다 다섯 살이나 위인 연상의 여인이지만 결혼까지 할 수 있다고 생각했다. 그리고 그는 이 아름다운 연상의 경극배우를 사랑했다. 남녀가 사랑하면 섹스를 가져야 한다. 둘은 옷을 벗고 섹스를 했다. 부르시코는 분명히 여자와 섹스를 가졌다고 생각했다. 그러나 그것은 동성연애였을 것이다. 몇 년 뒤 부르시코는 쓰 베이 푸가 임신하여 아들을 낳았다고 주장하는 바람에 그가 요구하는 소위 스파이활동에 말려들게 된다. 그러나 프랑스 법정에서 쓰 베이 푸는 남자였고 혼혈아 쓰 두 두는 혈연적으로 두 사람과 아무 관계가 없다는 사실이 드러났다. 1986년 5월 최종 재판에서 프랑스 법정은 두 사람의 관계는 일종의 정신의학적 문제로 결론 짓고 프랑스 국익에 심각한 영향을 미친 간첩행위는 인정하지 않았다. 1987년 4월 미테랑 대통령은 먼저 쓰 베이 푸를 사면하고 이어 부르시코도 사면해 주었다. 이상이 뉴욕 타임스 매거진이 전하는 브르시코 스파이 사건의 전말이다.

京劇의 현대화와 판소리

레진 다릭에 의하면 쓰 베이 푸 선생은 브로드웨이 연극이나 뉴욕 타임스 기사는 모두 사실과 다르다고 부인하고 있다는 것. 그러나 어디까지가 사실이고 어디까지가 사실이 아닌지는 말하지 않았다. 1984년 어느 날 나는 쓰 선생의 京劇 리사이틀 모임에 가본 일이 있다. 적벽대전의 曹操로 분장한 선생은 눈부시게 오색찬란한 衣裳을 걸친 채 우아한 동작과 청아한 목소리로 작은 홀을 가득 메운 대부분 프랑스 할머니 관객들을 매료시키고 있었다. 관객들은 중국에서 망명한 예술가를 돕는 보람과 함께 그 예술가로부터 직접 異國의 문화를 접하는 즐거움을 누리는 것이다. 고백하건대 나는 京劇의 實演을 한 망명 배우의 후원 리사이틀을 통해서 이 날 처음 구경할 수 있었다.

京劇이란 말을 처음 들어 본 것은 60년대 중반 한국에 브레흐트 Bertold Brecht 연극이론이 소개될 무렵이었다. 전통연극은 인간의 삶을 무대 위에다 현실처럼 보이도록 꾸며 왔다. 브레흐트는 주장했다.

"연극은 어디까지나 연극이다, 삶이 아니다. 그러므로 무대 위의 연극은 마치 현실의 삶인 것처럼 관객을 속이지 않고 현실과 異化시켜 관객이 무대를 객관적으로 바라보고 즐기게 만들어야 한다."

그러기 위해 브레흐트는 京劇의 객관화된 演技를 응용했다고 들었다. 경극에서는 배우와 관객사이에 약속된 연기가 있다. 배우는 눈물을 흘리며 울지 않는다. 두 손으로 눈물을 닦는 시늉만으로 배우가 울고 있다는 표현이 관객에게 전달된다. 60년대 許圭 씨는 브레흐트 연극 연출법을 과감하게 시도했던 젊은 연출가였다.

이보다 앞서 1963년 나는 극작가 故 金起八, 연출가 鄭一成 등과 함께 「극단 탈」이라는 동인극단에 연극비평가로 참여했다. 우리 셋은 서울대 연극회에서 만난 동문들. 대표는 연출가 崔玄民 씨. 그리고 연출가 李孝英 씨, 무대 미술가 故 張種善 씨, 배우 金淳哲 형, 아동문학가 黃英愛 형이 동인의 전부였다. 우리들은 서구 연극의 번역극에 매달렸던 한국 연극의 이념문제를 고민했다. 1964년 1월 우리들의 연극동인誌 「탈」의 권두 선언에서 그 고민이 드러난다.

"봉산탈춤보다 몰리에르의 코메디가 훨씬 더 세련된 연극형식을 갖추었다고 보는 것이 한국 연극인들의 상식이다. 지금 한국에서 진행되는 연극이 탈춤을 바탕삼아 발달되지 못하고 어차피 서구 연극 형식을 따르고 있는 현실을 외면할 수 있겠는가. 여기 한국 연극의 안타까운 문제가 도사린다….”

한국의 전통에서 가장 연극이라는 형식에 가까운 예술은 무엇일까? 나는 단연 탈춤이라고 생각했다. 극단 이름을 '탈'이라고 제의하자 동인들은 모두 찬성했다. 극단 탈은 그 이름에서부터 전통예술의 현대화라는 이념을 선언하고 나섰다. 봉산탈춤의 각본을 동인지에 실으면서 탈춤의 원형을 어떻게 현대화하는가 하는 문제를 토론했다. 때마침 일어난 60년대 말 중국대륙의 문화혁명은 우리들의 고민의 실마리를 풀어 줄 것처럼 보였다. 조선일보 외신부에서 문화혁명 보도를 담당했던 나는 이 엄청난 정치운동이 연극비평에서 비롯되었다는 사실에 주목했다. 그것도 바로 중국 전통연극의 현대화문제를 둘러싼 이념투쟁이었다는 사실이 무척 흥미로웠다.

1965년 중국에서는 吳晗의 창작 경극 「海瑞罷官」이 문제가 되었다. 왕조시대를 배경으로 한 경극 줄거리처럼 임금을 둘러싼 충신과 간신이 등장인물로 나온다. 문화혁명의 이론가로 활약한 역사학자 戚本禹는 작가가 모택동을 임금에, 劉少奇를 충신에, 林彪를 간신에 비유하여 중국의 권력 현실을 풍자한 점을 비판하고 나섰다. 모택동의 부인 江靑은 원래 경극배우 출신이다. 경극의 현대화문제에 대해 나름대로의 持論을 펴왔다.

“경극의 낡은 줄거리는 과감히 버려야 한다. 임금, 충신, 간신 따위의 봉건적 등장인물들 대신 노동자, 농민, 자본가, 지주, 혁명가를 등장시켜야 한다. 다만 서구식 무대 형식보다는 전통적 경극의 연극 형식을 적극 응용하는 게 좋다.”

이것이 江靑의 경극 현대화論이다. 江靑과 戚本禹는 문화혁명을 이론적으로 주도했다.

60년대 서울에서 극단 탈 동인들은 江靑의 이론에 매료되어 있었다. 한국의 전통극을 현대화하는 문제의 열쇠가 거기 있을 수 있다고 믿었다. 봉산탈춤의 현대화를 생각했다. 양반, 중, 상놈, 기생이 나오는 대신 정치가, 기업인, 학생, 근로자가 나오는 탈춤을 만들 수 없을까? 동인들은 춘향전을 현대화하는 문제를 생각했다. 춘향전의 전통적인 예술형식은 판소리였다. 지금까지 춘향전은 樂劇으로, 연극으로, 영화로, 오페라로, 뮤지칼로 현대무대화되어 왔다. 그러나 진정한 춘향전의 현대화는 양반과 기생과 사또 대신 현대 한국의 인물들의 이야기를 판소리 형식에 담아야 한다. 대개 이런 생각으로 정리하고 있었다.

1968년 무렵 서울대 연극회 동문 시인 金芝河는 전통예술의 현대화 문제를 우리들과 함께 고민하며 토론했었다. 그는 처음에 탈춤에서 보여 준 양반과 상놈의 계급적 갈등에 큰 관심을 보였었다. 나중에는 전통예술의 현대화 문제에서 역시 테마보다는 형식의 현대화가 중요하다는 주장에 더 이끌리고 있었다. 1970년 김지하는 판소리의 현대화를 시도한 譚詩 「五賊」을 월간지 思想界[27] 5월호에 발표했다. 당시 思想界는 경영상태가 어려워 5,000부를 찍어 겨우 명맥만을 유지하고 있었다. 그러나 담시 「五賊」이 문제되자 당국은 판매금지를 시켰다. 국내에서는 야당기관지 「民主戰線」이 이 詩를 전재하면서 정치 쟁점으로 부각시켰다. 이 때까지만 해도 김지하는 기성 文壇에서는 잘 모르는 운동권 학생으로 문학지망생에 불과했다. 일본

---

27) 1953년 4월 1일 창간된 월간 종합 교양잡지. 1970년 5월호에 김지하의 '反詩' 「五賊」게재와 함께 통권 205호로 폐간됨. 초대 발행 겸 편집인 張俊河 씨는 5·16 군사정변에 반대하고 그 후 박정희 정부에 비판적인 언론활동을 계속하여 1962년 막사이사이 언론賞을 수상함. 「五賊」을 게재할 당시 편집장은 사회학과 동문 黃活元 형.

朝日新聞 서울특파원이 보낸 '오인의 도둑놈 五人の どろぼう'이란
제목의 서울발 특집기사는 이 문제의 詩를 비로소 세계에 알리는 기
폭제가 되었다. 그후 「五賊」은 판소리 한마당으로 각색되어 운동권
무대의 주요 레파토리가 되기도 했다.

나는 이상과 같이 결코 아마추어 수준이 아닌 전문적인 무대예술론
을 펼치면서까지 경극에 관한 나의 혁신적인 주장을 내세웠다. 쓰 베
이 푸 선생은 내 생각을 받아 주지 않았다. 쓰 선생 자신은 사실이
아니라고 부인하고 있는 뉴욕 타임스 매거진 기사에 의하면 그도 江
靑의 이론에 따라 창작 경극에 출연도 하고 직접 작품을 쓴 것으로
나와 있다. 고루하게 전통적인 경극에만 매달린 것 같지 않았다. 헤
아려보면 그는 영화 「覇王別姬」의 주인공보다는 10년쯤 더 젊은 세
대였다. 1965년에 26세였으니까 문화혁명 소용돌이 속에서 가장 젊
은 비판의 대상이었을지 모른다. 그런 의미에서 문화혁명의 희생자
가운데 한 사람일 수도 있다.

1989년 나는 빠리에 잠시 들를 기회가 있었다. 그 때 가슴이 뜨거
운 기자 장 방상은 이 세상에 없었다. 1987년 10월 7일 아파트 계단
에서 떨어져 숨졌다고 한다. 이탈리아 신문 레푸블리카 La Repubblica
빠리특파원으로 일하는 레진 다릭 양이 전하는 얘기였다. 나의 빠리
근무시절에도 이미 장 방상은 알콜과 커피중독 상태였다. 식사를 거
의 안 하고 위스키로 대신했다. 같이 식사할 때 레진과 내가 조금이
라도 음식을 권하면 중국어로 하던 대답이 귀에 생생하다.

"뿌야오 뿌야오 不要 不要."

카페에 가면 커피는 에스프레소를 3분의 1로 줄여서 짙게 만든 엑
기스만 마셨다. 갸르쏭에게 "까페 쎄레 café serré" 하고 주문하던 그
의 목 쉰 말투가 생각난다. 그의 명복을 빌고 싶다.

공연예술 인프라

유럽 어느 도시에 가도 오페라 극장은 가장 번화한 都心에 있다. 건물의 크기도 웅장하고 내부장식도 화려하다. 빠리도 예외가 아니다. 빠리에서는 불어로 오페라 L'Opéra라고 할 때 오페라 극장 자체를 의미한다. 이 극장은 1860년 공모로 선정된 건축가 가르니에 Charles Garnier의 작품이다. 웅장 화려한 19세기식 건축美를 잘 살렸다. 프랑스 제2帝政 전성기의 '나폴레옹 3세 스타일'이라고 부른다. 현관에서 귀빈석이 있는 2층으로 올라가는 계단이 壯觀이다. 아마 세계에서 제일 화려한 계단이 아닐지 모르겠다. 1964년 초현실주의 화가 샤갈 Marc Chagall이 천정 그림을 장식했다. 이렇게 훌륭한 극장에 관객은 예전처럼 요란스럽지 못하다. 그 옛날 로얄 박스를 메웠던 王侯將相들이 지금은 없다. 현대의 상류사회 인사들은 특별한 이벤트가 아니면 오페라 극장에 잘 안 나타난다. 보통때 관객의 3분의 1은 은퇴한 노년층, 3분의 1은 젊은 학생층, 나머지 3분의 1은 관광객들이다.

프랑스혁명의 유적지 바스티유 광장 Place de la Bastille을 마주보고 1990년 3월에 개관한 바스티유 오페라 극장 L'Opéra-Bastille이 있다. 초대 오케스트라 감독 鄭明勳은 개관 프로 베를리오즈 Hector Berlioz의 「트로이 사람들 Les Troyens」을 지휘한 것으로 유명하다. 빠리는 이제 두 개의 오페라 극장을 가진 호화로운 문화도시가 된 것이다. 바스티유 오페라 극장은 미테랑 대통령의 사회당 정부의 야심작이다. 바스티유 驛舍 자리에 음악적 서정적 기호를 살린 현대식 오페라 극장이다. 건축가 오뜨 Carlos Ott는 건물의 형태와 비례, 그리고 材質의 선택을 통하여 극장 기능을 잘 살렸다. 빠리는 오랜 전통

을 그 모습대로 지키고 있지만 낡은 驛舍도 새 오페라 극장으로 둔갑
할 정도로 계속 新陳代謝를 진행하고 있다는 사실을 일깨워 준다.

　오페라 극장은 유럽에서는 오페라와 발레 공연만 겸용하고 있다.
그러나 콘서트 홀과 연극 공연 극장은 반드시 구분한다. 유럽의 유서
깊은 도시들은 오페라 극장, 드라마 극장, 콘서트 홀의 세 가지 공연
장은 필수적이다. 공연장은 무대예술이 먼저 존재하고 난 다음의 문
제다. 연극이 있으니까 드라마 극장이 필요하다. 오페라와 발레가 있
으니까 오페라 극장이 지어졌다. 오페라 극장이 가장 화려한 이유도
오페라와 발레가 가장 화려한 무대예술이기 때문이다. 콘서트 홀은
대규모의 교향악이 발달하면서 생겼다. 실내악 시절에는 콘서트 홀이
필요 없었다. 빠리 사람들은 교향악의 무대연주에 별로 열광하는 것
같지 않았다. 쌀롱 음악에 더 심취하는지 모른다. 실제로 나는 개인
저택에서 열리는 쌀롱 음악 모임에 간 일이 있다. 대개는 신인 작곡
가의 발표회였다. 바이올린과 피아노 또는 기타 등 두세 가지 기악
연주가가 등장한다. 무대와 격리되지 않은 살롱 분위기는 색다른 감
동이었다.
　빠리에는 필하모닉 오케스트라가 없다. 오페라 부설 교향악단만 있
다. 정명훈은 바스티유 오페라극장의 '음악감독'이라는 이름의 오케
스트라 지휘자였다. 바스티유 오페라에는 '오케스트라 음악감독' 말
고도 레파토리와 人選을 결정하는 '음악 총감독'이 따로 있었다. 정
명훈 분규는 그래서 생겼다.

　서울 예술의 전당 음악당은 1988년 2월에 개관하여 그 해 올림픽
문화예술 축전에서 한몫할 수 있었다. 뉴욕 필 하모니 음악감독 주빈

메타 Zubin Mehta가 나이 어린 張永宙 Sarah Chang의 바이올린 협
주를 지휘한 것도 큰 이벤트였다. 예술의 전당 오페라 극장은 그 때
아직 완공되기 전이다. 서울 올림픽 문화예술 축전에는 세계 최고의
무대 예술들이 대거 초대되었다. 라 스칼라 오페라단의 「투란도트
Turandot」, 코메디 프랑새즈의 「신흥 양반 Bourgeois Gentilhomme」,
볼쇼이 발레단의 「백조의 호수」…. 세종문화회관은 솔직히 전문적인
무대예술 공연장이라고 하기 어렵다. 무대와 객석 조건이 오페라와
발레를 위한 극장에 맞지 않는다. 물론 드라마 극장으로는 너무 커서
배우의 목소리가 잘 전달되지 않는다. 한국적 현실 속에서 만들어진
다목적 강당 auditorium이라고 해야 정확하다. 흔히 외국의 비싼 공
연물을 유치한 흥행업자들에게는 객석 4,500석의 이 다목적 대강당이
경제성을 가진 장소임에는 틀림없다. 여기서 오페라와 드라마와 발레
가 모두 공연되었다. 무리한 얘기였다. 올림픽 당시 나는 서울에 있
었기 때문에 세종문화회관 공연을 다 참관할 수 있었다. 연극의 대사
가 잘 들리지 않았다. 오페라의 아리아가 共鳴이 안 되어 멀리서 부
르는 노랫소리가 아련하게 들렸다. 2층 로열 복스에서 가까운 곳에서
도 발레리나의 셈세한 움직임이 잘 보이지 않았던 생각이 난다.

장충동 국립극장도 말하자면 극장 théâtre이라기보다는 다목적 강
당 auditorium에 가깝다. 물론 무대는 전문적인 액자무대 프로세니움
아치 proscenium arch의 모양을 갖추었다. 그러나 객석에서 무대 위
의 연극을 바라보는 視角처리가 잘못되어 있다. 이와 같이 예술장르
에 따른 공연장 불감증이 해외 문화교류에서 흔히 문제를 일으킨다.
국립극장의 국립무용단은 60년대부터 한국의 전통 음악과 춤을 세계
에 알리는 사업을 계속하고 있다. 여기서 항상 문제되는 것은 해외
현지에서의 공연장 확보이다. 음악 공연이라고 하면 유럽에서는 콘서

트 홀을 생각한다. 무용이라고 하면 오페라나 드라마 극장이어야 한다. 복잡한 조명과 장치가 요구되기 때문이다. 음향 설계가 예민한 콘서트 홀에서 농악과 사물놀이를 연주하다가 청중들이 귀를 막는 경우를 당했다. 판소리를 극장에서 보여 주는데 병풍과 돗자리와 물주전자가 장치와 소도구였다. 휑뎅그러한 넓은 무대에 대낮같은 조명이 어울리지 않았다. 우리의 전통예술 공연을 서구 무대에 세우려면 창의적인 무대연출이 가미되어야 하겠다. 1993년 2월 예술의 전당 오페라 극장이 개관되었다. 서울은 비로소 오페라와 발레를 공연할 수 있는 국제수준의 장소가 생겼다.

문화부를 필요로 하는 나라

프랑스는 정부가 규모가 큰 문화부를 가진 대표적인 나라이다. 많은 사람들은 프랑스가 文化大國이기 때문에 문화부를 가지고 있다고 믿는다. 아니 어떤 사람들은 문화부가 있기 때문에 문화대국이 되었다고 주장한다. 나는 그렇게 생각하지 않는다. 프랑스는 현재 공화국이다. 빠리의 대규모 무대예술 극장들은 원래 王朝시절 왕이 만든, 왕의 소유에서 출발했다. 극장뿐이 아니다. 어마어마한 규모의 박물관들과 도서관들이 다 왕립이었다. 혁명이 일어나고 공화국이 생기면서 왕립 문화기관들은 모두 국가 소유로 넘어왔다. 국립 극장, 국립 오페라 극장, 국립 박물관, 국립 도서관…. 이 많은 국가 소유 문화기관들을 관리하려면 최소한도 長官급 각료를 정점으로 하는 정부 部署가 저절로 필요하게 된다.

제2차 세계대전 후 프랑스는 나치 점령에서 해방되면서 국가적인 자존심을 다시 세울 필요가 생겼다. 전쟁 속에서 잃어버린 문화재를 되찾고 훼손된 문화재를 복구하는 문화행정이 시급했다. 제5공화국 초대 대통령 드골 장군은 작가 앙드레 말로에게 이 임무를 맡겼다. 앙드레 말로 문화장관이 프랑스의 전후 문화예술의 창작을 주도한 것이 아니다. 창작은 예술가들이 하는 것이다. 정부와 민간 문화기관은 예술가들이 만든 문화예술을 관리하는 일을 맡아야 하는 것이다.

영국은 입헌군주국이다. 王室이 살아 있다. 왕립 박물관, 왕립 교향악단, 왕립 세익스피어 극단, 왕립 오페라단, 왕립 발레단…. 왕립 문화기관들을 왕실이 관리하고 있다. 정부는 문화정책에 따른 지원만 맡는다. 문화부가 필요없다. 미국은 민주주의 연방국이다. 국가 소유의 문화기관이란 연방정부의 수도 워싱턴에 있는 스미소니언 박물관 群이 연방정부 세금으로 운영되고 있을 뿐이다. 지방의 경우는 특히 각 州나 도시가 사정은 다르지만 정부보다는 민간 기금에 의존하는 경우가 대부분이다. 뉴욕 시 발레단, 뉴욕 메트로폴리탄 오페라단, 뉴욕 필 하모니, 메트로폴리탄 박물관 등이 모두 뉴욕 시립 문화기관이 아니다. 민간 이사회가 운영하는 완전한 사립이다. 따라서 미국에는 문화부가 필요 없다.

우리나라는 민주공화국이다. 옛 왕실 소유의 문화기관으로 王宮과 유물들이 당연히 국가 소유로 넘어왔다. 오늘의 국립박물관은 왕실 유물을 모태로 발전시킨 것이다. 그리고 왕실 악단이 국립국악원으로 발전되었다. 오늘의 국립극장에는 극단, 창극단, 전통무용단, 오페라단, 발레단이 있지만 그 활동이 그리 활발하지 못하다. 창조적으로 존재하는 예술을 국가가 지원하기 위한 조직이 아니다. 국립극장이라는 국가 조직에 구색을 맞추기 위한 조직처럼 보인다. 전에 국립교향악단도 있었다. 그러나 유지하는 데 실패했다. 시립교향악단은 그런대로 아직 운영되고 있다. 결국 현재 우리나라 최고 수준의 오케스트

라는 KBS 교향악단이다. 우리나라는 현재 외형상 프랑스처럼 정부에
산으로 운영하는 국립 문화기관 체제를 따르고 있다. 그러나 실제로
문화활동이 활발하게 살아 있는 기관은 박물관뿐이라고 해도 과언이
아니다.

오펜바끄의 喜歌劇

1984년 나는 빠리에서 열린 한불 문화혼성위원회 Commission mixte
des cultures Franco-Coréennes 한국측 대표단의 일원으로 참가한 일
이 있다. 양국은 문화협정에 따라 해마다 번갈아 상대국 수도에서 혼
성위원회를 갖는다. 양국간의 문화교류 사업을 협의하는 공식 채널이
다. 프랑스 외무부는 회의를 마치고 대표단 일행을 만찬에 초대하고
연극을 보여 주었다. 오펜바끄 Jacques Offenbach의 희가극 「바따끌
랑 Bataclan」. 거의 100년 전에 창작된 이후 지금까지 두 번밖에 공
연되지 않았다는 희귀 레파토리였다. 바따끌랑은 이 작품의 주인공
이름. 공연 장소는 오페라좌 부근 작은 골목 길 몽시니 街 Rue
Monsigny 4번지에 있는 부프 빠리지앙 Bouffes-Parisiens이라는 작은
극장이다.

오펜바끄는 19세기 후반 빠리를 무대로 주로 희가극을 많이 쓴 작
곡가로 유명하다. 희가극은 흔히 오페레따 opéretta라고 부른다. 가
벼운 희극을 대중가요처럼 감미로운 음악극으로 만든 연극이다. 오페
라가 귀족적이라면 오페레따는 서민적이다. 오늘의 뮤지칼의 원조라
고 하겠다. 오페레따는 브로드웨이 뮤지칼에 비해 무대 규모는 매우
작다. 그러나 굳이 장르를 따진다면 대중적이라는 성격에서 뮤지칼에
분류될 수 있다는 것이다. 극장은 매우 작았다. 오케스트라 박스도

없었다. 트럼펫과 바이올린 등 관현악기를 5, 6명 정도의 악사가 무대 한 구석에서 연주했다. 흡사 무대화한 봉산탈춤 공연에서 국악 반주팀을 연상케한다. 스토리는 재미있었다.

이탈리아의 어느 졸부 바따끌랑의 이야기. 귀여운 딸을 가진 이 졸부는 자신의 신분 상승을 위해 지체 높은 귀족 신랑감을 찾고 있다. 그러나 정작 딸은 가난한 청년 애인이 있다. 중매쟁이가 한 나이든 귀족 신랑감을 소개한다. 영리한 딸은 시집가는 날 자신의 하녀를 자기 대신 귀족의 신부로 바꿔치기한다. 낭패한 아버지는 마침내 할 수 없이 딸과 청년 애인의 결혼을 승락하고야 만다는 코메디.

나는 이 연극을 보면서 吳泳鎭의 씨나리오 「시집가는 날」을 생각했다. '신부 바꿔치기'라는 플로트의 공통된 발상 때문이다. 1943년 일본어로 쓴 시나리오 「맹진사댁 경사」로 발표했던 우리나라 映畵史에 나오는 씨나리오 작품의 핵심 플로트가 하필이면 100년 전 오펜바끄의 희가극 플로트를 연상시키다니. 나는 이것을 동서고금을 통하여 작가들의 상상력의 한계라고 이해해야 할지, 아니면 두 작가와 두 작품의 어떤 연관을 파헤쳐야 할지 난감한 느낌이 들었다.

나는 1969년 5월 극단 실험극장이 공연한 연극 「맹진사댁 경사」를 명동 국립극장에서 보았다. 故 나영세 연출, 김순철이 맹진사로, 선우용녀가 입분이로 粉했다. 당시 연극으로서는 기록적인 관객이 몰렸다. 8,600명. 부산 공연에서도 무려 5,000명의 관객을 동원했다. 이 작품의 대중성을 웅변하는 흥행기록이었다.

영화평론가 安炳燮 씨는 영화 「시집가는 날」이 "맹진사의 어리석음, 그리고 가문의 명예와 번영을 위한 인간 욕심의 허상을 딸의 결혼을 통해 풍자한다"고 말했다. 그리고 "갑분이와 입분이의 바꿔치기와 사랑의 진실을 찾으려는 미언이의 인간적 시도를 통해 맹진사나 그 당시 양반의 허위에 찬 비인간적 모습을 통쾌하게 바라보며 맹진사의 낭패에 마음껏 웃음을 던질 수 있다"고 이 희극 구성의 묘미를 지적한다. 여기서 미언이의 인간적인 시도는 스스로 절름발이라는 소문을 퍼뜨리는 것이다. 안병섭 씨는 이 희극을 이렇게 평한다.

"맹진사의 어리석음은 이미 미언이가 절름발이라는 소문에서 일차적으로 낭패의 뒤집혀짐이 있다. 그것이 다시 미언이가 건장한 젊은이로 나타나는 데서 두 번째, 그러나 가장 중요한 반전의 드라마가 생겨나는 것이다. 이중의 반전으로 맹진사는 곤경에 빠진다. 그러나 전편을 통해 흐르는 해학어린 대사와 지문은 매우 평화로우며 흥겨웁게 진실을 발견하는 풍류는 여유만만하다. 도입부에서 지문은 동양화의 산수도와 그 여백 같은 여유와 운치 속에 은은함을 보여 준다."

9

영화

영화의 發祥地

우리들은 보통 영화라고 하면 헐리우드를 연상한다. 그러나 영화에 관한 한 프랑스 사람들은 종주권을 양보하려고 하지 않는다. 영화라는 예술의 장르는 프랑스에서 탄생했기 때문이다. 빠리에는 수천 개의 영화관 cinéma이 있다. 나는 빠리에 와서 이른바 흘러간 옛 영화를 보는 영화도서관 cinématèque이 있다는 사실을 실감할 수 있었다. 빠리에는 영화 도서관이 두 군데 있다. 하나는 샤이요 궁 Palais de Chaillot 동쪽 날개 끝의 씨네마떼끄, 다른 하나는 퐁피두 센터 1층 가랑스 홀 Salle Garance이다. 샤이요 궁에는 앙리 랑글루아 영화박물관 Musée du Cinéma Henri-Langlois이 있다. 사진의 발달을 포함하여 세계 映畵史를 전시해 놓은 대규모 영화박물관이다. 1888년 레이노 Emile Reynaud가 만화를 投射한 빛 연극 Théâtre optique에서 부터 1892년 생리학자 마레 Etienne Jules Marey의 고속도 촬영기

chronophotographie, 그리고 1894년 에디슨 Edison의 영사기 kiné-
toscope와 1895년 뤼미에르 형제 Auguste et Louis Lumière의 영사기
cinématographe를 가져다 놓았다. 이 영사기로 인류 최초의 영화
「뤼미에르 工場으로부터 出庫 La Sortie des usines Lumière」가 1895년
12月 28일 빠리 그랑까페 Grand-Café 지하에서 공개 상영되었다는
것. 말하자면 영화 종주국의 증거물이다. 유명한 소련의 영화작가 아
이젠스타인을 비롯한 유명 감독들의 세트 모형들, 그레타 가르보 등
유명 배우들의 의상들도 전시되어 있다.

신문사 영화평 기자 시절 나는 영화를 사회학적으로 접근하려고 생
각했었다. 영화를 그 시대와 사회에 살던 관객들의 의식을 반영하는
매스메디아로 보았다. 그래서 대중을 상대로 의사전달을 꾀해야 하는
영화의 상업주의적 측면을 더 주목했던 것. 영화는 결국 한 시대 한
사회에서 생산되고 소비되어 버리면 그만 아닌가. 가끔 텔레비전 방
송국에서 주말 심야에 시간 메꾸기로 보여 주던 흘러간 영화들의 진
부함이 늘 떠올랐다. 빠리 씨네마떼끄의 경우 샤이요에서는 하루 4편,
퐁피두에서는 하루 3편의 흘러간 영화를 틀어 준다. 관객들은 대부분
영화작가, 감독 등 전문가들과 학생들이다. 그들은 단순한 오락으로
옛 영화를 다시 보는 것이 아니다. 영화를 공부하는 것이다. 나도 생
각이 달라졌다. 흘러간 영화를 보는 의미를 갖게 된 것이다. 차츰 영
화를 보는 눈도 달라졌다. 영화는 역시 종합예술이었다.

1980년 봄 나는 구로자와 아끼라 黑澤 明의 영화「가게 무샤 影武
士」로 말미암아 충격을 받았다. 그해 깐느 영화제의 그랑프리 황금
종려상 Palme d'Or을 받은 작품이다. 르 몽드紙가 8페이지를 할애하
여 인터뷰와 함께 구로자와 감독의 영화 씬 스케치 구상을 소개한

다. 프랑스 언론은 그를 부를 때 반드시 '일본 영화의 황제 l'em-
pereur du cinéma japonais'라는 冠辭를 이름 앞에 붙히는 것이다.
나의 충격은 이때까지 나는 '일본영화 황제'의 작품을 제대로 보지
못했다는 사실 때문에 더 컸었다. 60년대 후반 서울에서 열린 아시아
영화제에서 구로자와 감독의 「라쇼몽」을 본 것 같은데 잘 기억이 안
날 정도였다. 나는 나중에 씨네마떼끄에 가서 구로자와의 명작들,
「라쇼몽」과 「7인의 사무라이」를 다시 보았다.

나는 한국일보 주불특파원 金聖佑 선배와 함께 몽빠르나스 영화관
에 「가게 무샤」를 보러 갔다. '가게 무샤'란 일본어로 '그림자 武
士'라는 뜻인데 전국시대 한 영주가 전사한 후 얼굴이 닮은 가짜 영
주를 만들어 적을 속이는 동양식 심리전법이다. 르 몽드가 소개한 다
까덴진 城의 전투 씬은 어두운 夜戰 장면 등에서 동양화 효과를 느낄
수 있었다. 다께다 신겐의 죽음을 카무플라주하는 가짜 신겐의 플로
트 자체는 동양 관객에게는 크게 어필할 것 같지 않았다. 구로자와가
일본에서보다도 서구에서 더 알아 주는 이유도 이해될 것 같았다. 아
무튼 1980년 구로자와 영화와의 만남은 나의 영화 문화 탐구욕을 크
게 자극한 것은 사실이다.

'빠리 사람 parisien, parisienne'이라고 할 때 엄밀히 말해서 빠리
市 20개 區에 사는 주민을 가리킨다. 빠리 시내에 사는 사람들만이
누릴 수 있는 문화적 혜택이 남다르기 때문이다. 대개의 경우 빠리
사람의 주거는 아파트다. 아파트도 궁전 같은 호화주택에서 지붕밑
단칸방 studio에 이르기까지 천차만별. 그러나 공통된 삶의 특징이
하나 있다. 집에서 걸어서 나오면 까페가 있고 걸어서 갈 수 있는 거
리에 반드시 영화관이 있다. 주중에도 저녁 먹고 영화 한 편 보고 까

페에서 한잔할 수 있는 곳, 그 곳이 빠리다. 나의 경우도 빠리에서는 영화를 비교적 많이 볼 수 있었다. 주차라든가 교통의 번거로움이 없었기 때문이다.

빠리에서 본 가장 강렬한 영화는 「칼멘 Carmen」이었다. 1983년 몽빠르나스의 한 영화관에서 당시 한국일보 안병찬 주불특파원과 함께 봤다. 스페인 감독 싸우라 Carlos Saura가 만든 것. 유럽에서 칼멘은 아마 멜로드라마의 영원한 주인공인 것 같다. 우리나라의 춘향이처럼 가장 많이 영화화된 주인공이다. 80년대에만 해도 칼멘을 소재로 한 영화가 무려 네 편이나 만들어졌다. 1983년 브룩스 Richard Brooks 감독의 미국製 「칼멘」. 1983년 베니스영화제 大賞인 聖마르코 金사자賞을 받은 고다르 Jean-Luc Godard 감독의 프랑스製 「칼멘이란 이름 Prénom Carmen」. 1984년 로지 Francesco Rosi 감독의 이태리製 「칼멘」. 나는 그 중 싸우라의 「칼멘」과 고다르의 「프레농 칼멘」 둘을 보았다. 「프레농 칼멘」은 범죄자의 애인 칼멘의 쫓기는 삶을 고다르식 가벼운 코믹 타치로 처리한 영화였다. 그러나 싸우라의 「칼멘」은 우선 스토리를 진지하게 전개한다. 강렬한 플라멩꼬 춤의 리듬과 영상 연출에서 집시 여인의 野性的 정열을 잘 표현한다. 단연 압권이라는 게 중평이었다. 물론 코메디 타치의 연출보다는 진지한 영화를 좋아하는 나 자신의 취향도 포함하여.

싸우라 「칼멘」의 주인공은 진짜 칼멘 영화를 만들고 싶은 영화 작가다. 지금까지 많은 칼멘 영화가 있었지만 주인공이 보기에는 집시 여인의 짙은 정열을 제대로 그리지 못한것들이다. 비제 Bizet의 「칼멘」은 진짜 집시 음악을 제대로 표현한 것이 못된다. 오케스트라가

플라멩꼬를 표현할 수 없다. 기타라야 한다. 주인공은 칼멘을 찾아서 배우 헌팅에 나선다. 전통적인 플라멩꼬 무용소에서 칼멘을 발견한 다. 짙은 정열의 이미지. 매혹적인 플라멩꼬의 율동이 집시 여인의 정열적 이미지로 클로즈업된다. 주인공과 칼멘은 영화제작에 몰입한 다. 주인공은 영화와 칼멘을 혼동한다. 영화와 함께 칼멘과의 사랑에 빠진다. 그러나 칼멘은 복잡한 집시 여인이다. 범죄자 옛 애인이 감 옥에서 나온다. 영화보다 옛 애인에게 다시 끌린다. 주인공은 마침내 칼멘을 칼로 찌른다…….

1983년 봄 빠리를 감동시킨 애튼버러 Richard Attenborough 감독 의 「간디 Gandhi」는 그 전 해 미국 아카데미 영화상 오스카賞 수상 작품이다. 인도의 위대한 지도자의 일생은 남아프리카와 인도대륙의 영상을 배경으로 서사시적 감동으로 비친다. 서양인에게 인도는 중 국, 일본, 한국과는 달리 그들 문명의 뿌리를 연상시키는 것 같다. 언어학자들은 서양의 언어를 '인도·유럽語'라는 용어를 쓴다. 영화 「간디」를 보면서 나는 주인공 배우 킹슬리 Ben Kingsley의 영어 말 투가 영화 스토리 전개에 따라 점차 변해 가는 연출을 재미있게 감상 했다. 간디가 옥스포드를 나와 남아프리카에 변호사로 갔을 때 그의 영어 액센트는 완벽한 영국식 발음의, 이른바 킹즈 잉글리쉬 King's English를 구사한다. 남아프리카에서 동포들의 참상과 부딪치면서, 귀국하여 인도의 현실과 싸우면서 그의 영어 말투는 점점 힌두식 액 센트로 변해 간다. 마지막 물레를 돌릴 때 간디의 영어는 힌두어인지 영어인지 구분이 잘 안 간다. 기막힌 연출의 계산이었다. 서울에 온 뒤 이 영화가 수입금지됐었다는 얘기를 들었다. 간디의 무저항 시위 장면 들이 80년대의 학생 데모에 나쁜 영향을 줄 수도 있다는 이유였다.

1983년에는 또 이탈리아 제피렐리 Franco Zeffirelli 감독의 오페라 영화 「椿姬 La Traviata」가 빠리에서 인기를 끌었다. 오페라를 영상화한다는 것. 그것도 세계에서 제일 많이 공연된 오페라다. 누구나 그 스토리를 다 안다. 너무나 귀에 익은 아리아들. 이런 영화가 어떻게 히트를 칠 수 있을까. 그게 궁금하긴 했다. 게다가 빠리에 사는 서양화가 吳天龍 형의 强勸에 못이겼다. 吳 화백은 자타가 공인하는 오페라狂이다. 뿐만 아니라 또 영화狂이다. 그런 분이 권하는데 안 갈 수 있으랴. 무대에서는 도저히 표현할 수 없는 映像美를 제피렐리 감독은 기막히게 처리하였다. 화려한 무도회의 장면. 도밍고 Placido Domingo의 청아한 아리아 「축배의 노래」가 선율과 함께 흐르는 영상미는 영화예술의 극치라고 할 만하다.

1983년 5월 깐느 영화제에서 또 한 번 일본영화가 그랑프리를 받는 바람에 나를 흥분시켰다. 이마무라 쇼에이 今村昌平 감독의 「나라야마의 노래 La Balade de Narayama」. 그 해 어느 여름날 저녁 나는 빠리 사람답게 아내와 함께 동네 영화관을 찾았다. 깐느 수상작품은 빠리의 주택가 어느 동네 영화관에도 다 배급되어 있었다. 일본의 산간 벽지에 남아 있는 高麗葬 풍속을 그린 서정적인 작품이다. 문명이 전혀 깃들지 않은 산간 벽촌. 아들은 늙은 어머니를 지게에 지고 산속으로 들어간다. 지게 위의 어머니와 주고 받는 대화. 단순하기 짝이없는 아주 일상적인 모자 간의 한 마디 한 마디가 관객을 감동시킨다. 아, 영화란 이렇게 만들 수도 있구나. 영화 속의 아들이 感傷的인 슬픔에 젖는 것이 아니다. 이 아들은 늙어서 더 이상 살 수 없는 어머니를 조용히 숨질 수 있는 장소로 모셔다드리는 효도를 담담하게 수행하고 있을 뿐이다. 이마무라 감독은 우리나라에도 남아 있을

지 모르는 옛 풍속을 하나의 아름다운 自然현상으로 그리고 있었다.

1984년 겨울 나는 체코의 포르만 Milos Forman 감독의 영화「아마데우스 Amadeus」를 아내와 함께 역시 동네 영화관에서 보았다. 그때 나의 감동은 모짜르트보다는 살리에리 Antonio Salieri라는 인물에 대한 것이었다. 특히 영화 전편에 흐르는 살리에리의 고백 처리가 드라마틱하다. 첫 씬에서 늙고 죽어 가는 느릿느릿한 목쉰 소리. 중간중간 절정에서 빠르고 힘찬 음모의 강한 목소리. 연출자의 계산된 연기가 영화의 긴박감을 더해 주고 있었다. 영화를 보고 나왔을 때 빠리 거리는 음산한 겨울 날씨였다. 천재를 죽이는 세상. 그것은 동서고금의 얘기였다. 그날 밤 가까운 동네에 살았던 朴成範 KBS 특파원 부부를 까페로 불러내 뜨겁게 덥힌 포도주를 한잔했다. 감기에 좋다는 빠리 사람들의 민간 처방이었다. 우리들은 우리 문화 우리 사회의 '천재 죽이기'를 고발하면서 빠리의 겨울 밤을 지샜다.

1985년 봄 어느 날 나는 영국 데이비드 린 David Lean 감독의 새 영화를 선전한 간판을 동네 영화관을 지나가다가 보았다.「인도로 가는 길 A Passage to India」. 인도로 가는 오솔길? 흥미 있는 제목이었다. 나는 원래 데이비드 린 팬이다. 그의 작품은 1957년「콰이 江의 다리」이후「아라비아의 로렌스」,「닥터 지바고」,「라이언의 딸」까지 빠지지 않고 보았다. 그 중에는 두세 번씩 본 것도 있다.「인도로 가는 길」은 영국 본토박이 여인과 식민지 인도의 지식인 청년이 등장한다. 둘 사이에 전혀 예기치 않았던 감정. 그것이 사랑인지 同情인지. 데이비드 린은「콰이 강의 다리」에서 보인 아시아인에 대한 영국인의 越等의식을「인도로 가는 길」에서 정리하고 있었다. 나는 영화관을 메운 영국과 같은 유럽인, 프랑스 인들의 반응이 궁금했다.

내가 데이비드 린을 좋아하는 이유 중의 하나는 그가 언제나 영화 전체의 주제를 한 씬에서 압축된 映像만으로 다 설명해 버리는 솜씨를 보여 주기 때문이다. 「인도로 가는 길」에서도 예외 없이 한 씬이 있었다. 여자 주인공이 자전거를 타고 혼자 나들이를 나갔다가 숲속의 정글 폐허에서 원숭이들을 만나는 씬이다. 영국 여인은 인도라는 미지의 세계에 대한 무한한 호기심에 들떠 어두운 정글 깊숙히 들어간다. 이 폐허에 사는 원숭이들은 뜻밖의 침입자를 경계하여 우선 숨을 죽이고 숨어 있다. 여인은 누군가 숨어서 자기를 감시하는 기분이 든다. 폐허의 부서진 浮彫像들을 카메라가 클로즈 업한다. 여인은 공포를 느낀다. 드디어 원숭이들이 움직이기 시작한다. 여인은 허겁지겁 도망나온다. 원숭이들은 무리를 지어 뒤쫓는다……. 한 마디의 대사도 없는 이 숨막히는 씬은 이 영화의 스토리를 압축하고 있다. 인도에 호기심을 가진 영국 여인에게 호의를 베푼 인도인 의사에게 씌워진 性희롱 사건을 그린 영화였다.

잉그마르 베리만

스웨덴의 잉그마르 베리만 Ingmar Bergman을 우리는 영화작가 cinéaste라고 부른다. 영화감독이라 하지 않고 굳이 영화작가라고 부르는 이유는 영화의 주제와 내용을 언제나 스스로 창작하기 때문이다. 남의 씨나리오나 문학작품을 영화화하는 것이 아니다. 자기 생각, 자기 애기를 영화로 만드는 것이다. 뿐만 아니라 영화를 문학과 연극의 연장선상에서 만들지 않고 하나의 독립된 예술 장르로 다루는 것이다. 문학은 언어라는 표현 도구가 예술적으로 織造되어 결국 문자로 남는다. 연극은 배우라는 인간 도구를 예술적으로 연출한 무대 행동이다. 영화는 카메라로 잡은 映像 image을 가지고 관객과 의미를 나눈다. 베리만은 인간의 고통과 고독, 사랑과 기쁨, 그리고 老衰와 죽음과 같은, 언어나 글로는 도저히 설명하기 힘든 매우 형이상학적 주제를 영상언어로 표현했다. 베리만은 "영상언어야말로 제한된 知的 자제력을 탈피하여 거의 감각적으로 영혼에서 영혼으로 의미를 주고 받을 수 있는 콤뮤니케이션 수단"이라고 말했다.

베리만은 1957년 작품 「산딸기 Smuktronstället」가 1958년 베를린 영화제 그랑프리 황금곰상을 받으면서부터 세계적으로 명성을 떨치기 시작했다. 78세의 노인 이삭 보리 Isak Borg가 옛 시골집을 찾아가서 어린 시절을 회상하는 장면부터 영화는 시작된다. 이삭 보리 역에 무성영화 시절 감독과 배우를 지낸 빅토르 쇠스트룀 Victor Sjöstroem이 粉했다. 딸기밭에서 벌이는 진한 첫사랑의 씬 scène표현은 우아스럽고도 고통스러운 인간의 형이상학적 주제로 다루어졌다. 회상에서 벗어난 노인은 무서운 고독감에 사로잡힌다. 무서운 꿈으로 시달린다. 한 꿈 속에서 자신은 이미 죽어 관 속에 담겨 있다가 관을 열고 뛰쳐나오기도 한다. 1956년 작품 「제7의 封印 Det Sjunde Inseglet」에서 베리만은 중세기의 한 騎士가 죽음과 마주 앉아 장기를 두는 환상적인 장면을 보여 준다. 죽음의 이미지를 창조한 것이다. 하얀 얼굴과 온통 검은 망또를 뒤집어쓴 인물을 죽음으로 표현했다.

베리만의 영화는 너무 추상적이어서 대중적인 흥미를 끌지는 못했다. 뿐만 아니라 유럽 영화제에서 대표적인 깐느와 베니스의 그랑프리 하나 타지 못했다. 역시 대중성과의 관계일런지 모른다. 하물며 헐리우드 영화가 지배하는 우리나라 영화시장에는 진출할 꿈도 못 꾸었다. 한국 관객들은 베리만의 영화를 구경하지 못한 것이다. 그러나 베리만이 사실주의 영화를 전혀 안 만든 것은 아니다. 1952년 작품 「모니카와의 여름 Sommaren med Monika」은 남녀의 대담한 나체와 진한 性愛를 그린 영화로 유명하다. 젊은 애인들이 스웨덴의 방탕한 여름을 즐기는 목가적인 애기를 구석구석 카메라가 훑어 가는 것이다. 우리나라에서도 누가 이 영화를 상업적인 목적에서 수입하려고 했었다. 그러나 외설 영화에 대한 검열기준이 엄격했던 50년대 한국에는 들어올 수 없었다. 그래서 한때 서울 충무로 영화가에서는 베리만이 외설 영화의 대표적인 감독으로 잘못 알려지기도 했다.

1981년 가을 스톡홀름에서 나는 베리만의 정신적인 제자 한 사람을 만났다. 렌나트 링크비스트 Lennart Lindqvist. 다큐멘타리 영화작가였다. 나와 만났을 때 그는 인도 북부 카슈미르에 존재한다는 예수의 무덤을 찍은 필름을 편집 중이었다. 예수가 십자가에서 내려와 동방으로 갔다는 전설을 따라 직접 파키스탄과 카슈미르에 가서 촬영을 마치고 돌아온 참이었다. 원래 현대 미술가였던 그는 뉴욕으로 빠리로 영화학교를 드나들며 영상 예술에 심취한 생활을 해 왔다. 베리만뿐만이 아니라 20세기 후반 영상예술 대가들의 이론을 파고들었다. 이탈리아 新사실주의 영화 Neo-realism 작가 페데리코 펠리니 Federico Fellini와 일본 영화작가 쿠로자와 Akira Kurosawa를 공부한 것이다. 펠리니, 쿠로자와, 베리만 세 사람은 20세기 영화예술의 3두마차로 일컬어진다. 렌나트는 특히 쿠로자와의 동양미술 배경에 관심이 많았다. 자신이 서양인이며 미술가였기 때문에 베리만이나 펠리니보다도 나중에는 구로자와의 정신적인 제자였다.

나는 60년대 후반과 70년대 초까지 통산 약 4년간 일간지와 주간지에서 영화 전문기자로 일했었다. 물론 체계적인 영화 공부를 한 일은 없다. 다만 직무상 일 주일에 3, 4편의 영화를 보고 '영화평'을 썼을 뿐이다. 신문 독자들을 위한 일종의 영화 가이드 기사였다. 프랑스의 권위 있는 라루스 영화사전은 영화 평론가를 다음과 같이 정의하고 있다.

"영화에 대한 대중의 이해를 잘 돕기 위한 글과 영화를 만드는 사람들에게 예술성의 깊이를 갖도록 고무 또는 자극하는 글을 쓰는 전문기자를 말한다. 관객과 영화작가 사이의 중개자인 동시에 중재자인 것이다."

영화에 대한 대중의 이해를 돕기 위한 글은 자신 있게 썼지만 영화를 만드는 사람들의 예술성의 깊이에 대해서는 솔직히 제대로 접근할 수 없었다. 영화를 이론적으로 공부하지 못했기 때문이다. 렌나트로부터 나는 영화예술의 이론과 실제를 배우기 시작했다. 아쉬운 대로 8미리 영사기 ELMO SUPER 8를 사서 영상 만들기 실습에 들어갔다. 비데오 대신 8미리 영사기를 택한 것은 내가 직접 나레이션과 음악을 넣고 편집하기가 손쉬웠기 때문이다.

영화공부 선생 렌나트 링크비스트

렌나트의 영화이론은 세계의 繪畵史에 그 기초를 두고 있다. 영화는 어차피 평면에 비쳐진 영상 작품이기 때문에 숙명적으로 회화예술의 기법을 응용할 수밖에 없다는 논리다. 서양 회화사에서 중요한 예술기법은 르네쌍스 미술의 고전적 사실주의부터 출발해야 한다. 르네쌍스 화가들은 원근법과 황금률 그리고 明暗을 이용한 입체감 살리기 등 여러 가지 사실주의 화법을 개발했다. 인물이든 풍경이든 그림의 대상, 곧 오브제 objet를 화가가 본 모습 그대로 기록하는 다큐멘타리

기법이다. 렘브란트의 인물화들은 반드시 촛불이라든가 등잔이라든가 그림 속에 빛의 發源을 암시하고 있다. 그 빛은 언제나 어둠 속에서 對照를 이루어 뚜렷한 명암으로 인물의 입체감을 잘 드러내 준다.

영화 감독들은 사실주의 영상을 만들기 위하여 르네쌍스 사실주의 화법을 도입하고 있다. 이것을 다큐멘타리 영상기법이라고 부른다. 다큐멘타리 영상기법은 단순히 기록영화를 찍을 때 쓰는 촬영기술을 말하는 것이 아니다. 물론 기록영화는 이 촬영기법을 많이 활용하게 된다. 그러나 여기서 말하는 영상기법이란 감독이 자신이 만들고 싶은 영상의 연출을 사실주의적으로 가져가느냐 아니면 대담한 추상적인 예술기법으로 표현하느냐 하는 영상처리 기법을 가리킨다. 따라서 극영화에서도 감독이 사실주의 표현이 필요하다고 생각하면 얼마든지 다큐멘타리 기법을 사용할 수 있다. 영화에서 다큐멘타리 촬영기법은 원근법과 황금률의 원칙에 철저해야 한다. 항상 어둠을 배경으로 한 피사체에 부드러운 照明을 던짐으로써 명암을 살린 입체감에 충실해야 한다. 그래서 야외 촬영의 경우에도 햇빛이 밝고 강한 한낮을 가능한 한 피하고 이른 아침이나 저녁 무렵에 찍어야 다큐멘타리 기법을 살릴 수 있다는 것이다.

렌나트는 현대 영화에서 다큐멘타리 기법의 전형적인 예로 아이젠스타인 Sergei Mikhailovitch Eisenstein의 1925년 작품 「戰艦 포템킨 Bromenosetz Potemkine」을 들었다. 아이젠스타인은 20년대 무성영화 시절 몽타주 영상미학의 이론을 완성한 소련이 낳은 천재적인 영화 연출가이다. 1950년 브뤼셀 국제박람회에서 세계 영화평론가들은 「전함 포템킨」을 영화사상 12대 걸작품의 하나로 선정했다. 이 영화는 1905년 제정 러시아 시절 흑해의 항구 오데싸 Odessa에서 일어난 한 역사적인 사건을 얘기하고 있다. 항구에 정박한 전함 포템킨의 수

병들이 반란을 일으키고 오데싸 시민들이 거기 가세한다. 결국 혁명
적인 수병과 시민의 반란은 쯔아의 군대에게 무자비하게 진압당한
다. 카메라는 한 반란군 수병의 표정과 한 시위 시민의 표정을 다큐
멘타리 기법으로 잡고 있다. 사회적 사실주의라는 이념 기법으로 혁
명의 의지를 묘사하려는 것이다. 오데싸 중심가 공원으로 오르는 대
형 계단에서 흰 옷을 입은 쯔아의 군대의 질서 정연한 총격에 여기
저기 널브러진 시체들. 아이젠스타인은 이 유명한 대학살 장면에서
관객의 심리적 생리적 리듬을 쫓아 다큐멘타리 기법의 효과를 극대화
시키고 있다. 피압박 고통의 리듬 속에서 고통을 도발시킨다. 혁명적
열정의 리듬 속에서 열정을 불러일으킨다.

르네쌍스 사실주의에서 출발한 렌나트의 영화 이론은 서양 회화사
의 발달을 따라 이제 예술 영상기법으로 넘어왔다. 르네쌍스 고전 회
화가 프랑스 인상파 회화로 혁명적인 변화를 보여 주는 것이다. 지금
까지 화가들은 그림의 대상을 생리적인 눈으로만 보고 그렸다. 이제
부터 화가들은 대상을 마음의 눈으로 보고 그리기 시작한 것이다.
1874년부터 1886년 사이 빠리에서는 여덟 차례의 중요한 미술전시회
가 열렸다. 삐싸로 Camille Pissarro, 모네, 씨슬레 Alfred Sisley, 드
가, 르누아르 들은 일상적인 삶에서 그림의 주제를 찾았다. 자연히
화가의 창작 동기 motif를 작품 속에 강하게 드러내지 않으면 안되었
다. 화가의 주관적인 눈은 대상을 추상화시킨 이미지를 찾았다. 밝고
강렬한 빛을 배경으로 그 이미지를 부각하려고 했다. 현대 미술사에
서 프랑스 인상파 미술은 이렇게 시작되었다. 세잔느, 반 고호, 고갱
등 후기 인상파들은 抽象化 abstraction를 더욱 발전시켜 대상의 변형
déformation까지 시도한다. 색채와 조명도 더욱 강렬해진다.

영화 감독들은 인상파 회화의 예술 정신을 응용하여 이른바 영상의 예술기법을 만든 것이다. 일반적으로 예술기법은 인상파 그림들처럼 조명이 밝고 강하다. 감독의 주관적인 이미지를 창조하기 위하여 아주 밝거나 반대로 아주 어두운 조명으로 극단적인 효과를 노린다. 또 카메라의 대담한 앵글과 줌 zoom을 활용하여 피사체의 어떤 이미지를 강조한다. 고전적인 원근법이나 황금률 따위에 얽매이지 않는다. 20세기 후반 영화 예술은 이 영상의 예술기법을 사용한 다양한 창의력으로 빛나는 발전을 이룩하게 된다. 나는 스톡홀름에서 본 베리만의 1982년 작품 「화니와 알렉산더 Fanny och Alexander」중 가족 간의 갈등으로 증폭된 분노의 장면을 지금도 기억하고 있다. 베리만의 인상적인 예술 기법 영상이다. 밝고 강렬한 청색 배경에 주인공의 얼굴 표정은 붉은 조명으로 분노가 폭발하고 있었다.

렌나트는 2차 대전 후 이탈리아의 新사실주의 Neo-Realism 영화들이 예술기법을 본격적으로 정착시킨 새로운 큰 흐름이라고 말했다. 新사실주의 영화들은 대부분 전후 이탈리아 사회를 날카롭게 고발한 문제의식에 넘치고 있다. 이탈리아 최초의 네오레알리즘 영화로 분류되는 비스콘티 Luchino Visconti 감독의 1942년 작품 「귀신들린 연인들 Ossessione」은 情夫와 공모하여 남편을 위장 살해하는 여인의 애기로 전쟁의 非情을 고발한다. 데 씨카 Vittorio De Sica 감독의 1948년 작품 「자전거 도둑 Ladri di Biciclete」은 전후 이탈리아의 가난 속에서 실직자가 겪는 인간성의 상실을 보여 준다. 렌나트가 좋아하는 펠리니 감독은 1954년 작품 「길 La Strada」에서 떠돌이 광대의 애기를 가지고 그리스도교적 메세지를 던지고, 1959년 작품 「달콤한 인생 La Dolce Vita」에서 경제회복 후 도덕적 타락을 비판하여 1960년 깐느 영화제 그랑프리를 받는다. 네오레알리즘 감독들은 이상 여러 가지

사회문제에 도전하기 위하여 영상의 예술기법을 다양하게 개발했다.
렌나트는 뉴욕이나 빠리의 영화학교에서 가르치는 영상 이론은 대부
분 이탈리아 네오레알리즘 감독들의 예술기법임을 내게 일러 주었다.

영화의 세계무대

세계가 인정하는 권위 있는 국제 영화제는 베니스, 깐느, 모스크
바, 베를린의 넷을 친다. 그 중에서도 보통 베니스, 깐느, 베를린의
셋을 영화의 본격적인 세계무대라고 할 만하다. 영화대국인 미국의
오스카 아카데미賞은 주로 '미국영화'를 대상으로 하기 때문에 프랑
스 영화만 대상으로 하는 쎄자르賞 César도 마찬가지로 국제 영화제
라고 볼 수 없다. 지금까지 한국의 영화는 위에 언급한 네 군데 권위
있는 국제 영화제에서 아직 그랑프리가 없다. 다만 배우 강수연이 林
權澤 감독의 「씨받이」로 1986년 베니스 영화제에서 女優 연기상을
받았고, 또 같은 감독의 작품 「아제아제 바라아제」로 1990년 모스크
바 영화제에서 역시 특별 演技賞을 기록하고 있다. 그리고 배용균
감독의 「달마가 동쪽으로 간 까닭은?」이 1989년 젊은 영화인을 주
로 고무하기 위한 스위스 로까르노 Locarno 영화제에서 大賞을 받았
을 뿐이다.

그러나 일본은 세계 4대 영화제 그랑프리만 해도 지금까지 8편이나
된다. 우선 베니스의 聖마르코 황금사자상은 1951년 구로자와 아끼
라가 「라쇼몽」으로 처음 테입을 끊은 데 이어 1958년 이나가끼 히로
시 稻坦 浩의 「인력거꾼 無法松の人生」도 받았다. 깐느의 황금종려
상은 1954년 키누까사 데이노스께 衣笠貞之助의 「지옥의 문 地獄
門」, 1980년 구로자와의 「가게무샤」, 1983년 이마무라 쇼에이 今村

昌平의 「나라야마의 노래 樽山節考」 등이 탔다. 모스크바 大賞은 신도 카네또 新島兼人가 1961년에는 「헐벗은 섬 裸の島」으로, 그리고 1971년에는 「오늘 살고 내일 죽고」로 각각 공동 수상했다. 베를린의 황금곰상은 일찌기 1963년에 이마이 타다시 今井 正의 「武士道」가 받았다.

  일본은 그렇다치고 우리보다도 後發이라고 생각되었던 중국영화는 80년대 말부터 세계에 데뷔하기 시작했다. [28] 50년대 말 북경 영화학교 출신인 이른바 '제5세대 감독'들이 세계를 두드린 것이다. 장 이모우 張藝謨 감독은 「붉은 수수밭 紅高粱」으로 1988년 베를린 영화제 그랑프리 金곰賞을 받았다. 장 감독의 '붉은 수수밭'은 어쩌면 봉건과 제국주의 침략에 맞서 투쟁한 중국 인민들의 프롤레타리아 혁명기지인 광활한 중국대륙을 압축하여 묘사한 映像인지 모른다. 영화의 주인공들은 수수밭에 숨어서 봉건적 굴레를 벗고 수수밭에 나아가 침략군과 싸운다. 장 이모우는 1992년 베니스 영화제에서 이번엔 「츄쉬 이야기 秋菊打官司」로 황금사자賞을 따내서 주연배우 공리 鞏莉와 함께 세계적인 스타덤에 올랐다. 작은 농촌 마을에서 일어난 한 주부의 사소한 소송사건을 통하여 변해 가는 중국의 모습을, 都農 간의 격차를 숨김없이, 그러나 1989년 天安門사건 이후에 제작되었음에도 불구하고, 역시 체제지향적으로 보여 준 작품이다.

  또 다른 '제5세대 감독' 첸 까이거 陳凱歌는 1993년 깐느 영화제

---

28) 중국은 그렇다치고 1995년 깐느 영화제 그랑프리는 월남 감독 트란 반 홍의 작품에게 돌아갔다. 그의 데뷔작 「푸른 파파야 향기 L'odeur du papaya vert」는 배우와 스토리는 월남 영화인들이 맡았지만, 촬영과 편집 등 기술은 모두 프랑스 카메라맨과 편집인이 고용되었다.

에서 「패왕별희 覇王別姬」로 중국영화로서는 처음으로 황금종려賞을
타서 중국영화의 세계성을 다시 한 번 과시할 수 있었다. 더구나 이
작품은 '문화혁명'을 포함하여 중국 현대사의 정치적 비판까지 곁들
여 1989년 6월 4일 天安門 사건을 의식한 점에서 장 이모우의 두 작
품보다 돋보이는 면이 있었다. 그러나 첸 까이거는 정부로부터 정치
비판에 대한 압력을 많이 받았다. 1993년 뉴욕 중국영화축제 참가를
빙자하여 뉴욕에 망명하다시피 눌러앉아 버렸다. 장 이모우 역시 天
安門사건 이후에는 정치적인 비판을 무시할 수 없었다. 군벌 시대,
國共투쟁 시대, 인민공화국 시대, 문화혁명 시대 등 중국 현대사 속
에서 한 인간의 人生流轉을 보여주는 영화 「인생 活着」에서 혁명,
특히 문화혁명을 비판하여 중국당국의 간섭으로 중국 내 상영에 제한
이 있었다. 영화 「인생」은 드디어 황금종려賞까지 받음으로써 장 이
모우는 세계 주요 영화제의 그랑프리를 다 차지하여 명실공히 3관왕
이 된 것이다.

우리나라 영화들도 오래 전부터 국제 영화제 출품을 기도해 왔다.
姜大振 감독 金勝鎬 주연의 「馬夫」는 1961년 베를린 국제 영화제에
서 무슨 賞을 받았다고 하는데 그 종목이 분명치 않다. 그후 우리나
라 영화는 1989년 임권택 감독의 「씨받이」가 베니스에 나갈 때까지
본선, 이른바 '경쟁부문'에 제대로 출품된 사례도 많지 않다. 이두용
감독의 「물레야 물레야」를 비롯하여 몇몇 작품들이 깐느 영화제의
'비경쟁부문 Un Certain Regard'에 선보이는 것이 고작이었다. 왜 그
럴까? 왜 우리나라 영화는 국제 영화제에서 주목을 받을 수 없을
까?

나는 렌나트에게 80년대 해외홍보용으로 가지고 있던 한국영화 몇

편을 보여 주고 솔직한 비평을 부탁한 일이 있다. 그 때 내가 렌나트에게 보여 주었던 영화들의 감독이나 제목을 이 자리에서는 그들의 명예를 위하여 밝히지 않겠다. 렌나트는 한 마디로 이 영화들을 제작한 사람들의 전문성을 의심했다. 우선 카메라와 조명에서부터 음악과 녹음, 그리고 무엇보다도 편집에서 기초가 무시된 점을 지적하는 것이다. 아마추어도 그렇게 찍고 그렇게 편집할 수 없다는 것이다.

나는 렌나트의 지적에 따라 영화를 다시 틀어 보았다. 화면의 수평은 정확하게 고정되어 있지 않았다. 간혹 감독이 멋을 낸다고 카메라를 25도 쯤 비스듬히 찍은 장면도 오히려 어색하다. 조명은 다큐멘타리 기법과 예술 기법의 구분이 없다. 피사체를 자세히 보여 주어야할 때 조명이 너무 밝고 강해서 잘 감상하기 힘들다. 배우들의 말소리와 입술 움직임이 맞지 않는다. 그리고 결정적인 결함은 영화의 애기를 영상으로 표현하는 것이 아니라 배우들의 대사로 설명하고 있는 점이다. 한국어를 모르는 관객은 영화의 감동을 도저히 전달받을 수 없게 만들어졌다. 문득 빠리에 있을 때 나를 찾아왔던 처남이 영화 「아마데우스」를 구경한 일이 생각났다. 처남은 불어를 한 마디도 못 알아듣는 처지였다. 그런데 영화를 재미있게 감상할 수 있었다는 애기다. 그 영화는 등장인물들의 대사를 거의 못 알아 듣더라도 영상언어로만 이해가 되도록 표현되었기 때문이다.

구로자와의 비밀

렌나트는 내게 영상의 생리적 원리를 설명해 주었다. 움직이는 영상을 감지하는 사람의 두 눈은 생리적으로 한계를 가진 불완전한 器官이다. 두 눈의 수평 視界는 이론적으로 180도라고 생각하기 쉬운

데 사실은 그렇게 못된다. 한쪽 눈만의 시계가 150도이므로 물체가
두 눈의 시계가 서로 겹치는 120도 안에 들어와야 비로소 입체감이
살아나는 實體시각이 된다. 또 두 눈의 수직 시계는 이론상 130도까
지 될 수 있다고 하나 실제로는 그보다 훨씬 좁다. 더구나 대상을 자
세히 보려고 할 때는 시계가 더욱 좁아진다. 그러므로 우리 두 눈에
가장 익숙한 시계는 수평 20~30도, 수직 15~20도라고 한다. 생리
학적으로 보면 사람이 눈을 뜨고 대상을 계속 보고 있다고 생각하는
것은 어디까지나 착각 현상이다. 실제로 우리 눈은 1초에 약 25번씩
규칙적인 간격으로 맹목이 된다. 그러나 시각 殘影이 눈 속 망막에
남아 일정한 시간 동안 기억되는 현상 때문에 우리가 두 눈을 뜨고
있는 동안 대상을 줄곧 보고 있다고 생각하게 된다. 움직이는 영상은
바로 이와같은 사람 눈의 생리적 원리를 이용하여 창조된 것이다.

  아, 이제야 알겠다. 내가 가진 8미리 영사기는 1초당 18커트의 靜
영상 image fixe을 빛에 흘려보내면서 하나의 動영상 image mobile
을 만들어 내는 것이다. 16미리나 35미리 영사기들은 1초당 24커트
의 정 영상으로 보다 완벽한 동영상을 보여 준다. 텔레비전 화면은
25~30커트의 정영상으로 늘어난다. 다시 한 번 정리하면, 영화는
어떤 움직임을 18~25분의 1초마다 카메라로 규칙적으로 포착한 정
영상 필름을 같은 시간 동안에 빛에 비추어 흘리면서 생기는 동영상
의 창조물이다. 렌나트는 스위스의 젊은 영화작가 베데르보스트 Marc
Bedervost를 인용했다.

  "정영상은 비교적 지속적인 진행의 최종 모습을 잡았을 때 영원 속
의 찰나이며 바로 시간을 정지시킨 모습이다. 동영상은 일정한 시간
의 흐름이 담긴 움직이는 모습이며 바로 흐르는 시간을 나타낸다."

  움직이는 영상은 이처럼 흐르는 시간의 문제를 안고 있다. 유럽의

현대 영화작가들은 시간이 정지된 순간을 포착하는 구체적인 영상기법을 발전시키지 못하고 있었다. 1951년 베니스에서 이탈리아 네오레알리즘 감독들은 쿠로자와 감독의 「라쇼몽」을 보고 비로소 무릎을 쳤다고 한다. 시간을 정지시킬 수 있는 새로운 영상기법을 목격했기 때문이다.

렌나트의 긴 영화 이론 강의는 구로자와의 일본 영화가 세계를 제패한 근거를 묻는 나의 질문에 대한 대답이었다. 영상에 관한 이론을 모르고 어떻게 권위 있는 국제 영화제의 심사기준을 이해할 수 있겠는가. 아직도 우리나라에는 한국영화가 국력으로 밀어 붙이는 로비가 부족해서 국제 영화제의 대상을 못 탄다고 생각하는 사람들이 많다. 이런 인식은 영화계의 전문 영화인들 사이에 더욱 팽배해 있다. 글쎄……. 한심한 일이다.

렌나트는 1951년 베니스에서 구로자와의 등장 배경을 일본 전통회화의 기법과 관련하여 설명한다.

「후지산과 파도」── 하얀 분화구가 산의 검은 빛과 대조적인 후지산 富士山과 포물선으로 과장된 파도에 넘치는 포말이 튀어오르는 일본의 전통 풍경화를 우리나라 사람들은 어디선가 한두 번 보았을 것이다. 19세기 일본의 전통 화가 호꾸사이 北齋의 대표작이다. 이 그림을 기억하는 사람들은 큰 파도에 넘치는 과장된 포말의 표현이 움직이는 파도의 한 순간을 포착한 영화의 스톱 모션처럼 느껴졌을 것이다. 구로자와는 바로 호꾸사이의 파도의 포말 표현기법을 자신의 영화에 응용하고 있다. 영화 「라쇼몽」에서. 山賊을 만난 신혼부부의 조난을 애기하는 이 영화의 결정적 씬은 깊은 산 속에서의 강간 장면이다. 고정된 카메라는 저 멀리 숲 속의 두 남녀를 풀 샷 full shot으로 잡고 있다. 절대로 다가가거나 클로즈 업으로 당기지 않는다. 두 남녀의 동영상을 하나의 정영상으로 고정시켜 일단 시간의 흐름을 정 지시킨다. 스톱 모션 효과다. 이 유명한 '강간 씬'이야말로 한 사건 을 놓고 관련자 네 인간들이 각각 다른 네 가지 주장을 편다는 아꾸 다까와 芥川龍之介 원작 소설에 나오는 사건의 진실을 상징적으로 암시하고 있다. 바로 이 독창적인 영상기법이 베니스 영화제의 심사 위원들을 움직였다는 것이다.

렌나트 링크비스트는 1992년 스위스 루체른 Luzern 부근 멕겐 Meg- gen이라는 작은 마을에서 다큐멘타리 영화 작업에 열중하다가 아름 다운 젊은 아내 하넬레 Hanèle와 못다한 영화 작품에의 꿈을 남기고 세상을 하직했다. 불행히도 그가 심혈을 기울였던 한국문화를 소재로 한 본격적인 다큐멘타리 작품은 그예 완성을 못 본 채 그 부분적인 작업의 하나인 석굴암을 중심으로 한 비디오 작품 한 편만 남아 있 다. 똑똑똑……. 석굴암의 영상과 함께 석수쟁이의 돌을 쪼는 정 소 리로 시작하는 이 작품의 첫 씬은 신라문화를 압축한 렌나트의 예술 적 표현이다.

1985년 여름 유럽을 떠나면서 우리 가족은 스위스 멕겐으로 가서 렌나트와 하넬레와 함께 하루를 같이 지냈다. 그는 작은 아파트에 필 름편집 시설을 차려놓고 기업으로부터 주문받은 다큐멘타리 작품을 만들고 있었다. 그 중 몇 개는 콘테스트에 나가 상을 탔다고 내게 자 랑도 했다. 그러나 저녁식사 때 포도주 반주에 얼근해진 그는 늙은 자신과 나이 어린 아름다운 아내 하넬레의 어두운 미래를 사뭇 감상 적으로 고백하는 것이다. 자기가 죽으면 그 동안 자기가 찍은 모든 필름, 다시 말하면 자신의 전 재산을 다 하넬레에게 물려 주겠다고 말하면서 눈물을 주르륵 흘렸다. 죽음 앞에서는 東西의 차이도, 문화의 차이도 없는가 보다. 나와 내 아내는 그 날 밤 추연한 기분에 젖었었다.

내가 지금까지 간직하고 있는 렌나트의 크리스마스 카드는 1985년 12월 멕겐에서 보내 온 것 하나뿐이다. 물론 그 후에도 내가 서울을 떠나 뉴욕으로 가기 전 해인 1989년까지 서로 크리스마스 카드를 교환했었지만, 특별히 1985년 것만 간직한 이유는 그의 예술영화 작품 「내가 바라보는 경치 너머에 슬픔이 머물고 있다 The Sadness Rests Over My Landscape」의 한 장면을 인화한 사진으로 렌나트가 손수 만든 카드였기 때문이다. 이 사진의 배경, 알프스의 융프라우 Jungfrau 는 구름에 가려 보이지 않고 가까운 야산과 그 뒤로 뻗은 산자락은 짙은 안개에 싸여 흡사 동양의 山水畵를 연상시킨다. 내가 멕겐에 갔을 때 렌나트가 보여준 러쉬 프린트의 한 커트였다. 카드에 적힌 이 작품의 제목이 렌나트의 슬픔을 그대로 드러내고 있다.

우리는 서로 오랫동안 소식이 끊어졌었다. 나는 뉴욕에서 새로운 문화 인프라의 체험에 빠져들면서 한동안 렌나트를 생각할 겨를이 없었다. 그의 죽음을 뉴욕에서 전해들었을 때 나는 가슴 속에 다시 끓어오르는 영상예술에의 정열을 키우고 있었다.

크리스틴 초이

뉴욕에서 나의 관심은 떠오르는 아시아계 미국인 영화인들에게 있었다. 1989년 크리스틴 초이 Chiristine Choy [29)]라는 아시아계 미국인

---

29) 크리스틴 초이는 2차 대전 전 중국 上海에서 崔씨 성을 가진 한국인 아버지와 중국

이 만든 다큐멘타리 영화「누가 빈센트 친을 죽였는가? Who Killed
Vincent Chin?」를 뉴욕 타임스가 미국의 아시아 移民을 다룬 하나
의 문제작으로 높이 평가한 기사를 서울에서 읽은 후부터다. 1990년
歲暮 만하탄 이스트 70번가 프랑스 레스토랑 '라 굴뤼 La Goulue'[30]
에서 크리스틴 초이와 저녁을 함께했다.

나보다는 몇 살 어린, 그러나 50이 가까운 크리스틴은 적포도주를
무진장 마시며 줄담배를 피워대는 자유분방한 정열가였다. 우리는 영
화 애기를 신나게 떠들었다. 주로 쿠로자와 영화를 중심으로 영화에
어떻게 아시아 문화를 응용할 수 있을가 하는 문제를 토론했다. 우리
둘은 비록 처음 만났지만 일견 의기투합한 영화예술의 동지처럼 느껴
졌다. 그러나 그후 정치적인 의견의 차이 때문에 나는 크리스틴과 장
문의 편지 논쟁을 벌이지 않을 수 없게 된다.

나와 만났을 때 크리스틴은「헤어진 가정 : 분단된 한국 Home
Apart : Two Koreas」이라는 이산가족 문제를 다룬 정치성이 짙은 다
큐멘타리 영화를 만들고 있었다. 이 영화는 국토의 분단으로 남과 북
으로 헤어진 한 가정의 비극을 다룬다는 점에서 인도주의를 강조하고
있다. 문제는 그와 같은 비인도적인 비극의 원인이 결국 분단이라는
정치적인 배경으로 설명될 수밖에 없지 않은가. 더구나 영화는 영상
언어로 된 매체다. 분단의 정치적인 이유를, 남북한의 서로 다른 주
장을 어떤 영상으로 설명할 것인가? 우선 외국의 영화작가에게 북한

인 어머니 사이에 태어났다. 그의 미국이름 Choy는 한국인 아버지의 성을 따른 것. 2차
대전 후 해방된 한국에 돌아와 서울에서 수도여자고등학교까지 다니고 60년대에 미국으
로 유학왔다. 한국어는 간단한 생활 용어는 알아듣고 말할 줄 알지만 깊은 애기는 영어
로밖에 못 한다.

30) '식충이,' '먹보'란 뜻. 프랑스 문화를 좋아하는 뉴욕 아시아 소사이티 공연국장 베
아티 고든 Beate Gordon 여사의 단골집이다.

당국이 제공하는 극도로 통제된 영상 자료로 어떻게 진실을 꿰뚫는단 말인가. 결국 가능한 남한의 장면만으로 분단의 비극을 표현할 수 밖에 없다.

1991년 봄 이 영화가 미국의 공영방송 PBS에 방영되었을 때 내가 염려했던 문제점은 그대로 드러났다. 철조망으로 둘러쳐진 주한 미군 부대의 모습과 미군 병사의 실루엣은 이 영화의 가장 상징적인 씬이었다. 주한 미군은 마치 한반도 분단의 원인으로 압축되고 있다. 말하자면 이 영화는 한반도 이산가족의 비극을 주한 미군이 만들고 있다는 메세지를 던지고 있는 셈이다. 그것은 바로 북한의 주한 미군 철수 주장이다. 나는 참을 수 없었다. 한국 정부의 입장을 떠나서라도 한국인이 생각하는 주한 미군의 존재는 그렇게 단순하지 않다. 나는 크리스틴에게 장문의 편지를 썼다. 크리스틴이 미국으로 유학을 와 있는 동안 한반도의 일반적인 정세 발전, 특히 남한의 정치·경제·사회적인 변화를 성의있게 설명하다 보니 편지가 자연 길어졌다.

대답은 뜻밖에 격한 반발뿐이었다. 물론 나는 지식인으로서 예술에서는 어떠한 정치적인 견해도 자유로워야 한다는 양식을 가지고 있다. 그러나 「헤어진 가정 : 분단된 한국」은 어디까지나 사실에 충실한다는 다큐멘타리 영화다. 여기에 어떤 파당적인 정치적 주장을 내세운다면 그 때부터 이 영화는 이미 정치로 들어섰다고 본다. 나는 한국 정부의 문화 외교관으로서 이를 가만히 두고 볼 수 없었다. 이 영화를 지원한 미국의 예술기금 National Endowment for Arts과 이를 방영한 PBS에 크리스틴에게 보낸 장문의 편지 사본을 보내면서 이 영화의 편파성을 지적했다. 그것이 크리스틴을 더욱 격분시켰는지 모른다.

크리스틴은 스스로 父系 혈통을 쫓아 한국계 미국인이라는 의식보다는 母系 혈통을 따라 중국계 미국인이고 싶어하는 듯이 보였다.
미국 이민 역사가 오랜 중국계 미국인들 중에는 미국의 중앙 문예계
에 진출한 사람이 많다. 에미 탄 Amy Tan과 같은 작가, 극작가 데이
비드 황 David Hwang, 영화제작자 유 세이 칸 Yu Sei Kan 등등.
크리스틴은 1991년 당시 뉴욕 대학의 영화학 조교수로 있으면서 아시
아 이민들의 문제나 女權 침해 등을 소재로 한 다큐멘타리 영화를 제
작했다. 일본군의 남경 학살을 다룬 영화도 그의 작품 중 하나다.
1993년에는 그해 4월 29일 L.A. 흑인 폭동을 다룬 다큐멘타리 비디
오「Sa-I-Gu」제작에도 관여했다. 그 이후 나와 크리스틴은 끝내 화
해할 기회가 없었다.

10

문학

스웨덴 한림원

스톡홀름의 옛 시가지 감라스탄 Gamlastan은 지리적으로 이 도시의 중심에 위치한 여의도만한 하나의 섬이다. 왕궁을 중심으로 장터광장과 작은 골목길이 발달한 중세 때 시가지가 아직 잘 보존되고 있다. 1786년 4월 5일 스웨덴 왕 구스타브 3세 Gustav Ⅲ는 지금의 쌜라그랜드街 Källargraend 4번지에 있는 스톡홀름 왕립 거래소 Börhuset에서 스웨덴 한림원 Svenska Akademien의 화려한 창립식을 베풀었다. 프랑스 문화에 심취한 구스타브 3세는 프랑스 한림원 L'Académie Française을 그대로 본떠 규약 등을 만들었다. 18명의 종신회원 중 처음에는 13명을 왕이 지명하고 나머지 5명은 회원들이 선거로 뽑았다. 왕이 지명한 회원들은 대부분 귀족과 고관들이었다. 문인과 학자는 선출직 5명이 고작이었다. 전통을 존중하는 스웨덴 사람들은 한림원의 모든 규약과 제도를 200여 년 전 창립 당시 왕이 정해준 내용을 거의 그대로 지켜오고 있다. 물론 오늘의 회원들은 대부분 문인 학자들로 바뀌어졌다. 종신제이므로 노령의 회원들이 대부분이다. 회원이 사망하여 결원이 생기면 새 회원을 추천받아 정회원들이 투표로 결정한다. 최고 득표자를 놓고 전체 회원이 다시 한 번 흑백 공을 던진다. 검은 공이 회원의 3분의 1이 넘으면 아무리 최고 득표자라도 자격을 잃는다. 지금까지 새 회원은 적어도 50세 이상 돼야 뽑힐 수 있었다.

스웨덴 한림원의 가장 중요한 임무는 "스웨덴 어의 순수성을 지키고 장점을 살리고 품위를 높이는 일"이다. 웅변 대회와 詩짓기 대회를 열어 시상을 했다. 한림원 회원들이 심사위원으로 참가하여 1등상은 금메달을 주었다. 첫 해 구스타브 3세 자신이 修辭學 부문에서 심사위원 만장일치로 1등상을 받았다. 그리고 스웨덴어 문법 갖추기와 사전 만들기. 최근에 와서야 스웨덴어 대사전을 완간하였다. 한림원 회원들은 매주 목요일 모임에서 자체 사업을 의논한다. 회의는 일체 비공개로 진행된다.

한림원의 전통적인 연중 행사로는 연례 대회가 있다. 1786년 창립 대회를 그대로 본딴 이 연례 대회는 해마다 가을에 현재 한림원 건물이 된 왕립 거래소 대회장에서 열린다. 대회장 한복판에는 장방형의 테이블에 18명의 회원 좌석이 회원의 고유 번호에 따라 마련된다. 좌석마다 각각 물 한 잔과 촛불 한 대가 켜진다. 사망한 회원의 좌석 촛불은 꺼져 있다. 회원석 가까이 약간 높은 단 위로 왕실을 위한 자리가 마련된다. 왕실 자리 아래로는 정부 인사들과 외교 사절들, 그리고 한림원 회원 가족, 특히 이날 신입회원의 가족이 앉고 왕실 자리 뒷편 높은 곳에 기자석이 있다. 일반을 위한 방청석은 565석밖에 안되므로 입장권을 얻기가 매우 어렵다. 그 중 많은 자리가 정부 관서의 예약석들이다.

연례 대회는 오후 5시 정각에 시작된다. 물론 훨씬 전부터 방청객들이 복도에서 붐빈다. 입장권에는 좌석 번호가 없기 때문에 될 수 있는 대로 회원석 가까운 자리를 차지하려는 것이다. 금빛 술이 달린 제복을 입은 안내원이 훈장을 단 신사들과 빛나는 보석으로 성장한 숙녀를 빈 자리로 안내한다. 왕과 왕실 인사들이 마지막으로 자리를 잡으면 회의실에서 대기하던 한림원 회원들이 입장한다. 이때 국왕과 모든 참석자가 기립한다. 한림원 회장 direktör은 그 해의 중요한 사건을 언급하는 연설로 대회를 연다. 새 회원이 소개되면 그는 취임 연설을 통하여 서거한 전임자의 공로를 치하하면서 자신의 정신적인 포부를 밝힌다. 취임사의 길이는 보통 약 30분. 신입 회원이 없는 해에는 한 작가의 작품을 소개하는 시간을 갖는다. 마지막으로 한림원이 주는 여러 가지 시상을 발표한다. 식은 보통 약 2시간 걸린다. 회원들은 그 날의 수상자들과 함께 만찬을 가진다.

한국민족의 자존심

스웨덴 한림원은 노벨 문학상을 주는 기관이기 때문에 세계적으로 유명해졌다. 스웨덴의 발명왕 노벨 Alfred Nobel은 1895년 11월 27일 빠리에서 쓴 유언장에 자신의 유산을 5등분하여 해마다 물리, 화학, 생리·의학, 문학 그리고 평화 등 5개 부문 시상에 써달라고 부탁하고 죽었다. 이 유언장에는 각 부문의 시상을 관리할 기관을 명시해 놓았다. 물리와 화학은 스웨덴왕립과학아카데미 Kungliga Veten-skapsakademien, 생리 의학은 스톡홀름 의과대학 Karolinska Institutet, 문학은 스톡홀름의 한림원, 그리고 평화는 놀웨이 의회 Norge Storting. 노벨이 유언장에서 희망한 문학상은 "그 해에 가장 뚜렷한 이상주의적 發想 inspiration idéaliste으로 빛나는 문학 작품을 쓴 저자"에게 주라는 것이다. 사실 스웨덴 어의 문학적 발전을 위해 생긴 스웨덴 한림원으로서 여러 언어로 씌어지는 전세계 문학을 심사하여 그 중에서 "가장 뚜렷한 이상주의적 발상으로 빛나는 문학 작품"을 골라 낸다는 것은 무리였다. 처음 회원들 중에는 노벨의 유언을 거부하자는 생각도 있었다. 그러나 엄청난 금액의 기부금을 활용한다는 적극적인 생각에서 오랜 토론 끝에 1901년 프랑스 高踏派 parnassien[31] 시인 쉴리 프뤼돔 Sully Prudhomme을 첫 수상자로 뽑았다. 이렇게 해서 스웨덴이라는 한 변두리 국가의 한림원이 오늘날 세계의 문학을 리드하는 영향력을 행사하기 시작한 것이다.

노벨 문학상은 노벨의 유언에 규정된 자격 조건을 갖춘, 살아 있는 작가에게 주는 상금이다. 상금은 이자와 세율에 따라서 11만 6,000 스웨덴 크루나에서부터 50만 크루나까지 일정치 않다. 스웨덴 한림원은 노벨의 유언 속에 나오는 "문학"이라는 말은 "순수문학 작품뿐만 아니라 그 형식과 스타일에서 문학적 가치를 갖는 모든 글"을 가리키는 뜻으로 해석했다. 그래서 1927년 앙리 베르그쏭 Henri Bergson, 1950년 버트란드 러셀 Bertrand Russel, 심지어 1953년 윈스턴 처칠 Winston Churchil까지 탈 수 있었다. 그리고 유언 속의 "이상주의적 발상"의 의미는 지금까지 많은 논란을 불러 일으킨 귀절이다. 노벨의 성품과 그의 생애 그리고 그가 생전에 피력했던 인생의 목표 등을 생

---

31) 19세기 후반 프랑스에서 생긴 唯美主義 문학 경향. 실증주의 positivism에 영향을 받아 낭만주의 romantism에 반대하여 감정을 억제하고 객관성과 沒개인성을 중시했음. 고티에 Théophile Gautier, 방빌 Théodore de Banville 등이 대표적 작가.

각하면 그의 "이상주의적 발상"이란 표현은 인간성의 善을 추구하는
것, 진보와 행복을 지향하는 지혜로 넘치는 인간주의적 태도로 보고
노벨 문학상 심사 기준이 되었던 때도 있었다. 그러나 지금은 상을
줄 만한 질 높은 순수 문학이란 결코 이 유언 귀절의 경직된 해석에
구애될 수 없다는 것이 일반적인 생각이다. 결국 좋은 문학은 인간의
본질과 조건을 향상시키고 인간의 삶을 풍부하게 하며 그 운명을 개
선킬 수 있다고 믿는 것이다.

노벨상은 한국인의 문화적 자존심과 직결된 문제이다. 그 중에서도
노벨 문학상은 언제나 우리 문화계를 흥분시킨다. 우리의 문화적인
라이벌 일본은 이미 1968년에 가와바다 야스나리 川端康成가 문학상
을 받은 바 있다. 1994년에는 오오에 겐사부로 大江健三郎가 두 번
째 일본인 수상자가 되었다. 1994년 10월 14일자 아사히 신문 朝日
新聞 은 1면부터 5페이지에 걸친 대대적인 보도로 일본 知性의 세계
적 凱歌를 한껏 축하했다. 그 날의 사설 제목은 "우리들의 문학이 상
을 탔다"였다. 가와바다는 가장 일본적인 색깔의 문학으로 노벨상을
탔지만 오오에는 인류 보편의 고민을 표현한 문학으로 노벨상을 탔다
는 것이다. 일본의 "우리들의 문학"은 바로 일본적인 색깔에서 벗어
나 이제는 세계의 문학으로 뛰어올랐다는 대단한 자부심의 표현이
다. 한국의 문화계는 또 한 번 강한 자극을 받았다. 문득 15년 전 스
톡홀름에서 있었던 한 기억이 되살아났다.

1981년 10월 9일 스톡홀름 주재 한국대사관 공보관실로 서울에서
장거리 전화가 걸려 왔다. 어느 라디오 방송국의 프로듀서였다. 金東
里 선생이 노벨 문학상 후보로 올랐는데 그 뒷소식을 알고 싶다. 지
금 서울에서는 지난 여름 바덴바덴에서 1988년도 올림픽을 유치하여

전국이 환호하고 있다. 이제 노벨 문학상까지 타게 되면 그야말로 세계 속에 한국이 우뚝 서는 날이다. 공보관이 스웨덴 한림원을 찾아가 뒷소식을 알아오면 그 애기를 생방송으로 물리겠다. 나는 그 때 얼마 전 서울 해외공보관 본부에서 김동리 선생의 대표작 『巫女圖』의 영문 번역판을 보내온 것이 생각났다. 그러나 노벨 문학상 후보? 스톡홀름 현지에서는 전혀 모르던 애기였다. 명색이 주 스웨덴 한국대사관 공보관이 자기나라 작가가 역사상 처음으로 노벨 문학상 후보에 올랐는데 그 사실조차 모르고 있었다니. 흥분한 프로듀서의 전화에 일단 면구스럽기만 했다. 아무튼 알아보자. 한국 작가가 노벨 문학상을 탄다면 얼마나 대단한 국가홍보감인가. 공보관으로서는 큰일을 만난 것이다.

심사방법

도대체 노벨 문학상은 누가 어떻게 심사하고 결정하는가? 막연히 스웨덴 한림원이 심사하고 결정한다는 정도만 알 뿐 정작 자세한 심사 절차나 제도는 몰랐었다. 해마다 가을이면 외신을 타고 누가 노벨상을 탔다고 전해지자마자 부랴부랴 그 작품이 번역되어 한 달이 못가서 시중에 노벨 문학상 작품집이 출판되는 그런 나라 사람들이다 우리들은. 나는 당장 감라스탄에 있는 한림원 사무국에 노벨 문학상과 관련된 정보를 물었다. 한림원은 두 권의 작은 소책자를 보내왔다. 알름훌트 Artur Almhult의 『스웨덴 한림원과 노벨 문학상』이란 1972년판 영문 책자와 윌렌스텐 Lars Gyllensten의 『노벨 문학상』이라는 1981년판 불문 책자였다. 윌렌스텐은 1966년 회원이 된 의사 출신 작가로서 당시 한림원 상임 서기였다.

한림원 안에 노벨 문학상과 관련된 두 개의 기관이 있다. 하나는 노벨연구소 Nobelinstitut로 그 안에 노벨도서관 Nobelbibliotek을 포함하고 있다. 세계문학에 관한 15만 권 이상의 장서와 150여 종의 정기 간행물을 소장한 큰 도서관이다. 그리고 노벨위원회 Nobelkom-mittéer는 한림원 회원들이 정회원 중에서 3년 임기로 선출한 5명의 위원과 1명의 보조위원으로 구성된다. 1981년 당시 노벨 위원회는 시인 셀 에스프마르크 Kjell Espmark 씨를 포함한 비교적 젊은 50대, 60대의 한림원 회원들로 짜여져 있었다. 노벨위원회는 적어도 여름까지 그 해에 전 세계에서 들어온 노벨 문학상 후보 작품들을 심사하는 일을 맡는다. 이 일을 위해 전문위원 2명을 임명한다. 한 사람은 노벨도서관장이 당연직으로 임명되고 다른 한 사람은 문학사 전공 교수를 대학에서 차출한다. 물론 한림원은 수상자 결정에서 노벨위원회의 추천에 어떤 영향도 받을 의무는 없다. 그러나 위원들은 한림원 주례 모임을 통하여 다른 회원들 앞에서 심사 내용을 발표한다. 회원들은 토론 과정에서 무의식 중에 영향을 받을 수 있다. 노벨 재단 Nobels-tiftelsen은 한림원과는 별도로 노벨상 기금을 관리하고 시상하는 행정 업무를 맡고 있다.

스웨덴 한림원 규약은 노벨 문학상 후보를 추천할 수 있는 자격을 다음과 같이 규정하고 있다.

"스웨덴 한림원 정회원, 회원 자격과 목적에서 그와 준하는 다른 한림원 연구기관 또는 학술단체의 정회원, 종합대학 또는 단과대학의 어문학 및 문학사 교수, 노벨 문학상 수상자, 각국의 문학활동을 대표하는 작가 단체의 회장은 자신이 생각하는 노벨 문학상 후보를 스웨덴 한림원에 추천할 수 있는 권리를 가진다." 후보 추천 문건은 매년 1월 31일까지 스톡홀름 스웨덴 한림원이나 한림원 노벨위원회에

도착되어야 한다. 추천 문건에는 반드시 추천 이유서를 첨부해야 한다. 그러나 추천서 분량이 많다고 좋은 것은 아니다. 한 번 추천되었던 작가라 해도 처음과 마찬가지로 새로 제출해야 한다. 후보 리스트가 자동적으로 다음해로 넘어가지 않는다. 사실 처음 추천된 작가가 그 해에 수상자가 된 경우는 거의 없다. 노벨위원회는 전 세계의 약 600명의 추천권자들에게 편지로 후보 추천을 의뢰한다. 그러나 이 의뢰서를 못 받은 사람도 한림원 규약에 제시된 자격을 구비하면 얼마든지 추천할 수 있다. 80년대 초 한림원 발표로는 해마다 평균 300 내지 400명의 후보자가 추천된다고 한다. 최근에는 해마다 100 내지 150명씩 늘어나는 추세였다는 것이다.

그렇다면 김동리 선생이 노벨상 후보에 올랐다는 사실은 자명하다. 한국문인협회가 그 분을 1981년도 노벨 문학상 후보로 추천한 것이다. 70년대에는 일본 작가 오다 마꼬도 小田 實가 당시 정부의 탄압을 받았던 시인 김지하를 노벨 문학상에 추천한 일이 있다. 그 무렵 오다는 「김지하를 돕는 모임」을 이끌고 있었다. 사실 해 해의 노벨 문학상을 받을 만한 작품이라면 세계의 평론가나 문학단체의 눈에 띄지 않고 숨어 있는 작품은 상상하기 어려울 것이다. 그러나 소수민족 문학의 경우 그 언어가 희귀해서 세계에 안 알려질 수도 있다. 노벨위원회는 그런 경우도 대비하여 특히 최근에는 제3세계 문학에 관심을 많이 기울였다고 한다. 그러나 그 날 서울로부터 걸려온 흥분한 전화는 노벨 문학상 후보 추천 과정을 잘 모르는 분위기였다. 한국의 김동리 선생이 마치 미국의 아카데미 영화상 후보처럼 최소한도 4, 5명으로 압축된 후보로 떠오른 것처럼 흥분한 목소리였다.

노벨위원회는 일단 전세계로부터 마감시간까지 도착한 후보 작품들을 빠짐없이 목록을 만들어 2월 초 한림원에 올린다. 한림원은 이 목록에 새로운 이름을 추가할 수도 있다. 사실 그 동안 경험을 보면 외부에서 추천된 작가들보다는 한림원 회원들이 추천한 작가들이 최종 후보로 남는 일이 많았다고 한다. 그러나 목록에 올라 있는 작가들은 일단 하나 하나 심사를 거친다. 대부분의 작가들이 이런 저런 이유로 수상 대상에서 제외된다.

첫째, 너무 전문화된 소재로 말미암아 문학성을 상실하는 경우.

둘째, 문학은 강조되었지만 필요한 질적 수준이 모자라 작품의 무게가 약한 경우.

셋째, 그 작가가 문학적 객관성 이외의 다른 목적으로 추천된 경우, 이를테면 정치적 지역주의적 이념적 動機가 뚜렷한 경우.

한림원의 1차 심사에서 추려진 후보들은 노벨위원회로 넘겨져 보다 정밀 심사에 들어간다. 노벨도서관은 1차 후보들의 작품들을 소장 목록에서 원본과 번역본을 찾고, 만일 없는 것은 구입해야 한다. 후보 작가의 언어가 한림원 회원이나 전문가들이 모르는 특수 언어로서 번역본이 없으면 긴급히 작품의 발췌 번역을 주문하는 경우도 있다. 노벨위원회는 문학에 관한 각종 사전과 전문지와 논문 등 여러 문헌조사를 통하여 후보들이 세계 문학에서 차지하는 비중과 기타 보충 자료들을 수집한다. 특수한 나라의 특수한 문학파를 조사할 필요가 생기면 전문가들에게 특별 조사를 의뢰할 수 있다. 이 때 그 전문가가 한림원 회원일 수도 있고 아닐 수도 있다. 또 스웨덴 인일 수도 외국인일 수도 있다. 아무튼 노벨위원회 위원들은 1차 후보들의 작품을 원본 또는 번역본과 관련 논평들을 읽을 수 있는 대로 다 읽어야 한다. 위원들은 자신들이 읽은 내용을 한림원 주례 모임 등을 이용하여 다른 회원들에게 틈틈이 알려 줄 의무도 있다.

노벨위원회는 자체 심의가 끝나면 후보 리스트를 주요 작품과 관련 논문들을 첨부하여 한림원에 정식으로 제출한다. 이 후보 리스트는 위원회 자체가 판단한 우선 순위를 매긴 것이다. 한림원은 여기서도 리스트를 수정 또는 추가할 수 있다. 이 때부터 한림원은 업무의 대부분을 노벨 문학상 심의에 집중시킨다. 수상자는 보통 10월 중순 또는 하순에 결정된다. 수상자 결정 투표는 한림회 정회원 18명 중 적어도 12명 이상 참석하여 과반수 표를 얻어야 한다. 비밀 필기 투표다. 보통 회원간의 토론과 심의과정에서 합의를 도출하기 때문에 과반수 얻기가 어렵지 않다. 노벨위원회와 한림원에서의 심사 내용은 절대로 공개되지 않는 비밀이다. 어떤 작품이 최종 심사에 올랐는지 회원들의 반응이 어떠했는지 수상자 결정과 함께 묻혀 버린다. 다만한 가지 관례가 있다. 발표 전날 스톡홀름의 양대 일간지 중 보수계 신문 스벤스카 다그블라데트 Svenska Dagbladet는 문화면에 그 해 세계 문학에서 주목할 만한 작가를 몇 사람 언급하는 기사를 싣는다. 여기 언급된 사람 중에서 반드시 다음 날 노벨 문학상 수상자가 발표된다는 것이다. 물론 스벤스카 다그블라데트에 언급된 후보가 한림원이 논의한 최종 후보인지 아닌지 공식적으로 확인할 수는 없다. 다만 스웨덴 한림원은 스벤스카 다그블라데트 기자에게만 어떤 정보를 슬쩍 흘려 주는 것이 관례라고 한다.

스톡홀름 대학 동양학

1981년 노벨 문학상은 아시아에서 나올 가능성이 높다는 소문이

있었다. 이 소문은 프랑스의 르몽드 지를 근거로 한 것이다. 가을에
들어와서 르 몽드는 중국 작가 빠 진 巴金을 부각시킨 기사를 여러번
실었다. 대대적인 인터뷰 기사도 실었고 빠 진의 작품도 소개했다.
르 몽드는 유럽 문화계의 강력한 영향력을 가진 신문이다. 이 신문이
한 작가를 노벨 문학상에 밀면 상당한 영향력을 발휘할 것 같이 느껴
졌다. 르몽드가 빠 진을 미는 이유는 그가 프랑스 유학생 출신으로
많은 작품들이 불어로 번역 출판되었기 때문이다. 한편 빠리에서 발
간되는 영자지 인터내셔날 헤랄드 트리뷴 지는 일본 작가 이노우에
야스시 井上 靖를 부각시키고 있었다. 빠리에 주재한 한국 특파원들
사이에서는 일본 정부가 이노우에를 가와바다 이후 제2의 노벨 문학
상 수상자로 민다는, 밑도 끝도 없는 소문이 돌았다. 이런 뒤숭숭한
분위기가 서울의 라디오 프로듀서를 자극한 원인일 수도 있었다.

　빠리 북경 동경 그리고 덩달아 서울에서는 촉각을 곤두세우고 있을
때 정작 스톡홀름은 조용하고 깜깜하기까지 했다. 나는 여기저기 아
는 신문기자와 대학교수들을 찾아 수소문해 보았다. 이런 정보도 있
었다. 만일 관심 있는 작품이 영·불·독·서반아어처럼 세계적으로
보편적인 언어가 아니라 한림원 회원들이 못 읽는 언어로 씌어진 경
우 한림원은 일차적으로 스웨덴 대학의 그 언어 전문 교수에게 읽히
고 평가를 부탁할 수 있다. 한국어를 이해하는 한림원 회원은 당시는
물론 지금도 없다. 스톡홀름 대학 동양학부에는 한국어를 아는 분이
딱 두 분 있었다. 한 분은 한국 출신의 趙承福 Seung Bok Cho 교수
요, 다른 한 분은 그의 제자인 당시 부교수 docent로 있었던 스타판
루쎈 Staffan Rosén이었다.

　조승복 교수는 원래 함경도 출신으로 만주 간도에서 공부하고 동경

제국대학을 나온 수재였다. 제2차 세계대전 후 미국에 유학했다가 1951년 매카시의 반공 캠페인[32] 때 사상문제로 미국에서 빠리로 추방 당했다. 빠리에서 프랑스 공산당원 출신 부인과 결혼, 마침 스톡홀름 대학 동양학부 칼그렌 Bernhard Karlgren 교수의 제자가 되어 프랑스인 부인과 함께 스웨덴으로 이주했다. 조승복 교수는 한국인이면서 일생 동안 한반도에서는 살아 보지 못한 특이한 경력의 소유자였다. 세계적인 중국학자 칼그렌 교수는 중국어 일본어 한국어를 모국어처럼 말하고 영어 불어에 능통한 동양인 제자를 무척 아껴 주었다고 한다. 칼그렌 교수 밑에는 중국문학을 전공한 수제자가 있었다. 요란 맘크비스트 Göran Malmqvist 교수였다. 중국 고전문학 작품 『水湖誌』를 스웨덴 어로 번역한 분이다. 스웨덴의 대학제도에서 교수는 한 분야에 한 사람 밖에 자리가 없다. 스톡홀름 대학에는 동양학 분야에 교수 자리 하나가 있었다. 칼그렌 교수는 1960년 자신이 70세로 은퇴할 때 동양학부를 두 개의 전공 분야로 나누었다. 중국어과와 일본·한국어과로 갈라서 맘크비스트와 조승복, 사랑하는 두 제자에게 각각 교수직을 하나씩 물려 주었다.

스타판 루센은 스웨덴인으로서는 보기드물게 한국어를 전공한 학자다. 더구나 그의 전공 분야는 중세 한국어. 70년대 레닌그라드 교환 학생으로 갔다가 한국어 연구와 인연을 맺었다. 러시아 한인 사회의 한국어를 공부하다가 19세기 조선왕조 시대의 말을 그대로 쓰고 있는

---

32) 1951년 매카시 Joseph MaCarthy 위스콘신 주 상원의원은 의회에서 서류를 들고 나와 이것이 자신이 입수한 미국 지식인 사회 공산주의자들의 명단이라고 폭로하면서 정부가 미국의 공산화를 막는 조치를해취해야 한다고 주장했다. 그로부터 미국의 학계와 언론계에서 反共 마녀사냥이 시작된다. 그렇게 해서 많은 작가와 언론인 및 학자들이 容共 분자로 낙인찍혀 추방당했다. 그러나 1954년 공화당 전당대회에서 매카시의 고발은 사실이 아니고 다만 미국의 반공 캠페인을 위한 단순한 위협으로 밝혀졌다.

사실에 착안하여 자신의 언어학적 관심을 키운 것. 70년대 후반 서울
대학교에 유학하고 국어학자 李基文 교수의 제자가 되었다. 조선왕
조 시절의 사전 訓蒙字會 분석을 시도했다. 스톡홀름 대학으로 돌아
온 루센은 조승복 교수의 일본 · 한국어과에서 한국어를 가르치는 도
쎈트가 되었다. [33]

1981년 노벨 문학상을 발표하는 날. 10월 21일 12시 30분. 나는
감라스탄에 있는 스웨덴 한림원으로 갔다. 홀에는 신문기자들이 대기
하고 있었다. 텔레비전 카메라 크루가 요란한 촬영준비를 마치고 있
었다. 아는 통신기자 한 사람이 나를 의아스럽다는 기색으로 반긴
다. 그 자리에는 나 말고 어느 나라 외교관도 없었기 때문이었으리
라. 나는 혹시 한국 작가가 이 번에 수상자라는 애기를 못 들었는가
물었다. 한국 작가가 탈지도 모르지. 그 기자는 전혀 짐작이 없었
다. 그러나 곧 판명이 날 테니까 기다려 보자. 오후 1시 정각. 홀의
큰 문이 열린다. 당시 한림원 상임 서기 라르스 윌렌스텐이 발표문을
들고 걸어 나왔다. 스웨덴어로 수상자와 수상 이유를 간단히 발표했
다. 윌렌스텐의 발표와 동시에 스웨덴어 영어 불어 독일어 4개 국어
로 된 두 장의 보도자료가 제공되었다. 한 장은 작가의 약력과 작품
계보. 다른 한 장은 작가의 철학과 사상을 설명한 평론이었다. 1981
년도 수상자는 엘리아스 카네티 Elias Canetti. 처음 들어 본 이름이
다. 불가리아 출신 오스트리아 작가로 원래 스페인 유태계였다. 소설

---

33) 내가 스톡홀름을 떠나온 뒤 1987년 스톡홀름 대학은 일본 · 한국어과에서 한국어과를
   분리하여 독립시켰다. 초대 한국어과 교수로 스타판 루센이 임명되었다. 조승복 교수는
   1988년 은퇴한 후 부인의 고향 빠리 근교로 이사했고 맘크비스트 교수는 1990년 한림원
   회원이된 후 1995년 현재 대학 중국어학과 교수직은 거의 은퇴한 상태다.

희곡 수필 등 다양한 장르의 글들을 독일어로 썼다. 현재는 영국에 이민가 산다. 복잡한 국적의 그야말로 인터내셔날한 인물인데 우리나라에는 잘 알려져 있지 않았다. 혹시나 한국 작가의 수상 발표를 만에 하나 꿈꾸고 갔던 나는 그 날 스웨덴 한림원 홀에서 혼자 남모르는 낭패감을 맛보았다.

스웨덴 한림원은 수상자가 발표되는 날 본인에게는 보통 전문으로 또는 전화로 직접 통보한다. 그리고 12월 10일 노벨의 생일날 다른 분야 수상자와 함께 스톡홀름 시청에서 거행되는 수상식에 참석한다. 여기서 문학상 수상자는 스웨덴 한림원 회원으로부터 상장과 상금 수표를 받는다. 노벨 재단은 문학상 수상자를 수상자가 원하는 가까운 사람들과 함께 초청하며 수상식과 관련된 행사 일체를 맡게 된다. 스웨덴 한림원은 전통적으로 수상자를 초청하는 공식 오찬을 가지며 노벨상 세미나를 갖고 수상자의 연설을 듣는다. 만일 수상자가 연설을 원하지 않으면 수필이나 기사를 발표함으로써 대신할 수도 있다. 지금까지 노벨 문학상 수상의 영예를 거부한 경우는 1964년 프랑스의 장 뽈 싸르트르 한 사람 뿐이었다.

한국 현대문학 포럼

1982년 10월 27일자 중앙일보 문화면에는 "北歐에 첫 선보인 韓國現代文學" 제하 스톡홀름 현지 발신 朱元相 특파원의 문학 특집 기사가 크게 보도되었다. 스톡홀름 대학 동양학부 주최 문공부 해외공보관 후원으로 열린 '한국 현대문학 토론회' 참관 기사였다. 주원상 특파원의 기사는 이렇게 시작되었다.

"올해 노벨 문학상 수상자 발표가 있었던 지난 21일 마침 스웨덴의 스톡홀름 대학에서는 사상 처음으로 한국 현대문학이 스웨덴의 동양 문학 전문가들에게 본격적으로 소개되고 있었다……. 20, 21일 이틀 간 계속된 이 토론회는 한국 문학의 불모지나 다름없는 北歐에 한국의 현대문학을 처음으로 선보이는 계기가 됐을 뿐 아니라 노벨 문학 상의 심사를 맡고 있던 스웨덴 한림원 회원 등 전문가들의 비상한 관심을 끌었다는 점에서 높이 평가할 만하다. "

나는 1981년 가을 김동리 선생 노벨문학상 후보 추천 사건을 계기로 한국 문학이 노벨상에 접근하려면 먼저 한국 현대문학의 개관을 알리는 홍보가 필요하다고 판단했다. 작품의 영문이나 불문 번역도 중요하지만 우선 한국에 어떤 작가들이 있다, 그 작가들의 사상이나 작품 경향이 어떻다, 또 어떤 문학 작품이 어떤 내용으로 관심을 끌고 있다는 식의 한국 현대문학에 관한 정보가 해외에는 전혀 알려져 있지 않았다. 시인 김지하 정도가 이름이 알려져 있지만 해외 지식인들은 그가 쓴 詩의 문학성을 이해했다기 보다는 그의 드라마틱한 정치투쟁에 대한 연대의식이 앞섰다. 특히 세계 문화를 리드하는 지역인 빠리나 뉴욕의 문화계에 한국 현대문학에 관한 정보는 깜깜하다고 해도 과언이 아니다. 우선 아무것도 모르니까 세계의 유수한 출판업자 들도 한국문학의 번역 출판을 생각할 수 없다. 나는 내가 서있는 스톡홀름에서부터 한국 현대문학을 알리는 일을 해 보고 싶었다. 이 생각을 서울에 건의하여 정부의 적극적인 반응[34]을 얻었다.

나는 스톡홀름 대학으로 조승복 교수를 찾아갔다. 이념적으로 분단

---

34) 1982년 봄 李光杓 문공부 장관은 퇴임하면서 해외공보관의 '북구 현대문학 포름 계획'을 공식적으로 승인했다. 이 계획의 서울 실무책임자는 1991년 여름 東京 근무 중 身病으로 일찍 타계한 李海寬 당시 해외공보관 해외과장이었다.

된 조국 어느 정부에도 속하고 싶어하지 않던 趙 교수는 "순수한 민
족의 입장에서" 내 생각에 동의하고 적극적으로 이 세미나 조직에 나
섰다. 趙 교수는 스톡홀름 대학에서 자신과 가까운 친구들인 북구 문
학 교수 셸 에스프마르크와 문학사 교수 잉게 욘손 Inge Jonsson을
참여시켰다. 에스프마르크는 시인이면서 당시 가장 젊은 한림원 회원
이었고, 욘손 교수는 한림원 노벨위원회가 문학상 심사에 전문가로
위촉하는 문학사 교수였다. 여기에 중국학과 맘크비스트 교수와 일
본·한국학과 루센 부교수 그리고 시인이며 문학평론가인 바아룬드
Per-Eric Wahlund 박사 등이 토론자로 참가했다. 한림원 회원이자
노벨위원회 위원, 문학사 교수, 중국학 교수 일본·한국학 교수, 동
부교수, 문학평론가⋯⋯. 만일 한국 작가가 노벨 문학상 수상 대상에
오른다면 스톡홀름에서 그 심사에 영향력을 미칠 수 있는 인물들을
완벽하게 다 모아 놓은 셈이다. 조승복 교수의 용의주도한 배려였다.

조승복 교수와 나는 한국의 현대문학을 소개할 수 있는 한국측 주
제발표 인사로 평론가, 소설가, 시인을 각각 한 사람씩 초청하기로
합의했다. 초청 인사를 한글세대로 하자, 그리고 정치활동을 하지 않
는 순수 문학인으로 하자는 원칙에 이의가 없었다. 평론가 金炳翼,
소설가 李淸俊, 시인 鄭玄宗은 이런 원칙에 따라 스톡홀름 대학에
초청을 받았다. 김병익은 "사회변화와 한국문학"[35]이란 주제 발표에
서 주로 제2차 세계대전 이후 한국문학의 발전과정을 작가와 작품을
중심으로 소개했다. 이청준은 "존재적 언어와 관계적 언어 사이에
서" 자신의 작품세계를 설명했다. 정현종은 "숨과 꿈"으로 시인의 갈

---

35) 이 논문은 1982년 문학과지성사 발간 김병익 평론집 『知性과 文學』에 수록되어 있
다.

등과 화해를 피력했다. 토론회는 영어로 진행되었다. 한국측 주제발
표자들은 영문 원고를 준비해 왔다. 조승복 교수가 토론의 사회를 맡
았다. 나는 한국측 토론자들의 통역을 맡았다.

스웨덴측 토론자들의 질문은 서구 문학이 한국 현대문학에 끼친 영
향과 전통 문학이 현대 문학에서 차지하는 의미에 집중되었다. 맘크
비스트 교수는 한국 작가들이 어떻게 서구문학을 알게 되었는가 물었
다. 김병익은 20년대 한국 작가들이 프랑스, 러시아, 독일 문학을 접
하면서 서구화를 통한 현대화를 실현하여 식민지로부터의 독립을 모
색했다고 대답했다. 욘손 교수는 서구 문학에서도 어느 나라 문학이
특히 한국에 영향을 주었는가 관심이 컸다. 김병익의 설명은 초기에
일본 번역서를 통한 헤르만 헤세 등 독일 낭만주의 문학의 영향이 지
배적이었다는 것. 에스프마르크 교수는 시인 김지하가 한국 현대문학
에서 차지하는 의미를 물었다. 김병익은 김지하가 전통 詩歌 판소리
형식을 현대화시킨 '譚詩'라는 새로운 한국적 현대시 양식을 시도하
여 그의 문학적 실험이 문단의 주목을 받았다고 말했다. 그러나 담시
의 내용이 주로 정치적인 소재를 담고 있어 文學外的 관심을 더 끌
었다고 설명했다. 문학평론가 바알룬드는 정현종에게 그의 詩가 한국
의 전통시 스타일인지 서구시 형식인지 물었다. 정현종은 자신의 시
를 한국어로 낭송하고 서구 문학의 영향을 받았다고 대답했다. 스웨
덴 참석자들의 요청으로 루센 부교수가 영역문을 감동 섞인 목소리로
멋있게 낭송해 보였다. 자신이 시인인 에스프마르크 교수는 정현종
詩에 니체의 허무주의 철학이 담겨 있다고 평했다.

세미나는 성공적으로 끝났다. 한국에서의 반응도 컸다. 참가했던
평론가와 작가들이 귀국하여 한국 문단에서도 노벨 문학상에 대한 환

상이 어느 정도 불식되었음직 하다. 그러나 일반의 여론은 노벨 문학상에 관한 한 여전히 한국인의 문화적 자존심이라는 감정에 매달려 있었다. 정부가 지원하는 문화정책은 언제나 한국 문학의 성급한 번역 사업에 집중 투자하는 쪽으로 기울었다. 이른바 노벨 문학상을 쫓는 단순한 국민 정서를 언론이 부추기고 정부가 거기 휘둘리지 않을 수 없기 때문이다. 그러나 문학 작품의 번역에는 한계가 있다. 더구나 한국어 문학작품을 歐美語로 옮기면 독자의 감동을 끌어내기가 여간 힘들지 않다. 한국 문학을 평생 전공하는 구미인 출신 학자가 필요하다. 이런 학자를 길러 내려면 한국의 현대문학이 빠리나 뉴욕과 같은 문화 중심지의 젊은 문학도들에게 먼저 매력으로 다가가야 한다. 그러려면 세계 주요 문화 중심 도시에서 한국 현대문학을 알리는 다양한 프로그램[36]을 벌이지 않으면 안 된다.

---

36) 1995년 가을 빠리에서는 프랑스 문화부 주최 외국문학 소개 프로그램 '레 벨 에트랑제 Les Belles Etrangères'가 한국 문학을 소개하는 행사를 가졌다. 1994년 봄 나는 '레 벨 에트랑제' 한국 참가를 추진하는 일에 잠시 관여한 바 있다.

11

미국

내가 만난 GI들

1966년 하와이 대학 풀브라이트 장학금 유학을 포기하면서 나는 사실상 미국에 갈 기회를 놓친 셈이다. 물론 그 후 미국 땅을 잠간씩 밟아보긴 했다. 80년대 유럽에 근무하면서 부임과 퇴임 그리고 몇 차례 본국 출장 때 앵커리지 공항을 경유한 일과 1987년 가을 국립무용단 중남미 순회공연 때 뉴욕 케네디 공항, 마이아미 공항, LA 공항을 차례로 지나친 것도 미국을 가 봤다고 할 수 있을까.

1990년 6월 25일 나는 뉴욕 총영사관 문화원장으로 부임하면서 난생 처음 미국에, 그것도 서부나 중부가 아닌 미국인들이 동해안 East Coast이라고 부르는 東部로 곧장 들어왔다. 한국에서 태평양을 건너 서부를 거쳐 동부에 오는 이른바 '이승만 코스'와는 다르게 유럽 근무를 경험하고 대서양 건너 미대륙에 온 '콜럼버스 코스'를 따른 셈이다.

뉴욕 만하탄 한복판 중급 호텔 바비존 Barbizon Hotel에서 미국땅 첫날밤을 잤다. 나이 만 50에 처음 온 외국 도시인데도 전혀 낯설다는 느낌이 없었다. 이상스러웠다. 빠리에 있을 때 자주 갔던「晩鐘」의 화가 밀레 Jean-François Millet의 고향 마을 이름을 딴 이 호텔이 지난날 東部 백인들이 딸들을 뉴욕 구경시킬 때 묵게 했던 禁男의 숙소였다는 로맨틱한 사연 때문이었을까. 아니면 나 자신 벌써 해외 생활이 몸에 익숙해진 탓이었을까.

아니다. 미국은 훨씬 오래 전부터 내 머리 속에, 가슴에, 아니 온 몸에 스며들어 있었다. 미국은 내가 받은 교육 과정에서 단 하나의 선진 모델이었다. 대학에서 공부한 사회학은 미국 사회와 그 문화를 이론적으로 정리한 학문체계에 다름아니었다. 신문기자를 하면서도 나의 경우 미국식 통신기사를 주로 다루는 외신부 경력이 길었다. 하긴 빠리와 스톡홀름에서 공보관으로 일할 때도 그 곳 사람들은 나를 아주 미국 유학 출신으로 여겼다. 서울 밖에서 학교 교육을 받은 일이 없었다는 나의 고백에도 언제나 고개를 갸우뚱한다. 해외에서 우리나라를 대변해야 하는 내 입장에서 미국 교육을 받지 않았다는 내 은밀한 자존심을 내세우고 싶었는데 전혀 알아 주려고 하지 않는 것이다.

내 기억 속에 처음 박힌 미국인의 이미지는 1946년 봄 서울역 광장에서 본 GMC 트럭을 탄 카키색 군복을 입은 미군 병사들이었다. 어머니 손에 매달려 38선을 걸어서 넘어와 開城에서 얻어 탄 화물차에서 막 내린 여섯 살 난 어린이 눈에 코 큰 양키 군인들이 입었던 여름용 카키색 군복과 고깔 軍帽가 신기하게 보였다. 그리고 1950년 9월 인천상륙 후 서울에 들어와 시가전을 끝내고 휴식을 취하던 미해병대 병사들. 열 살 난 소년은 나중에는 영화에서나 보았던 전투 중의 중무장한 미군을 중앙청 부근 嘉會洞 골목에서 직접 얼굴을 맞대고 만날 수 있었다.

지금까지 내가 그 이름을 기억하는 최초의 미국인은 미스터 블룸퀴스트 Mr. Blumquist. 1955년 무렵 서울 용산 미8군 본부에서 군복무 중인 유타州 출신 몰몬교 The Mormons[37] 신자였다. 당시 나는 친구들과 함께 몰몬교 미군 신자들이 선교를 목적으로 운영하던 목요 영어회화 모임에 나갔었다. 블룸퀴스트란 이름을 40년이 지난 지금까지 기억하는 이유는 그가 스웨덴 이민 출신으로 자신의 姓 블룸은 영어에서 '꽃이 핀다'는 뜻의 블룸 bloom과 같다고 말한 얘기 때문이다.

생각하면 내가 처음 만난 미국 사람이 군인이었다는 사실은 바로 분단과 전쟁으로 이어지는 한국의 현대사를 연상시킨다. 그 무렵 우리들에게 미국은 분단의 한쪽 책임자이기도 했지만 한국전쟁에서 남한의 자유 민주주의와 시장경제를 지켜 준 체제 후견인이었다. 누구나 미국인을 고마운 사람, 미국을 꿈의 나라로 동경해 마지않았다. 70년대 후반 대학가의 反美主義나 80년대 재야세력의 반미운동은 당시로는 상상불허였다.

1964년 나는 서울신문 외신부 기자로 있을 때 마침 서울을 찾아온 산악인 다이렌퍼스 Norman Dyhrenfurth와 인터뷰를 가진 일이 있다. 그는 내셔널 지오그라픽 社가 후원한 미국 최초의 에베레스트 등

---

37) 19세기 미국 동부에서 조세프 스미스 Joseph Smith가 창시한 한 敎派. 신구약 성경 이외에 몰몬 經 The Book of Mormon을 신봉한다는 이유로 異端으로 몰려 서부로 피난하여 유타州 솔트 레이크 씨티에 정착하여 오늘에 이름. 처음 서부에 정착했을 때 교도들은 박해자에게 쫓기고 광야에서 인디안들과 싸우는 동안 남자들이 많이 희생되어 교회는 一夫多妻를 공식으로 인정했다고 한다.

반대장으로 1963년 5월 22일 정상에 처음으로 성조기를 꽂는 데 성공한 미국 사람이다. 미국을 빛낸 인물로 당시 존 케네디 대통령은 그에게 영예의 허버드 메달 Hubbard Medal을 수여하고 美 공보처는 그를 위해 세계 각국 친선방문 프로그램을 마련한 것이다. 내가 만난 군인이 아닌 첫 미국사람도 결국 미국 정부가 해외홍보를 위해 특별히 파견한 인물에 불과했다.

결코 짧지 않은 우리 역사에서 미국이란 나라, 미국 사람처럼 우리들에게 크게 다가온 존재는 아마 없었을 것이다. 그것도 긴 역사 속에서 단 100년이라는 짧은 시간에 그처럼 강한 흔적을 남기기도 어려울 것이다. 적어도 우리 쪽에서 미국을 보면 그렇다. 미국은 과거 우리에게 드리웠던 중국이나 일본의 존재와 비교될 수 있을까. 옛부터 중국은 '天下'라는 이름의 '세계' 곧 우리도 그 안에 포함된 중국문명권의 개념으로 인식되었다. 금세기에 와서 일본은 우리를 강제로 지배했던 제국주의 침략자였다. 그러나 미국은 달랐다.

처음부터 미국은 우리가 본받을 나라, 우리를 도울 수 있는 힘있는 나라로 등장했다. 19세기 제국주의 시대 셔만 호 사건과 로저스 제독이 함대를 들이댄 사건이 있었지만 우리가 만난 본격적인 미국 사람은 기독교를 들고 온 선교사였다. 기울어져 가는 왕국의 신민들은 신대륙에다 민주주의 理想을 실천한 공화국 미국이야말로 일본 제국주의로부터 우리를 지켜 줄 수 있는 수호자로 기대했다. 우리 선각자들은 봉건제도를 근대화하려면 결국 미국식 민주주의를 모델로 해야한다는 막연한 생각을 가졌었다. 냉혹한 제국주의 흥정으로 미국이 한일합방을 묵인했을 때도 이 땅의 기독교인들은 미국 선교사들이 미국의 크리스찬 양심을 움직일 수 있다고 믿었다.

선교사의 고향

외할머니와 어머니를 따라 주일학교를 다닌 기독교 신자이면서도 나는 미국 선교사로 부터 직접 목회를 받아 본 일이 없다. 서울 인사동 勝洞교회는 보수적인 예수교 장로회로 1940년대에 이미 선교사의 영향권에서 벗어난 한국적 교회였다. 뉴욕에서 만난 스티브 린튼 Stephen Linton이 선교사 집안의 자손이라는 내력을 듣고 호기심이 발동했던 것도 무리가 아니다. 그의 증조 할아버지가 한반도에다 선교의 깃발을 세운 곳은 전라남도 순천. 린튼은 다른 형제들과 달리 순천고등학교에 들어가 '토착인' 아이들과 함께 중등교육을 받았다. 그의 완벽한 한국어 구사 실력은 10대에 받은 한국식 교육 덕분이다.

린튼이 들려 준 에피소드. 한번은 광주 시외버스 터미널에서 순천 가는 차를 타려고 두리번거리다가 한가롭게 앉아서 담배를 피우는 할아버지에게 물었다. 물론 전라도 사투리 억양이 완벽한 한국어로.

"순천 가는 차 어디서 타지요? 몇 시 차가 있지요?"

할아버지는 황망히 손을 내 저으며

"어매 나 영어 할 줄 모르는데……."

순간 서양 사람이 한 한국말을 알아들은 자신에 놀라면서 어쩔 줄 몰라하더란다. 린튼의 한국어 실력은 그 정도였다.

린튼은 대학교육을 위해 미국에 왔다. 전공은 한국학. 콜럼비아 대학에서 한국 역사학자 레드야드 Gari Ledyard 교수 지도 아래 남북한 교육내용 비교 연구로 Ph. D 학위를 받았다. 내가 뉴욕에 부임했을 때 린튼 박사[38]는 콜럼비아 대학 동아시아연구소 한국학센터의 프로

---

38) 스티브 린튼은 1995년 9월 '유진 벨 선교 100주년 기념재단 The Eugene Bell Centennial

그램 간사였다. 그후 북한을 여러 번 방문했는데 빌리 그라함 목사가
방북할 때 통역을 맡았다. 미국에서 만나 결혼한 한국 부인 김원숙
여사는 꿈이 담긴 그림으로 一家를 이룬 재미 具象화가이다.

린튼은 한국을 누구보다도 사랑한다. 전라도 순천은 그가 사랑하는
고향이다. 그래서 더욱 한국의 정치 경제 사회 문화가 자기의 이상적
인 생각에 못미칠 때마다 안타까워하며 열을 올린다. 심지어 공개적
인 세미나에서조차 어떤 때는 얼굴을 붉혀 가며 문제를 제기하는 것
이다. 한때 한국 정부 일각에서는 이런 린튼을 反韓 인사로 오해한
일도 있다. 그러나 나는 한국을 사랑하는 그의 본심을 믿었다. 어떤
때 그의 과도한 비판에 대해서는——

"스티브, 한국은 '하나님의 나라'가 아니다. 한국에도 서양 어느
나라에서나 마찬가지로 수단방법을 가리지 않고 권력을 추구하는 정
치가 있고 틈만 있으면 부정을 저질러서라도 이익을 도모하려는 경제
가 있다. 한국은 세계 어느 나라나 마찬가지로 사람을 죽이고 해치는
범죄와 문화적인 혼란과 그 틈을 탄 사기가 횡행하는 '인간의 나라'
이다. 제발, 이젠 할아버지 시절 선교사의 눈을 거두고 더불어 살아
가는 친구의 눈으로 한국을 바라보아 다오."

이렇게 말하면서도 나 자신은 미국에 근무하는 동안 참담한 사실을
발견하고 놀랐다. 미국 사람들 중 한국과 이런저런 이유로 인연을 가
진 사람들——선교사, 軍政 때 군속, 주한 외교관, 한국전 때 파병
군인, 원조기관 직원, 교환 교수, 평화봉사단원, 한국을 연구하는 학

Foundation'을 설립하여 한반도의 평화를 위한 종교 운동을 벌이고 있다. 유진 벨 목사
는 1895년 4월 미국 남장로회가 한국에 파견한 최초의 선교사로 목포에서 선교를 시작
하여 주로 전라도 지역에서 활동했다. 스티브의 '유진 벨 선교 100주년 기념재단'은
1996년 북한의 기근을 돕는 모금을 벌였다.

자……. 말하자면 한국을 비교적 깊히 아는 사람들일수록 일반적으로 한국에 대한 좋은 인상보다는 좋지 않은 인상을 가지고 있었다. 특히 한국에서 근무하다가 한국 여인을 만나 결혼한 사람들도 그런 경우가 많았다. 대조적으로 일본에 근무했거나 일본인과 결혼한 미국인들은 일본을 앞장서서 선전하고 옹호하는 것을 보았다.

미국에서 한국을 올바로 알리는 일을 해야 하는 내 입장에서는 차라리 한국에 가 본 일도 없는, 지금까지 한국과 아무런 인연이 없는 미국 사람들 쪽이 더 편했다. 무엇인가 잘못 그려진 그림을 애써 고치려는 것보다 백지에 새로 그리는 편이 훨씬 쉬웠다. 한국을 가 본, 그래서 한국을 좀 안다는 미국인들의 편견은 대체로 근세 한국의 역사적 비극에 대한 몰이해에서 비롯된 것이 아닐까.

펄 벅의 양심

만하탄 바비존 호텔 다음 골목 64번가에는 카네기윤리국제문제협의회 Carnegie Council for Ethics and International Affairs라는 단체가 있다. 내가 뉴욕에 도착하던 날 마침 한국의 민주화를 주제로 한 세미나가 열렸다. 레이건 정부의 아태차관보 시거 Gaston J Sigur Jr,[39] 콜럼비아 대학 한국학자 레드야드 교수, 뉴욕 타임스의 시갈 Leon Sigal 논설위원 등 미국의 한반도 정책관련 인사들이 대부분 참가한

---

39) 레이건 행정부의 아시아 담당 보좌관으로 국무부 아태차관보 역임. 1989년부터 조지 워싱턴 대학 동아시아 교수. 1995년 4월 26일 작고. 그의 아들 크리스토퍼 Christopher 시거는 뉴욕 카네기협의회 부회장으로 아시아 프로그램을 담당했기 때문에 나와 자주 접촉을 가졌다. 크리스토퍼는 한국에서 평화봉사단원으로 활동했고 콜럼비아 대학에서 아시아의 민주화를 주제로 한 박사논문을 썼다.

일종의 여론 광장이었다.

카네기협의회 회장 로버트 마이어즈 Robert J. Myers 박사는 2차대전 직전 미육군 정보처 OSS 에 차출되어 중국에 갔다가 李範奭 장군이 지휘하는 광복군을 한반도에 침투시키는 '독수리 작전 The Korean Eagle Project'에서 통신교육을 맡았다. 그 인연으로 한국의 정부, 학계, 재계에 두루 知人이 많다. 金俊燁 전 고대 총장은 그 시절의 전우. 마이어즈는 내가 뉴욕에서 일하는 동안 각별한 도움을 주었다. 1995년 은퇴한 뒤 지금은 샌프란시스코로 이주, 스탠포드 대학 후버 연구소에서 20세기 한국에 관한 책[40]을 쓰고 있다.

1995년 봄 잠시 서울에 들른 마이어즈에게서 들은 얘기 ── . 중국을 소재로 한 소설 『大地 The Good Earth』로 노벨문학상을 수상한 펄 벽 Pearl Buck이 일찍이 1944년 하와이 호놀루루 대한시민협회가 발간한 3월 18일자 「뉴 리더 The New Leader」라는 잡지에 다음과 같은 글을 남겼다는 것.

"우리 미국인들은 한국에 대해 남다른 책임을 가지고 있다고 생각한다. 우리는 한국을 두 번이나 배반했다. 어떤 미국인들은 사실 한국을 특별히 배반했다고 생각하지 않고 있다. 韓美修好條約은 미국이 반드시 일본의 침략을 받은 한국을 도와야 한다는 내용이 아니라는 시각 때문이다. 그러나 한국

---

40) 가제 『식민지에서 세계화로 From Colonialism To Globalism』. 짧은 기간 동안 급속한 변화와 발전을 이룩한 20세기 한국의 근대사를 미국인의 시각에서 바라본 역사 평론이 될 것이다. 마이어즈 박사는 시카고대학에서 국제문제 Ph D를 받고 CIA 극동담당관을 지낸 후 미국의 지성지 「뉴 리퍼블릭 The New Republic」 발행인을 거쳐 카네기윤리국제문제협의회 회장으로 은퇴했다.

인들은 그 조약의 법적 측면과 관계 없이 '수호조약'은 미국
이 한국을 꼭 돕겠다는 약속으로 믿고 있는 사실이 문제다.

그리고 나서 우리는 한 번 더 한국을 배반했다. 대부분의
미국인들은 배반한 사실조차 모르고 있다. 한국인들은 제1차
세계대전 후 약소국의 자유를 보장하겠다는 우드로 윌슨 미국
대통령의 약속을 문자 그대로 믿었다. 한국인들은 미국과 동
맹국들의 지원을 기대하면서 일본에 항거하여 궐기했다. 그러
나 아무런 지원도 없었다. 미국인들은 대부분 한국에서 그런
시위 사태가 있었는지조차 모르고 있다. 많은 한국인들이 진
압군에게 살해되었고 가슴 터지는 실망과 함께 우울한 암흑의
시대가 한반도를 지금까지 덮고 있는 것이다."

1945년 8월 15일 일본의 무조건 항복과 함께 미군은 마침내 한반
도 남부에 진주한다. 미군은 우리에게 일본의 가혹한 식민통치를 종
식시킨 解放軍이었다. 그러나 한반도에 진주한 미군은 잠정적인 행
정을 위해 당장 일본 신민통치자들의 정보에 의존함으로써 이번에도
또 한 번 한국인들을 실망시켰다. 그럼에도 불구하고 정작 미국인들
은 일본 정보에 의존했던 책임을 한국인들에게 돌린다. 한국인들이
제공하는 정보는 객관성을 결여하고 있기 때문에 신뢰할 수 없었다는
것. 한국을 전혀 모르고 진주한 미군들. 한국인들에게 현지사정을 물
어보면 같은 사실에 대한 대답이 사람에 따라 다 다르다. 한 마디로
한국인 정보는 정확한 사실 파악에 도움이 안 된다. 그래서 일본 식
민통치 행정자료가 가장 신빙성 있는 객관적 정보로 활용될 수밖에
없었다는 것. 부끄러운 얘기다.

펄 벅 여사가 개탄한 미국인들의 한국에 대한 無知와 무관심은 결

국 미국이 한반도 분단의 한쪽 책임을 짊어지고 마침내 '코리언 워'
라고 불리우는 한국전쟁으로 이어진다.

와스프 WASP

흔히들 미국을 다양한 인종이 함께 섞여 사는 도가니 melting pot
라고 부른다. 나는 이 말을 처음 들었을 때 미국인은 서로 다른 인종
끼리 결혼하는 것이 예사롭다는 뜻으로 이해했었다. 특히 뉴욕은 다
양한 인종이 모여 있는 미국에서도 가장 대표적인 멜팅 폿이다. 그러
니까 뉴욕은 인종 간 결혼이 가장 흔한 도시여야 했다. 정확한 통계
는 모르지만 내가 3년 넘어 뉴욕에 살면서 거리에서 구경한 흑백 커
플은 다운 타운 그리니치 빌리지 가까운 워싱턴 광장 부근에서나 가
끔 마주칠 수 있었을 뿐이다. 흑백 커플은 그렇게 흔하지 않다. 혹
만나는 경우가 있다 해도 대부분 젊은이들이고, 자세히 관찰하면 흑
인과 함께한 백인은 앙글로 색슨은 아니다. 또 중산층 사회계층에서
는 거의 찾아볼 수 없을 것이다.

다시 말하면 뉴욕처럼 인종의 구별이 확연한 도시는 드물다. 빠리
에서는 내가 만나던 신문기자나 외교관들은 대부분 유색인 반려자들
과 함께 살았다. 동양인이나 인도인 또는 흑인과 동거하는 것이 프랑
스 지식인들의 그 무슨 유행 같았다. 쌩미셸 거리에 가면 아프리카
흑인 청년이 금발의 아가씨와 사랑의 애무를 나누는 흔한 풍경을 쉽
게 볼 수 있다. 멜팅 폿이라는 말은 오히려 빠리가 더 어울린다고 하
겠다.

그러면 도대체 본토박이 미국사람들은 누구란 말인가?

1959년 존 F. 케네디 John Fitzgerald Kennedy 상원의원이 미국 민주당 후보로 대통령 선거에 나섰을 때 그의 성분을 놓고 벌였던 논란이 생각난다. 첫째는 그가 가톨릭 신자라는 조건이다. 일찍이 가톨릭 신자가 합중국 대통령에 당선된 일은 없었다. 그리고 또 케네디 집안은 아일랜드 출신. 물론 그 때까지 아일랜드 출신 합중국 대통령도 없었다.

미국 대통령이 될 수 있는 필요조건으로서 사회학자들은 세 가지를 꼽았다. 첫째 백인일 것. 둘째 백인 중에서도 앵글로 색슨 인종일 것. 셋째 新敎徒일 것. 그래서 '와스프 WASP White Anglo-Saxon Protestant'라는 사회학적 개념이 생겼다. 물론 합중국 헌법에는 인간의 평등을 규정하고 있다. 대통령 출마 자격을 인종이나 종교로 제한하지 않는다. 그러나 와스프가 아니면 적어도 합중국의 가장 영향력 있는 정치인이 될 수 없다는 것이 그 당시의 불문률이었다.

존 F. 케네디는 이 오랜 불문율을 깨트린 미국의 영웅이었다. 그는 진정한 의미의 와스프가 아닌 아일랜드 가톨릭으로서 당당히 합중국 대통령에 출마하여 당선되고 취임할 수 있었던 것이다. 물론 케네디 가문을 일으킨 존의 부친 조세프 케네디는 자신이 이룩한 富로 자식들은 하바드에 보내고 마사추세츠 名門家들과 혼인을 맺으면서 와스프와 동화하는 데 성공했다. 그러나 존 F. 케네디가 암살당하는 비운의 대통령이 될 수밖에 없었던 것은 결국 진정한 의미의 와스프가 아니었기 때문인지 모른다. 그러나 1968년 民權法 Civil Right Bill이 통과됨으로써 그의 죽음은 결코 헛되지 않았다. 그가 서거한 지 30년이 넘는 지금 걸프戰의 흑인 영웅 콜린 파웰 Colin Powell 장군도 비록 도중하차하기는 했지만 합중국 대통령의 꿈을 가져 볼 수 있게까지 된 것이다.

한 마디로 와스프야말로 아메리카 대륙 동해안의 주인이다. 적어도 주인의식을 가진 미국 동부의 주체라고 하겠다. 이른바 뉴 잉글랜드라고 불리우는 메인, 뉴햄셔, 버몬트, 마사추세츠, 로드 아일랜드, 코넥티커트 등 6개 州는 바로 와스프들의 본거지다. 뿐만 아니라 미국의 양대 정당이 대통령 후보 경쟁을 위한 예비선거 caucus를 메인 州와 뉴햄셔 州에서 시작하는 관행도 사뭇 시사적이다.

1620년 12월 16일 영국의 청교도들이 메이플라워 Mayflower를 타고 대서양을 건너 도착한 신대륙 포구 플리무스 Plymouth가 바로 뉴잉글랜드 마사추세츠 州에 있다. 그로부터 18세기 미국이 독립할 때까지 이 지역은 단연 영국계 앙글로 색슨들의 정착지로 굳어져 있었다. 지금도 뉴잉글랜드 지방을 여행하면 영국식 영어, 이른바 '킹즈 잉글리쉬'에 가까운 액센트를 풍기는 뉴잉글랜드 영어를 들을 수 있다. 레스토랑에 들어가면 웨이터나 웨이트레스가 식탁에 와서 주문을 받기 전에 반드시 자신의 이름을 먼저 밝히고 서비스에 임한다.

"My name is Jim (Mary). May I help you ? "

이 격식은 비록 레스토랑이 아닌 햄버거 집 같은 패스트 푸드 fast food 가게에서 아르바이트 하는 중학생들도 지킨다. 이런 격식의 대가로 손님은 햄버거 집에서도 단 돈 1달러라도 팁을 주어야 한다.

백인 앙글로 색슨 청교도 문화는 오늘의 미국 상류사회 문화로 자리잡고 있다. 역사적으로 뉴 잉글랜드를 본거지로 차츰 미국의 문화적 상부구조를 형성한 것이다. 영어가 합중국 공영어로 정착된 것도 이같은 배경으로 이해된다. 종교도 청교도를 비롯한 각종 영국계 프로테스탄티즘이 압도적인 위치를 차지한다. 우리는 나사니엘 호손 Nathaniel Hawthorne 문학[41]에서 와스프 문화의 오랜 家父長的 전통을 읽을 수 있다.

살렘 피바디 박물관의 兪吉濬

증기기관이 발명될 때까지 帆船시대 뉴 잉글랜드의 중심도시는 어디까지나 살렘 Salem[42]이었다. 대서양을 건너 유럽과의 연락은 이 도시를 통해서 이루어졌기 때문이다. 증기선이 나오고 신구 대륙 간 물동량이 늘어나면서 보스턴 항, 뉴욕 항, 볼티모어 항으로 동부의 새로운 상업 항만 도시가 발달하게 된다. 19세기에 이르러 점점 조락해가던 살렘 항은 유럽과의 교통은 보스턴과 뉴욕에 양보하고 대신 멀리 중국과 일본과의 통상을 주로 맡았다. 그래서 피바디 박물관 Peabody and Essex Museum of Salem에 우리나라를 포함한 동부 아시아 민속품들이 많이 수집되어 있다.

1991년 7월 나는 살렘 피바디 박물관장 페치코 Peter Fetchko 박사로부터 아시아 민속품 전시관 확장과 소장 한국 민속품의 독립 전시실 설치를 위한 모금 요청 공문을 받았다. 이 공문에 첨부된 자세한 자료 중에 우리나라 개화기 선인 兪吉濬 선생의 붓으로 쓴 친필 영문 서한 사본과 양복 정장을 한 선생의 존영이 눈길을 끌었다. 『西遊見聞』의 저자 유길준 선생과 살렘 피바디 박물관. 도대체 무슨 관계인가? 1882년 조선왕조 사절들이 처음으로 미국을 찾아온다. 이들 중 가장 나이 어린 유길준은 서양문물을 배우기 위해 귀국하지 않고 미

---

41) 마사추세츠 살렘에서 태어난 미국 작가 (1804-1864). 1850년 발표된 성공작 『주홍 글씨 The Scarlet Letter』는 姦通을 다루어 청교도 윤리에 도전한다.

42) 보스톤 동북방 80km 마사추세츠 灣에 있는 옛 浦口. 19세기 말 兪吉濬 선생이 머물렀던 피바디 박물관 Peabody and Essex Museum of Salem과 옛 항만과 세관 터가 있다. 17세기 이 도시에서 벌어졌던 마녀사냥의 이야기와 19세기 작가 나사니엘 호손의 고향 집 '일곱 처마 끝의 집 The House of Seven Gables'이 남아 있는 관광지로 유명하다.

국 땅에 남는다. 한반도 최초의 유학생 유길준은 보스톤 근교 달마 고등학교에 다니면서 당시 피바디 박물관장 모스 Edward Sylvester Morse 교수의 집에서 숙식을 같이하면서 지도를 받는다. 그러다가 1884년 12월 본국에서 甲申정변 뉴스를 듣고 동지들의 거사에 합류하기 위해 부랴부랴 귀국한다. 인상적인 영문 편지는 1896년 7월 일본에 머물면서 모스 교수에게 쓴 것. 몇 번씩 편지를 보냈으나 답장이 없어서 안타까워 하는 확인의 사연이었다.

'살렘'이라고 하면 미국산 박하 담배 이름을 먼저 떠올리는 우리에게 개화기 선인의 꿈이 서리던 도시일 줄이야. 나도 모르게 흥분되었다. 페치코 관장의 모금 목표는 100만 달러. 돈이 문제가 아니다. 역사의 의미가 더 중요하다. 말은 그렇지만 역시 돈이 문제였다. 미국 대학에 한국학 진흥을 돕기 위한 사업으로 온 국제교류재단 Korea Foundation 柳赫仁 이사장에게 졸랐더니 10만 달러를 약속해 주었다. 우선 빙산의 일각은 해결한 셈이다. 나머지는 어떻게 한다? 결국 한국에서 모금운동을 벌여야 하는데……

1991년 9월 뉴욕은 남북한 유엔가입을 계기로 이를 경축하려는 한국측 인사들로 붐볐다. 정부에서는 각계 인사로 구성된 민간 경축사절단을 보냈다. 마침 나와는 신문사 시절부터 서로 잘 아는 조선일보 安秉勳 전무가 경축사절단의 한 사람으로 왔다. 살렘의 유길준 흔적을 얘기하고 피바디 한국실 지원에 나서 달라고 부탁했다. 방법은 우선 조선일보사가 서울에서 유길준과 살렘 피바디 박물관 유물에 관한 전시회를 열면서 재계의 지원을 추진하고 또 전시회 입장료 수입을 모금에 보태자는 것. 우리 근세사에 대해 남다른 정열을 가진 安 전무가 이를 마다할 리 없었다. 흔쾌히 조선일보 사업으로 적극 검토하겠다는 약속을 남기고 돌아갔다.

1994년 11월 19일 서울 국립박물관 중앙홀에서 조선일보 주최로 「유길준과 개화의 꿈」 전시회가 열리기까지 여러 가지 진행상의 우여 곡절이 많았다. 그동안 나는 1993년 10월 뉴욕 근무를 마치고 서울에 돌아와 있었다. 이 전시회는 외국 박물관이 수집한 단순한 19세기 유물을 보여주는 데 머물지 않고 100년 전 우리 선인들의 개화정신을 국민들에게 체계적으로 설명하는 공공교육 프로그램으로 꾸며졌다. 정말 조선일보 安 전무의 정열이 아니었더라면 흐지부지 됐을지도 모른다. 개막 리셉션에 참석했던 李洪九 국무총리, 레이니에 주한미국 대사, 李敏燮 문체부장관, 姜仁燮 국회 문체공 의원, 페치코 피바디 박물관장, 鄭良謨 국립박물관장 등 국내외 인사들은 安 전무의 인사 말을 감명깊게 들었다.

“……「유길준과 개화의 꿈」은 이 자리에 참석한 김준길 정부간행 물제작소 소장의 아이디어에서 출발한 것입니다. 제가 1991년 9월 유 엔가입 경축사절단의 일원으로 뉴욕에 갔을 때 당시 김준길 뉴욕 문 화원장은 살렘 피바디 박물관의 한국실 설치문제를 위한 모금운동 추 진을 조선일보에 제의했읍니다. 저는 개화기의 생생한 역사를 국민에 게 알리고 우리문화의 가치를 세계에 알리는 이 사업이야말로 세계로 향하는 21세기 한국을 위해 필요하다고 공감한 것입니다…….”

「유길준과 개화의 꿈」은 1995년 1월 20일까지 2개월 전시를 통하 여 14만 5,000명의 관람객을 동원하여 2억 1,500만원의 입장료 수입 을 올렸다. 입장료 수입 전액과 기타 성금을 합쳐 모두 2억 3,300만 원, 약 30만 달러를 1995년 4월 피바디 박물관에 기증할 수 있었다. 박물관 측은 이 기금과 지난번 국제교류재단 지원금으로 목표액의 반 은 달성한 셈이고 미국 내에서 한인 사회를 중심으로 나머지 모금운 동을 벌이고 있다.

富者들의 라 돌체 비타

미국 동부의 '와스프'들은 증기선이 발달하면서 차츰 살렘을 떠나 보스턴으로 뉴욕으로 사업의 마당을 넓혀 나갔다. 뉴욕은 말하자면 와스프들의 사업 터전이다. 오늘날 미국의 와스프 상류가정은 마사추세츠 州에 고향 집을 두고, 뉴욕 만하탄에 사업장을 차려놓고, 만하탄 센트럴 파크 동쪽에 고급 아파트를 가진다. 아이들은 보스턴의 하바드와 같은 유서깊은 대학에 보내고, 그 중에서 한 명쯤은 상원의원으로 출세시켜 워싱턴 DC에 나가 연방정부를 상대로 정치를 한다. 물론 그러다가 합중국 대통령으로 키울 수도 있다. 뉴욕을 중심으로 북으로 보스턴, 남으로 워싱턴과 반 시간마다 셔틀 비행기가 있다. 예약없이 아무 때나 공항에 나가면 순서대로 탈 수 있다. 뉴욕-보스턴과 뉴욕-워싱턴은 각각 비행기로 약 한 시간 거리. 와스프들의 행동 반경을 상징적으로 말해 주는 교통로라고 하겠다.

19세기 말부터 와스프들은 미국의 생산력 확대를 배경으로 한 자본주의 번영과 함께 기업경영의 주체로 등장하여 더욱 자본을 축적한다. 텍사스의 석유를 캐고 플로리다의 부동산 개발에 나선다. 텍사스에서 한 정유소를 운영하여 돈을 벌기 시작한 록펠러 John Davison Rockefeller는 만하탄의 미드 타운을 개발하여 엄청난 富를 축적할 수 있었다. 플라나간은 플로리다 철도를 부설하여 플로리다의 땅값을 올렸다. 뉴욕에서 플로리다까지 기차 편이 생기니까 뉴욕의 와스프들이 다투어 플로리다 해안에 겨울 별장을 마련하기 시작한 것이다. 오늘날 웨스트 팜 비치 West Palm Beach에 가면 아름다운 해안을 따라 록펠러, 케네디, 트럼프…. 동부 와스프 名門家와 신흥 부자들의 별장이 줄지어 있다.

서울대 문리대 사회학과 李文徽 선배는 미국에서 부동산 개발에 성공한 보기 드문 한국의 지식인이다. 웨스트 팜 비치 해변 콘도를 휴가 때 마음대로 쓰라는 호의를 받아들여 1992년 여름 휴가를 플로리다로 정했다. 덕분에 미국 부자들의 세계, 다시 말하면 와스프들의 다른 세계를 엿볼 수 있는 기대를 품고 한 여름 가족과 함께 플로리다로 달려갔다. 아뿔싸! 세계에서 가장 화려하다는 웨스트 팜 비치의 로데오 거리는 유령의 마을처럼 한산했다. 계절을 잘못 택한 것이다. 기대했던 부자 구경은 다 틀렸는가? 세계에서 가장 비싼 고급 옷가게 boutique들, 명사들의 단골 술집, 1991년 케네디家의 외손자가 스캔들을 일으켰다는 그 술집, 모두 문을 닫았다. 해변에 줄지어 있는 화사한 南國風 별장들에는 정원을 가꾸는 일꾼들만 보였다.

이문휘 선배의 콘도는 아름다운 해변 모래사장에 우뚝 솟은 신기루 같았다. 유색인 수위에게 李 선배의 미국 이름 마이클 리 Michael Lee의 손님 guest이라고 하자 이미 연락을 받은 듯 22층 화려한 아파트로 안내한다. 대서양을 향한 테라스, 방에 따라서 웨스트 팜 비치 마을이 보이기도 하고 멀리 내륙의 푸른 저지대가 아련하기도 하다. 해수욕을 할 수 있는 콘도 전용 모래사장은 울타리를 쳐놓고 콘도 주민들만 열쇠를 사용하는 출입문을 통해 드나들 수 있었다. 또 콘도에 딸린 민물 노천 수영장의 길이는 50미터. 건물에서 수영장으로 나가는 데도 열쇠가 필요한 출입문을 통과해야 한다. 부자들의 세계는 외부로부터 철저하게 보호되고 있었다.

우리 가족이 도착했을 때 이 어마어마한 규모의 고층 콘도에는 우리 말고 단 한 가족밖에 살고 있지 않았다. 우리는 휴가온 손님이지만 그 가족은 은퇴한 유태인 노인 부부였다. 이 건물에서 제일 비싼 지붕 밑 아파트, 이른바 펜트하우스에 사는 이 노인은 말하자면 유일한 상주 가정인 셈이다. 승강기에서 만나 들은 얘기——. 플로리다 주는 은퇴한 부자들을 유치하기 위해 여러 가지 세금을 가장 적게 받는다는 것. 노천 주차장은 뜨거운 햇볕 때문에 자동차를 세우지 않아 썰렁했다. 그러나 지하 차고에는 전세계 고급 승용차는 다 모여 있었다. 포쉐, 롤스로이스, 메르세데스…. 특히 스포츠 카와 문 두 짝짜리 꾸뻬 coupé가 많았다.

우리 가족은 상상의 부자가 되어 熟眠을 취하고 일찍 일어나 전날 예약한 식당으로 아침을 먹으러 내려갔다. 콘도 전용 식당은 노천 수영장 옆에 있었는데 손님은 우리 가족밖에 없었다. 한 가족의 아침 식사를 위하여 전속 요리사와 조수가 출근했다. 주스로 시작하여 계란요리와 햄 베이컨과 함께 토스트를 들고 커피로 끝나는 미국식의 거한 아침을 들었다. 낮에는 해수욕도 하고 수영도 즐기다가 저녁이 왔다. 자동차로 5분쯤 걸리는 동네 레스토랑에 예약을 했다. 의외로 손님이 많았다. 水路에 면한 레스토랑 정원에는 손님들이 차례를 기다리고 있었다. 우리처럼 자동차로 온 손님들은 별로 없었다. 대부분 모터 보트로 오는 것이다. 프랑스 요리를 중심으로 짠 메뉴는 만하탄보다 값이 쌌다. 그러나 음식의 질은 만하탄 고급 레스토랑에 못지 않았다.

네오 와스프

오늘날 2억 4,000여만 아메리카 합중국 시민 중에서 과연 와스프 인구는 얼마나 될까? 1990년 현재 미국의 혈통 별 인종 분포를 보면 놀랍게도 독일계가 5,794만 명으로 가장 많은 23.3퍼센트를 차지한다. 두 번째가 아일랜드계로 3,873만 명. 와스프 곧 앙글로 색슨은

3,268만 명으로 세 번째이다. 네 번째가 흑인으로 2,377만 명에 이른다. 이탈리아계가 1,466만 명으로 다섯 번째. 그리고 멕시코계 1,150만 명, 프랑스계 1,030만 명, 폴란드계 936만 명의 순이다.

뉴욕을 중심으로 한 동부의 이민 물결을 시대별로 보면 미국의 인종구조를 이해하는 데 도움이 될 것이다. 1800년 당시 뉴욕의 인구는 6만 명이었는데 그 중 약 50퍼센트가 앵글로 색슨이었다. 와스프 원조들이다. 19세기 중반 독일과 아일랜드에서 기근 등으로 대량 이민이 유입된다. 19세기 말엽부터는 동부 유럽과 남부 이탈리아에서 많은 이민들이 몰려온다. 마리오 푸조 Mario Fuzo의 연작 영화「代父 The God Father」에서 '리틀 이탤리 Little Italy'라고 부르는 만하탄 다운 타운의 이탈리아 이민사회가 조지 워싱턴 다리를 건너 뉴저지로 뻗어나가는 얘기가 나온다.

같은 백인종 중에서도 이민의 역사에 따라 주인의식의 차이와 함께 인종 간의 차별이 생겼다. 그러나 여러 인종들이 시대를 거치면서 계속 밀려오는 동안 독일과 아일랜드는 쉽게 와스프에 동화될 수 있었다. 사실 오늘의 와스프들은 영국계와 독일계, 영국계와 아일랜드계의 혼혈을 광범하게 포함하고 있다. 이를테면 이미 와스프 名門家로 알려진 록펠러 가문은 독일계 이민이요, 케네디 가문은 아일랜드 이민이다.

지금 뉴욕에서 흔히 만나는 '벽안의 금발 백인'의 혈통을 물으면 독일계－아일랜드계－앵글로－색슨 German-Irish-Anglo-Saxon이라고 대답하는 사람이 가장 많을 것이다. 그만큼 백인 혼혈이 늘면서 이들이 넓은 의미의 와스프를 형성하고 있다. 이들 '네오 와스프 Neo-Wasp'들은 같은 백인이면서도 후발 이민들인 동부 유럽 출신의 유태계와 전통적으로 가톨릭 문화권에서 온 남부 이탈리아계를 차별했다. 바로 소설과 영화로 알려진 시걸 Eric Sigal 작「러브 스토리

Love Story」는 이탈리아 이민 출신 가톨릭 가정의 여주인공과 와스프 가정의 남주인공 사이에 서로 다른 인종과 문화를 배경으로 한 사랑의 비극을 그리고 있다. 이탈리아계도 그렇지만 유태계는 무엇보다도 종교 때문에 오랫동안 와스프에 동화되기 어려웠다.

제1차 세계대전 후 뉴욕에는 주로 남부와 카리브해로부터 온 흑인 인구가 늘어난다. 또 제2차 세계대전 후에는 푸에르토 리코에서 흑인들이 대량 몰려온다. 60년대 뉴욕 필하모니 지휘자 번스타인 Leonald Bernstein이 작곡한 뮤지칼 「웨스트 사이드 스토리 West Side Story」에 푸에르토 리코 흑인 이민들의 얘기가 나온다.

우리들 눈에는 흑인이라고 하면 다 같아 보이지만 미국의 흑인은 문화적 배경이 서로 다른 두 그룹으로 나누어 볼 수 있다. 미국 남부에서 올라온 영어를 쓰는 진짜 흑인 African American과 푸에르토 리코 등 카리브해 연안 스페인語圈 출신 히스패닉 Hispanic 또는 점잖은 말로 라티노 Latino들이 있다.

1930년대에는 독일에 나치즘이 일어나면서 유태인 박해가 시작되고 독일과 동 유럽의 유태인들이 대거 몰려온다. [43] 지금 브루클린은 검은 모자와 검은 예복을 입은 유태교 율법박사 rabbi들이 득시글거린다. 수년 전까지만 해도 美 하원 아시아 태평양소위 위원장으로 한반도 문제를 다루던 솔라즈 David Solarz 前의원은 바로 이 브루클린 출신 유태계 정치인이었다. 1993년 선거구가 조정되면서 만하탄의 유태계가 많이 살던 이스트 리버 사이드 지역이 다른 구역으로 편입되는 바람에 솔라즈는 의석을 잃었다.

---

43) 미국 전역의 유태계 백인 인구는 약 600만 명, 그 중 300만 명이 뉴욕圈에 산다.

50년대와 60년대에는 뉴욕의 와스프와 유태계 백인 중산층들이 대거 교외로 주거를 옮겨간다. 이른바 郊外化 suburbanization 현상이 시작된 것이다. 시내에는 흑인 인구가 상대적으로 큰 비중을 차지하게 된다. 흑인 市長이 나오고 흑인들의 일자리가 늘어난다. 만하탄 북부 할렘 Harlem은 옛 네델란드 정취를 살린 아름다운 주거지였는데 1960년대 흑인들의 폭동 이래 백인들이 다 떠나 버리고 슬럼가로 변했다.

1965년 이후에는 아시아와 새로이 라틴 아메리카로부터 많은 인구가 들이닥친다. 물론 한국 이민도 그 때부터 본격적으로 시작된다.[44] 만하탄 32번가 부근과 퀸즈에 집중된 한인들은 차츰 롱 아일랜드, 뉴저지, 뉴욕 업스테이트 등 교외로 진출하여 지금은 뉴욕圈에 약 20만의 한인 콤뮤니티를 이루고 있다.

여러 인종이 각각의 콤뮤니티를 이루고 사는 뉴욕이다. 9월과 10월에는 각 콤뮤니티들은 주말, 주로 토요일을 '민족의 날'로 정하고 만하탄 5번로 5th Avenue를 시가행진한다. 그린 색을 민족의 색으로 정한 아일랜드 콤뮤니티의 요란한 퍼레이드가 생각난다. 9월이나 10월 추석을 전후한 주말은 '한국의 날'이다. 한인들 가게가 밀집한 32번가를 중심으로 브로드웨이를 따라 퍼레이드를 펼친다.

---

44) 뉴욕시 5개 행정구역, 즉 만하탄, 브롱스, 퀸즈, 브루클린, 스타텐 아일랜드의 총 인구는 1995년 7월 1일 현재 약 731만 2,000명. 인종별로 보면, 백인 61퍼센트, 흑인 25퍼센트, 아시아계 14퍼센트. 그러나 뉴 저지, 뉴욕, 커넥티커트 등 3개 주에 걸친 뉴욕圈 총인구를 따지면 단연 백인 비율이 높아진다.

12

돈

월街

세월이 흘렀다. 1989년 베를린 장벽이 무너지고 맑스의 이념이 세운 나라들이 자본주의 시장경제에 편입된 이후에 나는 미국에 왔다. 미국은 자본주의의 승리에 도취해 있을 줄 알았다. 그러나 사람들은 모두 침체된 경기에 우울한 분위기였다. 사담 후세인이라는 가상의 강적을 단숨에 항복시킨 걸프 전쟁의 환호도 잠깐, 불경기의 긴 터널은 끝이 안 보였다. 자본주의는 이겼는데 사람들의 살림살이는 '악마의 제국 Evil Empire'과 대결하던 때만 못하다. 사람들은 70년대 말 80년대 초 이른바 '레이가노믹스 Reaganomics'[45] 시절의 호경기를 그리워하고 있었다. 마침내 1992년 대통령 선거에서 아칸소 같은 작은 州의 지사였던 클린턴이 걸프 전쟁으로 인기가 높았던 부시를 누

---

45) 레이건 대통령의 기업우선지원 경제정책. Reagan+Economics 합성어

르고 당선되는 이변이 일어났다.

자본주의 본산인 미국에 와서 문득 이 나라의 모든 비밀은 뉴욕의 월街가 쥐고 있다는 생각이 들었다. 뉴욕에 도착한 첫날 월 스트리트부터 구경갔다. 우리말로 '담 길.' 1653년 뉴 암스텔담 Nieuw Amsterdam의 스튀브산트 Peter Stuyvesant 총독은 市 조례를 만들고 만하탄 섬 남쪽 끝에 허드슨 강과 이스트 리버를 잇는 긴 목책 담을 쌓았다. 담 밖 북쪽으로 흩어져 사는 알공킨 Algonquin 인디안[46]들로부터 시민들을 보호한다는 목적인데 다분히 상징적인 의미였다. 1699년 영국인들이 화란인들 대신 뉴욕을 차지하고 나서 이 담을 헐어버리고 그 자리에 도로를 만들었다. 그래서 '월 스트리트 Wall Street'라는 이름이 붙었다는 것.

월 스트리트는 지금도 그리 큰 길은 아니다. 다만 이 길에 있는 미국 독립초기 연방정부의 의사당 건물 Federal Hall National Memorial이 아메리카 합중국 최초의 수도가 뉴욕이었다는 역사적 사실을 말해주고 있을 뿐이다. 그 보다도 뉴욕 증권거래소와 씨티은행 등 화려한 코린트식 건물들이 모두 이 길에 있다. 보통 이 길을 중심으로 체이스 맨하탄 은행 건물이나 유명한 쌍둥이 빌딩 월드 트레이드 센터 같은 세계 금융을 다루는 마천루들이 밀집한 이 일대 다운타운을 모두 '월街'라고 부른다. 넓은 의미로 미국의 富를 상징하는 거리 이름이 된 것이다.

뉴욕의 월 가에 가면 누구나 미국의 맥박을 느낄 수 있다. 거대한

---

46) 플로렌스 사람 베라짜노 Giovanni da Verrazano는 1524년 프랑스 왕 프랑소아 1세의 후원으로 만하탄을 발견한 최초의 유럽 탐험가였다. 만하탄 일대에는 알공킨이라는 인디안 부족이 살고 있었다. 1626년 알공킨의 어느 추장이 지금의 다운타운 지역을 화란인 미뉘트 Peter Minuit에게 단돈 25달러에 팔아먹었다.

미국을 움직이는 힘, 아니 세계를 움직이는 힘이 이 한 곳에 모이기 때문이다. 매일 아침 지하철 역과 연결된 월드 트레이드 센터의 로비에 가면 10개의 에스컬레이터를 가득 메운 사람의 물결이 지하로부터 솟아오르는 일대 壯觀을 구경하게 된다. 월 가에 근무하는 샐러리 맨과 우먼들의 출근 장면이다. 롱 아일랜드에서, 뉴욕 업 스테이트에서, 커넥티컷에서, 허드슨 강 건너 뉴 저지 일대에서 사람들은 일을 찾아 기차로 배로 또 헬리콥터로 월 가에 달려오는 것이다. 내가 뉴욕에 근무할 때 한국경제신문 특파원을 지낸 언론인 金炳圭 형은 이 장관을 한국에서 오는 친구들에게 맨먼저 보여 주는 관광 메뉴로 삼았다. 미국 자본주의의 현장에서 그 생생한 모습을 구경시켜 주겠다는 자못 경제기자다운 발상이었다.

1990년 6월 뉴욕에 부임하자마자 얼마 안 되어 월 스트리트 저널 Wall Street Journal 외신부장 리 레스카즈 Lee Lescaze와 오찬을 가졌다. 신문사는 母회사 다우 조운스 Dow Jones 빌딩에 있었다. 다운타운을 구경할 겸 그 부근으로 내가 가기로 했다. 레스카즈는 월드 트레이드 센터 제1 빌딩 107층 꼭대기 레스토랑 '윈도우스 온 더 월드 Windows on the World'의 남측 창가에 예약을 해놓았다. 이 레스토랑은 사방이 유리창으로 되어 동서 남북으로 전망이 좋은데, 남측 창가는 바로 '자유의 여신상 Statue of Liberty'이 바라다보이는 좋은 자리였다. '윈도우스 온 더 월드'는 음식은 별로 신통치 않으나 전망 하나 가지고 관광객들을 유혹하는 이를테면 뉴욕 다운타운 명소의 하나다. 뉴욕에 처음 온 내게 이런 명소 식당에 초대한 것은 과연 월街의 와스프 속물주의 매너가 몸에 밴 레스카즈다운 배려였다고나 할까.

경제전문지 월 스트리트 저널은 도시 중심의 지방지가 발달한 미국에서 거의 유일한 전국지이다. 전국 아니 세계적인 영향력을 가진 뉴욕 타임스나 워싱턴 포스트도 엄격한 의미에서 뉴욕과 워싱턴 DC의 지방지 아닌가. 뉴욕 타임스와 같은 종합지와는 달리 1면 경제 동향 고정란부터 전문지답게 편집이 다르다. 그러나 국제정세에 대한 보도와 논평은 고급지로서 정평이 나 있다. 물론 월 스트리트의 자본가를 대변하는 이 신문의 논조는 보수적이다. 정당으로서는 공화당을 지지하고 영국의 대처 Margaret Thatcher 수상과 같은 보수강경 정책을 지지한다.

리 레스카즈의 전임 외신부장을 지낸 카렌 하우스 Karen House라는 여류 언론인이 있다. 지금은 다우 조운스 부사장으로 유럽과 아시아 월 스트리트 저널과 주간 파 이스턴 에코노믹 리뷰 Far Eastern Economic Review를 담당하면서 사실상 이 신문사의 상당한 영향력을 가진 인물이다. 부군 피터 칸 Peter Kann은 내가 뉴욕에 부임했을 때 다우 조운스 사장이었는데 얼마 안 돼 회장으로 승진했다. 말하자면 월 스트리트 저널은 피터 칸·카렌 하우스 부부가 시쳇말로 말아 먹는다고 해도 과언이 아니다.

카렌 하우스는 물론 글도 잘 쓰는 대기자이다. 가끔 세계 정세에 대한 심층 분석기사를 시리즈로 쓴다. 내가 뉴욕에 있는 동안 미국, 서유럽, 일본, 러시아, 동구권, 중국의 6대 세력권을 분석하고 미래를 전망한 시리즈를 발표한 적이 있다. 냉전시대가 끝나고 세계의 헤게모니를 누가 쥘 것인가? 세계 안보를 위한 군사력의 균형은 어떻게 유지될 것인가? 경제력은 어떤 변화를 보일 것인가? 카렌 하우스의 결론은 미국이 21세기에도 군사력과 경제력 면에서 계속해서 세계의 헤게모니를 장악할 수밖에 없다는 것이다. 미국에 의해 세계 평화가 유지되는 팍스 아메리카나 pax americana의 연장을 예고하고 있다.

그런데 이 카렌 하우스가 한국에 대한 특별한 관심을 가지고 있었다. 월 스트리트 자본주의 시각에서 정부가 주도하고 재벌이 뛰는 한국형 경제성장에 어떤 매력을 느꼈는지 모른다. 특히 1987년 대통령 직접선거를 평가하고 한국의 민주화에 큰 기대를 보였다. 1988년 서울에 와서 노태우 대통령을 특별회견한 후부터 노 대통령과 테니스도 함께 칠 정도로 가까워졌다. 노 대통령도 유엔 총회 참석차 뉴욕에 오면 카렌과 꼭 만나곤 했다. 카렌은 보수적인 부시 행정부와 심정적으로 가까웠던 노태우 정부의 열렬한 지지자였다.

1991년 8월 그해 대통령 유엔총회 방문을 준비하는 과정에서 나는 월 스트리트 저널 회장의 화려한 회사전용 식당을 구경할 수 있었다. 다우 존스 빌딩 꼭대기 층 penthouse 회장실 옆의 전용 식당은 바다 쪽으로 자유의 여신상이 내려다보이고 북쪽으로는 만하탄의 마천루들이 하나의 絶景을 이룬, 한 마디로 하늘에 뜬 궁전이라고나 할까. 피터 칸·카렌 하우스 부부는 노태우 대통령을 위하여 이 궁전에서 만찬을 베풀었다. 회식에는 뉴 저지에 사는 리차드 닉슨 전 대통령을 비롯하여 뉴욕 일원의 거물급 보수 인사들이 참석했다.

強盜의 掘穴

월 스트리트 저널의 1면 편집부장 제임스 스튜아트 James B. Stewart 는 1991년 한 권의 베스트 셀러를 써냈다. 『強盜의 掘穴 Den of Thieves』── 80년대 월 스트리트를 뒤흔든 대규모 금융 스캔들의 다큐멘타리 기록이다. 마이클 밀켄 Michael Milken, 이반 보에스키

Ivan Boesky, 마틴 시겔 Martin Siegel, 데니스 리바인 Dennis Levine 4인방이 스캔들의 주인공들. 모두 뉴욕 월 가와 LA 비벌리 힐즈의 증권투자회사들의 쟁쟁한 전문경영인들이다. 이들이 서로 짜고 株價를 조작한 거래로 금융사상 가장 큰 수십 억 달러를 먹고 달아났다가 결국은 법정에 서게 되는 실화를 드라마처럼 박진감 있게 쓴 책이다.

그들은 먼저 경영이 부실하여 그 회사 주식이 증권시장에서 인기 없는 어떤 기업을 골라 찍는다. 4인방 중 한 업자가 이 기업에 접근하여 값이 싼 회사채를 마구 발행하도록 부추긴다. 이런 인기 없는 회사채를 월가에서는 '정크 본드 junk bond'라고 부른다. 4인방 중 다른 업자는 이 값싼 정크 본드를 대량으로 사들인다. 결국 그 회사를 싼 값에 흡수합병하는 수법이다. 일단 흡수합병이 끝나면 4인방 중 투자회사를 하는 다른 친구들이 자기 고객들에게 그 회사의 주식을 비싸게 팔아먹는 것이다. 『강도의 굴혈』에는 머리 좋은 유태계 거래인 마이클 밀켄이 바로 그와 같은 정크 본드 작전의 代父로 등장한다.

1988년 증권 스캔들 보도로 퓰리처 상을 받은 저자는 책의 제목을 신약성경 마태복음 21장 12, 13절에 나오는 '강도의 굴혈 a den of thieves'에서 따왔다.

"예수께서 성전에 들어가사 성전 안에서 매매하는 모든 자를 내어 쫓으시며 돈 바꾸는 자들의 상과 비둘기 파는 자들의 의자를 둘러엎으시고 저희에게 이르시되 기록된 바 내 집은 기도하는 집이라 일컬음을 받으리라 하였거늘 너희는 강도의 굴혈을 만드는도다 하시니라."

『강도의 굴혈』은 뉴욕에 와서 30년만에 만난 동창생 孫昌文 변호사가 권하여 나도 읽어 보게 되었다. 나와는 국민학교, 중고등학교,

대학교가 모두 동문인 손 변호사는 컬럼비아 대학 출신으로 뉴욕에서 법률서비스업으로 성공한 교포이다. 뿐만 아니라 미국의 와스프 문화를 깊이 아는 몇 안 되는 박식한 교포 지식인 중 한 사람이다. 우리 둘은 만하탄 한 복판 44가 알공킨 호텔 Algonquin Hotel 레스토랑에서 만났다. 고급 월간지 「뉴요커 The New Yorker」 편집장 등 주로 뉴욕의 문인들이 점심 모임을 가졌다는 유서 깊은 곳이다.

"월 스트리트에 있는 투자회사들은 하바드, 스탠포드, 예일 등 소위 아이비 리그 Ivy League 일류대학 출신 머리 좋은 친구들을 스카웃하지. 남의 돈을 맡아 투자한다는 것은 도박에 가까운 모험인데 투자 예측이나 거래에 젊고 총명한 머리를 써먹자는 거야. 이 친구들은 월급은 문제 안 되고 주로 보너스를 바라보고 뛴다. 20대 젊은 한때에 왕창 큰 돈을 벌고 30대에 은퇴한다. 한 번에 수백만, 수천만 달러를 회사에 벌어 주면 1~3퍼센트 보너스만 받아도 수만, 수십만 달러를 벌 수 있으니까 몇년 잘하면 큰 부자가 될 수 있다는 거야."

그러니까 월 스트리트의 투자회사들은 부자들의 돈을 맡아 굴려 주면서 그 이익을 같이 먹는 것이다. 돈을 굴리는 일, 점잖은 말로 금융업은 미래를 예측해야 하는 아주 어려운 투자정보를 다루는 고도의 전문업종으로 명석한 고급 두뇌를 필요로 한다. 그 중에서도 총기가 넘치는 젊은 두뇌라야 한다. 미국의 명문 대학들은 이 수요에 맞추어 이른바 '비지니스 스쿨'이라는 이름의 경영대학원을 운영한다. 하바드 비지니스 스쿨 Havard Business School, 스탠포드 비지니스 스쿨 Stanford Business School, 펜실바니아 대학의 와턴 비지니스 스쿨 Wharton Business School……. 비지니스 스쿨의 명성도 역시 미국의 아이비 리그의 서열을 따라 정해진다. 이런 학교에서 배출된 두뇌들이 월 가로 몰려오는 것이다.

재미 작가 피터 현 Peter Hyun 선생의 말이 생각났다. 큰 아들 호기 Hoagy가 명문 예일 대학교의 수석 졸업생인데 지금 싱가폴의 투자회사에 다닌다는 얘기. 30세까지 그가 목표하는 돈을 벌고 나면 프랑스 루아르 강변 낡은 샤또를 수리하여 작은 레스토랑을 운영하며 살겠다는 낭만적인 인생 설계를 가진 괴짜였다. 또 얼마 전에 만하탄에서 불고기를 같이 먹은 나의 사촌 처남 크리스 Christopher Han도 야심이 큰 청년이다. 미국에서 태어나 자란 크리스는 펜실바니아 대학 와튼 비지니스 스쿨에서 MBA를 하고 월 스트리트의 일본 투자회사 스미또모 住友에 스카웃되었다. 걸프 전쟁 때 미군의 공격 시간을 미리 알았다고 자랑할 정도로 말하자면 투자정보 일선에서 일하고 있는 총기 넘치는 청년이다.

돈을 다루는 일, 그것이 남의 돈이든 자기 돈이든 그 돈을 불려서 이익을 내야 한다는 금융업의 본질은 월 가에서 일하는 사람들의 정신적 육체적 스트레스를 강요하고 있다. 아무리 객관적인 자료를 근거로 냉철한 분석을 한다 해도 투자는 결국 도박의 위험부담을 안아야 하기 때문이다. 일반적으로 그들은 이 엄청난 스트레스를 극복하기 위해 '안락한 삶 La Dolce Vita'을 추구하는 속물주의 문화를 추구하게 된다. 테니스 코트를 갖춘 교외의 저택이든가 화려한 만하탄의 맨션 아파트, 오페라 구경 등 호화로운 저녁 시간 night life, 그리고 자동차를 길게 늘여뜨렸다는 뜻으로 '스트레치 stretch'라는 별명을 가진 리무진 승용차와 패션 모델과 같은 미인 아내……

『강도의 굴혈』은 바로 그런 전형적인 월 스트리트 인생들을 소개하고 있다. 주인공들은 좋은 의미든 나쁜 의미든 가장 미국적인 속물주의자들이다. 이들이 자라온 배경과 키워온 야심, 그리고 지금 얻어

내고 있는 성취야말로 속물주의의 승리요 무용담이 아닐 수 없다. 그
러나 그들이 전투에서 묻힌 더러운 피와 수단 방법을 가리지 않다가
자기도 모르게 저지르는 범죄는 결국 파멸의 終局을 몰고 온다. 요행
히 재주를 부려 법을 뛰어넘어 한밑천 잡고 '강도의 굴혈'을 빠져 나
갈 수 있었다 해도 남은 인생을 풍요롭게 살 수 있는 정신적인 여유
를 찾기는 어렵다. 그들은 자신들이 뛰어든 세계가 누르는 스트레스
에서 영원히 벗어날 수 없는 것이다.

마틴 시겔

보스톤의 유태인 구두방 집 아들 마틴 시겔 Martin Siegel은 1971년
하바드 비지니스 스쿨을 졸업하고 23세의 어린 나이로 월街에 뛰어든
다. 당시 하바드의 우수한 학생들은 월남전 때문에 반체제적으로 흘
러 아무도 비지니스 스쿨에 가지 않았다. 월街의 투자회사들은 그 당
시로서는 구하기 힘든 일류학교 출신 우수한 젊은이를 놓고 저마다
군침을 삼켰다. 시겔은 월 스트리트와 평행한 옆골목 길 엑스체인지
플레이스 20번지에 뉴욕 본사가 있는 키더 피바디 社 Kidder, Peabody
& Co.를 골라 입사한다.

키더 피바디는 자본금 약 3,000만 달러. 겨우 20대 투자회사에 들
어갈 정도밖에 안 된다. 솔로몬 브라더스, 퍼스트 보스톤, 모건 스탠
리, 메릴 린치, 골드만 삭스……. 쟁쟁한 일류 투자회사를 버리고 키
더 피바디를 택한 이유가 있었다. 시겔은 업종이 다양한 회사, 도전
적인 기회가 많은 회사를 찾았다. 골드만 삭스, 쉬어슨 하이든 스
톤, 키더 피바디 셋으로 좁혔다. 골드만은 너무 자리가 잡혀서 기회
가 적을 것 같았다. 쉬어슨은 연봉 2만 4,000달러를 제시했지만 1만

6,000달러를 주겠다는 키더 피바디를 택했다. 키더 쪽 임원과 간부들이 모두 나이가 많아서 승진이 빠를 것 같았고 또 고객들 재력이 탄탄했기 때문이다. 그의 생각은 적중했다.

키더 피바디의 회장 알버트 고든은 보스턴의 부유한 가죽 장사집 아들로 하버드 학부와 비지니스 스쿨을 나와 그야말로 탄탄대로를 걸어온 정통 와스프 금융인이다. 고든은 골드만 삭스의 주식 세일즈맨으로 출발하여 1929년 공황 때 보스톤에 있는 키더 피바디를 인수하고 본사를 뉴욕 월 스트리트로 옮겨 회사를 키웠다. 지금은 랄프 데눈지오에게 사장직을 물려 주고 자신은 회장으로 물러앉아 최대 주주 행세만 한다. 70년대에 들어오면서 와스프계 금융회사들은 예전처럼 유태인 채용을 별로 꺼리지 않았다. 그래서 시겔은 와스프계를 고집해 온 보수적인 키더 피바디의 최초의 유태인 직원이 되었다.

시겔은 1970년 7월 4일 독립기념일에 2년 동안 사귄 음악대학생과 결혼하여 만하탄에 월세 212달러짜리 두 칸방 아파트로 입주한다. 데눈지오 사장은 벌써부터 녹녹치 않은 이 유태인 신입사원에게 눈독을 들였다. 다른 직원들이 꺼리는 흡수합병 업무를 자원한 시겔은 키더 피바디의 고객 찰스 블러던이 아틀란틱 패시픽 티 회사를 합병하는 일을 솜씨 있게 처리해 낸다. 얼마 안있어 시겔은 흡수합병 업무를 설명한 키더 피바디의 사원용 매뉴얼을 쓸 정도가 된다.

시겔은 주말마다 보스턴에 내려가 아버지 사업을 도와야 했다. 그 통에 오페라 가수를 지망하는 아내를 돌보지 못했다. 결국 그들은 별거한다. 시겔은 더욱 열심히 일에 매달린다. 주말에 아버지를 돕는 일까지 1주일에 100시간을 넘게 일했다. 그는 아버지처럼 사업에 실패한 인생이 되기 싫었다. 마침내 그의 집념은 결실을 얻어냈다.

1977년 5월 뉴욕의 경제주간지 비지니스 위크 Business Week지는

월가의 神童 시겔의 성공담을 대대적으로 실어 주었다. 비지니스 위
크가 선정한 대표적인 흡수병합 전문가라는 딱지는 키더 피바디가 뿌
린 기사 스크랩 카피를 읽은 고객들 사이에 단번에 위력을 발휘하였
다. 배우처럼 잘생긴 시겔의 인물사진과 함께 "옛 여배우 그레타 가
르보의 애인급"이라는 기사표현 덕분에 갑자기 여자들의 데이트 신
청이 쇄도했다. 이 때부터 시겔이 맡은 고객 수는 연간 200~300명
수준으로 늘어났다.

이반 보에스키

마틴 시겔이 중개인 이반 보에스키 Ivan Boesky를 만난 것은 커넥
티컷에 새 집을 사서 이사온 1979년 어느 날이었다. 보에스키는 아버
지때 러시아 이민으로 부자집 딸과 결혼하여 처가집 돈을 중개하는
독립회사를 가진 인물이다. 고향 데트로이트 교외의 명문 사립고교
2년을 중퇴하고 뒤에 미시간 대학에 다녔다. 학교 성적은 별로 좋지
않았으나 레슬링 선수였다. 레슬링이라는 운동 때문에 이란에서 온
교환학생과 친해져서 이란에 간다. 이란에서 그의 행적은 뚜렷하지
않다. 평화봉사단처럼 영어도 가르치고 미국공보원 현지직원 일도 했
으며 미국 CIA의 비밀 요원이었다고도 한다.

그 무렵 시겔은 자기 회사 여자 신입사원과 사랑에 빠졌다. 70년대
말 여성 비지니스 스쿨 출신들의 첫 물결이 월 가로 밀려왔는데 제인
데이 스튜아트는 컬럼비아 비지니스 스쿨을 졸업하고 키더 피바디에
입사한 것이다. 날씬하고 다정한 멋이 넘치는 매력적인 금발 미인이
었다. 그러나 기혼녀였다. 둘은 테니스를 같이 치고 어울리면서 서로
사랑에 빠져들었다. 제인이 이혼한 후부터 아예 동거에 들어갔다. 사

내 남녀관계 금지는 키더 피바디의 오랜 불문율이다. 주위의 경고에
도 불구하고 시겔은 아랑곳하지 않았다. 데눈지오 사장도 어쩌지 못
했다. 사장의 아들 데이비드도 사내 여직원과 사랑에 빠져 있었기 때
문이다. 볼티모어의 와스프 가문인 제인 집에서 유태인과의 결혼을
반대했지만 제인은 고집을 피웠다.

1981년 마틴과 제인이 조용히 결혼한 후 보에스키 부부는 그들 부
부를 뉴욕 북쪽 교외 웨체스터郡에 있는 자기 집에 곧잘 초대했다.
웨체스터 군은 뉴욕州의 남쪽 끝 지역으로 뉴욕 시와 붙어 있어 부자
들이 많이 사는 교외 전원 주택지이다. 보에스키 莊園은 만하탄에서
자동차로 약 45분 거리. 200에이커의 넓은 숲 속에 구불구불 긴 私道
를 따라가면 권총을 찬 수위를 만난다. 수위를 통과하면 마당에 군데
군데 서 있는 희랍 조각들과, 한쪽에 풀장, 다른 쪽에 테니스 코트와
만난다. 정면으로 그루지아 스타일의 붉은 벽돌 저택에 들어서면 값
비싼 골동 가구들과 고급 양탄자가 깔려 있고 벽에는 보통 사람들 눈
으로 감상하기 힘든 현대회화가 걸려 있다. 보에스키 부인은 미국 현
대회화의 수집가이다. 비지니스 위크가 인정한 투자회사의 중견 사원
시겔은 월 가 인생의 선배격인 보에스키의 속물주의 문화를 선망해
마지 않았다.

보에스키는 사무실은 물론 집에서도 언제나 흰 와이셔츠에 조끼까
지 곁들인 정장 차림이다. 사무실에서 그는 혹독하기 그지없는 폭군
이다. 자신의 리무진이 아침 7시 정각에 회사 문 앞에 도착하면 사원
들은 일을 시작할 수 있도록 그 전에 나와 있어야 한다. 만일 자신이
늦으면 7시 1분에 반드시 회사로 전화를 건다. 아무도 받지 않으면
그 날 난리가 난다. 사무실에서 보에스키는 수틀리면 직원들에게 소
리를 잘 지른다. 미국 사람들은 소리지르는 것을 제일 질색한다. 누

가 제발 소리지르지 말아달라고 요구했다.

"나는 사장이니까 소리질러도 된다."

과연 폭군다운 대답이다. 누가 한국의 기업인들이 일 중독자 workholic라고 말했는가. 월 가의 투자회사들은 한국 기업을 뺨치는 것이다. 보에스키는 직원들이 공휴일을 쉬는 것을 싫어한다. 보통 월 가의 사무실들은 추수감사절 다음 날이 금요일이면 대개 요원들만 나와 일한다. 보에스키 자신도 그 날은 출근 안 한다. 그러면서 다른 직원들은 전 사원의 근무를 강요한다. 집에서 계속 전화로 체크하는 것이다.

마이클 밀켄

일에 미치기로 말하면 로스안젤스 비벌리 힐에 본사를 둔 드렉셀 번함 램버트 사 Drexel Burnham Lambert Inc.의 高收益 증권부장 마이클 밀켄 Michael Milken을 따라가기도 힘들 것이다. 서부보다 3시간 더 빠른 동부시간에 맞추어 새벽 4시 30분부터 출근한다. 뉴욕의 아침 7시 30분 월 가의 아침 업무 개시와 함께 밀켄의 하루 일과가 시작되는 것이다. 계속해서 전화통에 매달려 지내다가 저녁 8시, 뉴욕 시간으로 밤 11시에야 끝난다. 뉴욕 증시가 끝나는 칼리포니아의 오후 1시부터는 전화와 면담 등 고객 관리에 바쁘다.

밀켄은 LA 북쪽 산 페르난도 계곡에 있는 엔치노의 중상류 유태인 가정에서 유복하게 자랐다. 10살 때부터 회계사인 아버지를 도와 수표를 추리고 장부를 정리하다가 나중에는 세금계산서까지 챙기는 일을 한다. 이렇게 일찍부터 집안에서 돈 세는 훈련을 한 덕분에 초등학교에 들어가자마자 산술에 뛰어난 성적을 보인다. 1964년 버밍함

고등학교를 거쳐 1968년 명문 버컬리 주립대학을 우등으로 졸업할 때까지 대학가 反戰 무드에 휩쓸리지 않고 술도 안 마시며 마리후아나도 멀리했다. 당시 유행하던 사회학이나 심리학 대신 경영학을 전공했다. 졸업 후 고교 때 애인 로리 Lori Anne Hackel와 결혼하고 동부 필라델피아로 와서 펜실바니아 대학의 명문 와튼 비지니스 스쿨을 전과목 A학점으로 졸업한다. 와튼 재학시절 아르바이트로 인연을 맺은 드렉셀 번함 회사 Drexel Burnham & Co. 에 정식으로 입사한다.

밀켄은 뉴욕 드렉셀의 와스프 군단 속에서 유일한 유태인으로 2등 시민 취급을 받으면서 반발적으로 일에 두각을 보였다. 번함 사장은 밀켄에게 회사채 거래를 위한 독립부대를 맡긴다. 밀켄은 과연 수완을 발휘하여 회사채 장사로 회사에 큰 이익을 주고 자신은 두둑한 상여금을 챙긴다. 캘리포니아에서 이른바 정크 본드 장사를 위해 비벌리 힐 사무실을 연 것은 1978년. 밀켄은 마침내 독립한 것이다. 그가 고용한 세일즈 맨은 자신의 출신 성분을 보완할 수 있는 와스프 청년이었다. 제임스 다알 James Dahl── 미남 와스프이긴 하나 동부의 아이비 리그 명문대 출신이 아닌 플로리다 대학 우등생이다.

정크 본드 사업으로 독립한 밀켄은 일밖에 모르는 지독한 유태인 근성을 발휘한다. 일을 위해서는 사생활도 없다. 자신의 결혼 기념일 가족과 함께 하와이로 휴가를 가서도 호텔에 업무용 방을 별도로 얻어서 일은 계속한다. 직원들에게도 자기처럼 사생활을 희생시키도록 강요한다. 다알은 아내가 분만으로 고생할 때도 병원에 가 볼 수 없었다.

밀켄은 드렉셀 번함 램버트 뉴욕 사무실 책임자로 뉴욕 퀸즈에서 자란 유태인 리바인 Dennis Levine을 임명한다. 기업 투자 담당 은행원 출신으로 학벌은 약하지만 밀켄과는 같은 유태인이다. 결국 밀켄

- 보에스키 - 시젤 - 리바인 4인방 조직은 이렇게 생겼다. 80년대 월 가를 뒤흔든 정크 본드 금융 스캔들은 이들 4인방에 의해 자행된다. 1990년 11월 마침내 밀켄은 10년형을 언도받고 벌금 6억 달러를 무는 대신 겨우 실형을 면한다.

필립 까레

월 가에서 일하는 사람들을 모두 『강도의 굴혈』에 나오는 사람들처럼 악당으로 취급하면 곤란하다. 투자가, 증권 거래인, 중개인, 주식 판매원, 외환 거래인…. 금융업의 다양한 직종들은 모두 고도의 전문지식과 비상한 판단력을 요구하는 고급 인력들이다. 1995년 11월 19일자 뉴욕 타임스는 월 가의 가장 성공적인 투자가 한 사람을 경제면 톱 기사로 소개하고 있다. 1995년 11월 28일로 만 99세가 된 필립 까레 Philip Carret는 아직도 장기투자에 몰두하고 있는 가장 나이 많은 현역 투자가로 유명하다.

뉴잉글랜드 마사추세츠에서 태어난 까레는 전형적인 와스프답게 하바드 학부와 비지니스 스쿨을 나와 제1차 세계대전 후 보스톤의 작은 증권회사 직원으로 사회를 출발한다. 증권회사를 그만두고 1928년 개방형 투자신탁회사를 만들 때까지 몇 년 동안 금융주간지 기자로 일하면서 금융시장을 익힌다. 신탁업무로 1929년 공황을 무사히 넘기고 나서 까레는 기자 솜씨를 발휘하여 1930년 『투자 기법 The Art of Investing』이란 첫 책을 펴낸다. 최근에 나온 네 번째 책 『투자가의 인내 The Patient Investor』는 모름지기 투자가는 참을성을 가지고 자신이 산 株價가 오를 때까지 기다려야한다는 고전적인 법칙을 강조하고 있다. 사실 까레처럼 건강하게 오래 살면서 계속해서 투자에 실패

하지 않고 100세까지 버틴 사람은 예외적인 행운아라고 밖에 볼 수
없다.

리차드 홀브루크

모든 사람의 자유를 보장하려는 미국에서는 개인과 개인의 자유와
이해가 필연적으로 서로 충돌하게 된다. 이 충돌을 합리적으로 중재
하는 변호사의 존재야말로 "자유인의 땅……. 용감한 이들의 고향"
미국이 필요로 하는 불가피한 기능이다. 60만 명의 변호사가 있다던
가. 미국은 과연 변호사의 나라다. 미국말로 '로여 lawyer'를 정확히
번역하면 '법률 종사자'라고 해야 한다. 우리말로 '변호사'는 보통
법정에 서서 피고를 변론하는 자격을 뜻하지만 '로여'는 법무사, 세
무사 등 모든 법률 종사자를 지칭하기 때문이다.

미국에서는 '告訴한다'는 뜻의 '수 sue'라는 단어를 자주 듣는
다. 내가 살던 뉴 저지의 전원 주택가 골목길에서 한겨울 미끌어져
넘어진 노인이 그 길 앞집 주인을 고소했다. 집 앞의 눈을 치우지 않
아서 자기가 미끌어졌으니 손해배상을 내라는 것. 재판 결과 집주인
은 꼼짝없이 치료비와 정신적인 피해까지 보상하지 않으면 안 되었
다. 물론 이 사건의 소송은 변호사가 맡아 처리한다. 내가 아는 한
상사의 주재원은 가벼운 교통사고로 자기 중고 자동차가 조금 부서졌
을 뿐인데 변호사가 보험회사를 상대로 청구소송을 벌여 새 자동차
값의 절반이나 되는 보상금을 타 주었다고 한다. 물론 변호사는 비슷
한 액수의 돈을 수임료로 챙겼을 것이다. 그래서 미국의 자동차 보험
료가 다른 나라에 비해 비싸지는가 보다. 미국 사람들 스스로도 변호
사 亡國論을 펴는 이들이 많다.

뉴욕에서 근무하는 동안 계속해서 월 스트리트 저널과 뉴욕 타임스
경제면을 장식하던 한 변호사가 있었다. 트루만 이래 역대 민주당 대
통령의 측근으로 워싱턴의 권좌를 맴돌던 변호사 클라크 클리포드
Clark Clifford였다. 로버트 에이브라함 변호사와 함께 BCCI 금융 스
캔들 [47)]에 연루되어 연방 법원에 기소된 것이다. 두 사람은 워싱턴
은행 Bank of Washington의 공동 대표인데, 노리에가 파나마 대통령
의 마약사업 자금을 돈세탁해 주는 등 여러 가지 비리로 연방법원에
사기, 횡령, 뇌물 등으로 제소된 BCCI가 바로 이 워싱턴 은행의 錢
主였다는 혐의이다.

1991년 가을 어느 날 盧昌熹 주유엔대사 관저 만찬에서 나는 리차
드 홀브루크 Richard Holbrooke를 만났다. 카터 대통령 때 국무부
아태차관보. 한국과 인연은 10·26 후 동북아 안보를 위해 신군부를
지원한 워싱턴 고위 정책결정자의 한 사람이다. 자신이 쓴 책이 현재
베스트셀러라고 자랑한다. 『대통령의 상담역 Counsel to the Presi-
dent』이라는 제목의 클리포드 회고록이었다. 공화당 부시 대통령 정
부시절이었던 당시 민주당인 홀브루크는 민간회사에 고문으로 있으면
서 민주당 거물 선배 클리포드의 회고록을 대필해 준 것이다. 그러나
책에는 정식으로 '리차드 홀브루크와 함께 쓴 클라크 클리포드 회고
록 A Memoir : Clark Clifford with Richard Holbrooke'이라는 부제

---

47) BCCI Bank of Credit & Commerce International는 70년대 석유재벌 아랍 에미레이트
왕실이 석유 자본 200억 달러를 자본금으로 설립한 은행인데 국제영업에서 130억 달러
손실을 보고 1991년 파산했다. 예금주와 피해자들은 BCCI 를 사기, 횡령, 뇌물 등으로
미국 연방법원에 기소했는데 관련 피고인이 무려 700명이나 되는 대사건이었다. 1995년
1월 대법원에서는 그 중 77명의 피고인에 대하여 고소를 기각한 바 있는데 클라크 클리
포드와 로버트 에이브라함도 이 그룹에 포함되었다.

가 달려 있었다.

클라크 클리포드에 관해서는 손창문 변호사도 잘 알고 있었다. 책이 나오기 전에 홀브루크의 회고록을 발췌해서 수록한 뉴욕 타임스 매거진 기사를 이미 읽었기 때문이다. 손 변호사는 클리포드가 해리 S. 트루만 대통령에게 백악관 보좌관으로 발탁되고, 존 F. 케네디 상원의원의 개인 변호사를 역임했으며, 월남전 피크 때 린든 B. 존슨 대통령의 국방장관을 지낸 화려한 경력 속에 묻힌 이야기들이 재미있다는 것이다. 나도 그 날로 클리포드 회고록을 구입하여 읽어 보았다. 미국 사회에서 워싱턴 백악관을 중심으로 한 권력 엘리뜨가 어떻게 태어나는가를 한 인물의 자전적 회고록을 통하여 관찰하는 것은 재미있다.

클라크 클리포드의 무대는 미국 중서부 미시시피 강변 센트루이스라는 도시에서 펼쳐진다. 나는 지금까지 센트루이스에 가 본 일은 없다. 그러면서도 미조리주 센트루이스 하면 나는 언제나 신문사 외신부 기자 시절 심심풀이로 지켜보던 미국 프로야구 내셔날리그 강팀 센트루이스 카디날스 The Cardinals의 빨간 앵무새 심볼과 미국의 위대한 신문 발행인 퓰리처 Joseph Pulitzer의 '旗艦 신문' 센트루이스 포스트 디스패치 St. Louis Post-Dispatch를 떠올린다. 사실 미국의 엘리뜨는 동부 출신 와스프라고 생각해 왔다. 그러나 클리포드 회고록을 보면 중서부 백인 사회에 뿌리를 둔 지방 엘리뜨 정치세력도 만만치않음을 알 수 있다. 미조리주 출신으로 연방 대통령이 된 트루만을 정점으로 하는 하나의 연고주의라고나 할까. 아무튼 센트루이스의 클라크 클리포드는 미시시피 강변에서 백악관까지 진출하게 되는 자신의 행운을 고백하고 있다.

클라크 클리포드

1928년 6월 클리포드가 워싱턴 대학[48]로 스쿨을 졸업하고 변호사 시험에 합격한 것이 7월 1일, 21살의 약관이었다. 1929년 대공황을 앞둔 바로 전해였기 때문에 새로 사회에 진출하는 풋나기 변호사에게 마음에 드는 일자리가 없었다. 야심만만한 클리포드는 곧 바로 중서부에서 손꼽는 일류 변호사 래슐리 Jacob M. Lashly를 찾아갔다. 홀랜드, 래슐리, 도넬 법률회사는 이 젊고 패기 있는 풋나기에게 문을 열어 주지 않았다. 다른 이류 법률회사에서는 가을부터 나와 일하라는 제의가 있었지만 클리포드는 이를 다 물리치고 굳이 래슐리를 찾아갔다. 가을에 정식 직장을 얻을 때까지 무보수로 일하게 해달라고 간청했다. 당장 보수보다도 일류 법률회사에서 일한 경력을 원하기 때문이라고 말했다. 무보수로 일하겠다는 제안에 래슐리는 밑질 게 없으니까 여름 동안 와서 일해도 좋다고 허락했다. 자리도 없어서 임시로 자료실 한구석 빈 책상에서 일했다.

여름은 금새 지나갔다. 그 동안 직원들과도 친숙해지고 법원을 드나들며 변호사 업무도 익혔다. 가을이 왔다. 클리포드는 래슐리에게 직접 인사를 했다. "그 동안 좋은 경험을 쌓을 기회를 주셔서 고맙습니다."

"왜 그래? 여기서 더 일하기가 싫은가?"

클리포드는 가슴이 뛰었다.

"여기서 일하기 싫은 게 아닙니다. 애초에 가을이면 제가 정식 직

---

48) 워싱턴 대학 Washington University는 센트루이스에 있는 중서부 명문 대학. 동부 아이비 리그에 못지않게 남다른 學風을 자랑한다. 이 대학의 '反사회학주의 antisociologism'는 60년대 反戰 무드의 중심 사상이었다.

장을 구해 나가겠다고 말하지 않았습니까?"

"자네가 원한다면 계속해서 일하게. 다만 정식 직원은 아니니까 연봉을 정할 수는 없지만 케이스별로 보수를 주겠네."

얼마나 기다렸던 말인가. 홀랜드 래슐리 도넬 법률회사에서 프리란스 변호사로 법률의 실무와 부딪치면서 클리포드는 중요한 인생의 비결을 터득한다. 계약 당사자와 같이 법률 문제를 놓고 인간과 인간의 관계를 풀어야 할 때 '마음과 마음의 만남 meeting of the minds'을 유도함으로 쉽게 해결할 수 있다는 사실을 체험했다. 그는 사람들 사이의 갈등과 대립은 결국 같은 사물을 놓고 서로 다른 생각을 하기 때문에 생긴다고 믿는다. '마음과 마음의 만남'을 들먹일 때마다 그가 즐겨 사용하는 寓話가 있다.

한 사람이 길을 가다가 레스토랑 문에 '오늘의 스페셜 : 토끼고기 스튜'를 보고 들어가 그 메뉴를 주문한다. 음식이 나와 먹어 보니 토끼고기 맛이 아니라 말고기 같다. 웨이터에게 주인을 좀 불러달라고 하여 따진다.

"주인장, 혹 토끼고기 스튜에 말고기를 넣지 않았습니까?"

"예, 좀 넣었습니다."

"얼마나 넣었습니까?"

"50대 50 비율로 섞었지요."

손님은 그래도 납득이 안가서 또 따졌다.

"50대 50이라니 무슨 뜻이요?"

"말 한마리에 토끼 한마리를 섞었지요."

클리포드는 트루만 이래 역대 민주당 대통령을 자문하면서 언제나

이 '마음과 마음의 만남' 우화를 들려 주었다고 한다. 역사는 假想을 허락하지 않지만 만일 제2차 세계대전이 안 일어났다면 클라크 클리포드는 센트루이스의 지방 변호사로 일생을 마쳤을지 모른다. 전쟁은 그렇게 사람들의 운명을 바꾸어 놓았다. 제2차 세계대전이 끝나갈 무렵 1944년 여름 클리포드는 해군에 지원 입대하여 샌프란시스코 항만에 근무한다. 1945년 4월 12일 루즈벨트 대통령이 서거하자 미조리 주 출신 부통령 트루만이 대통령직을 승계하면서 클리포드에게 새로운 운명이 다가온다.

센트루이스 시절 변호사 클리포드는 미조리 주지사와 상원의원을 지낸 바다만 James Kimble Vardaman의 아들 바다만 2세 James K. Vardaman Jr를 고객으로 가지고 있었다. 특히 대학을 졸업하자마자 떠났던 유럽 여행에서 만나 열애 끝에 결혼한 아내 마니 Marny와 바다만 2세는 센트루이스 오페라 조합의 창립 멤버로 자별한 사이였다. 바다만 2세는 트루만 대통령이 상원의원에 출마했을 때 선거 캠프에 가담한 인연으로 급거 백악관 해군 보좌관에 발탁되었다. 바다만 2세는 마침 해군에 들어와 있었던 클리포드를 자기 부관으로 끌어들인다. 1945년 6월 22일 클라크 클리포드 해군 대위는 백악관 해군 보좌관실 근무를 위해 차출된다.

백악관에 들어온 클리포드는 어떻게든 트루만 대통령의 눈에 들려고 출세를 위한 천부의 소질을 발휘한다. 첫 수법은 퇴근 시간이 지나서도 사무실 복도를 서성거린다. 집무실에서 일을 마치고 숙소로 돌아가는 대통령과 마주칠 기회를 노리는 것이다. 백악관 근무와 함께 해군 소령으로 진급한다. 전쟁이 끝나고 바다만 2세가 연방준비기금 Federal Reserve Board 총재로 나가면서 클리포드는 대통령 해군 보좌관으로 임명된다. 계급은 해군 대령, 2단계 승진이다. 당시 타임 지는 배 한 번 타 보지않은 클라크 클리포드 해군 대령이 백악관 해군 보좌관이 되었다고 꼬집었다.

클리포드 보좌관의 주요 임무는 포커를 좋아하는 트루만 대통령을 위하여 대통령 전용 요트 윌리엄스버그호에 포커 판을 준비하는 일이다. 트루만 대통령의 포커 친구들은 주로 각료들인데 상공장관 해리만 Averell Harriman과 같은 사람은 세상이 다 아는 부자였다. 나중에 윈스턴 처칠 수상이 미국을 방문했을 때 함께 미조리주에 여행하면서 포커 판을 벌인 이야기는 트루만이 얼마나 포커광이었는가를 말해준다.

클라크 클리포드는 제2차 세계대전 후 냉전시대로 들어서는 세계역사에서 가장 중요한 정책결정권자였던 미국 대통령의 측근 보좌관이었다. 그의 판단과 아이디어로 냉전시대의 역사가 좌우되었다고 해도 과언이 아니다. 트루만 대통령의 트루만 독트린과 마샬 플랜, 이스라엘 독립의 결정, 한국전 개입, 케네디 대통령의 큐바 침공, 존슨 대통령의 월남 전쟁……. 한 세대 동안 미국 대통령의 외교안보정책 결정과정에서 막후의 인물이 센트루이스 출신 변호사였다는 사실을 나는 미국 땅에 와서 비로소 실감할 수 있었다.

13

콜렉션

웬 퐁 선생

뉴욕의 메트로폴리탄 미술 박물관 Metropolitan Museum of Art은 그 수장품의 질은 몰라도 적어도 규모로는 세계에서 가장 큰 미술관이라고 할 만하다. 미술사 개념으로 보면 고대에서 근세까지를 포함하고 덤으로 아메리카 대륙과 아시아 미술을 망라하고 있다. 이 미술관에 몰려드는 연 470만 명이 넘는 관람객들 중에는 요즘 한국인들도 만만치 않게 늘었다. 언제나 우리 문화에 대한 남다른 자부심을 교육받아온 한국 관람객들은 이 세계적인 미술관에 와서 큰 실망을 안고 돌아간다. 한국의 문화예술품만 따로 전시한 독립된 한국실이 없기 때문이다. 2층 아시아館으로 들어가 중국의 연대별 장르별 독립실들을 여러 군데 거치면서 아무리 찾아도 한국실이 안 보인다. 더구나 전시품의 질과 규모에 비하여 썰렁하게 공간만 차지한 일본실을 만나면 그예 분통을 터뜨리기 일쑤다.

도대체 정부는 그 동안 무엇을 했는가? 매양 해외에 국위를 선양한다고 하면서 하루에도 수만 명씩 관람하는 세계 최대의 미술관에 여태껏 한국실 하나 마련하지 못했단 말인가. 또 메트로폴리탄 미술관도 그렇다. 한국 미술도 제대로 전시하지 않고 무슨 세계 최대 운운 하는가. 저마다 나름대로 분개하면서 우리 정부와 애꿎은 미술관만 원망하리라. 그러나 세계 최대 미술관에서 독립된 한국실의 존재를 서두르기 전에 먼저 생각할 문제가 있다. 과연 한국 미술사에 나오는 미술품 중에서 우리가 세계 미술사에 내놓을 만한 것이 얼마나 될까. 고대 공예품과 불교 미술품, 그리고 瓷器類 말고, 회화와 조각과 같은 주요 미술 장르에서 '한국 회화', '한국 조각'이라는 문화적 정체성을 가질 만한 이렇다 할 작품을 찾아보라. 또 그런 작품과 유물들을 이 미술관이 얼마나 소장하고 얼마나 수집할 계획인지. 그러니까 당장 독립된 한국실을 내준다 해도 그걸 메꿀 콜렉션이 문제다. 민족주의 교육을 통하여 세뇌된 한국인들은 단순히 '5,000년 문화'라는 슬로건에 취하여 회화, 조각, 공예 모든 장르에서 독특한 미술 문화를 발전시킨 걸로 전제하고 방만 있으면 당장이라도 세계 속의 한국미술사가 꾸며질 것으로 잘못 알고 있다.

메트로폴리탄의 한국 미술품 전시는 바로 이런 민족문화 슬로건의 虛想을 잘 깨우쳐 준다. 2층 난간 복도에 있는 두 개의 유리 진열장. 그 속에 작디 작은 삼국시대 금동 불상 몇 개와 고려·조선자기 몇 점이 선을 보이고 있었다. 메트 MET에 입장하면 2층 천정까지 트인 중앙 홀 Grand Hall에 들어서게 된다. 2층 오른쪽이 아시아 관인데 중앙 홀을 정사각형의 변으로 둘러싼 난간 복도의 벽은 중국 도자기를 전시한 유리 진열장으로 장식되어 있다. 말하자면 중국 도자기를 전시하면서 한반도라는 중국 대륙에 붙은 一隅에서 만들어진, 전문가들이나 평가하는, 좀 독특한 變形의 도자기를 일부 보여 준다는 개념이다. 메트의 기념품 가게에는 이 미술관이 소장한 전 세계의 명작들을 찍은 그림 엽서를 팔고 있다. 한국 미술품이 인쇄된 그림 엽서는 오직 고려와 조선 도자기뿐이다.

메트로폴리탄 미술관의 한국실 설치 문제는 역대 뉴욕문화원장의 숙원 사업으로 인계되어 왔다. 70년대 후반부터 시작하여 80년대를 거쳐 바야흐로 90년대에 이르러 내 代에까지 우리 정부도 '5,000년 민족문화의 虛想'을 쫓고 있었다고나 할까. 우리는 그저 세계 미술이 전시된 장소에 독립된 한국실이란 하나의 가시적 존재를 마련하는 데 급급해왔다. 그런데 내가 도착하기 직전 1990년 봄부터 지난 10여년 간 지지부진해 오던 이 문제에 대한 구체적인 얘기가 오가게 되었다. 한국인 메트 관람객들이 분통을 터뜨림에 따라 그 동안 한국정부의 일방적인 희망 사항에 대해 꿈쩍도 않던 메트 측이 지금은 적극적인 자세로 나온다는 것이다.

이유는 다른 데 있었다. 메트는 1970년대부터 아시아 미술 콜렉션을 사들이면서 영구보존 시설을 확장하여 1990년대에는 약 6만 평방피트의 아시아館을 확보할 야심적인 계획을 추진 중이었다. 1980년 아스터 중국 정원[49]과 딜런 중국 서화실,[50] 1987년 일본실,[51] 1988

---

49) Astor Chinese Garden Court는 18세기 중국 明代의 민간 저택의 일부를 마당과 함께 옮겨 놓은 일종의 민속전시관. 마루와 거실 등 집채와 庭園石 등 유물은 중국 정부의 기증을 받고 설치 비용은 故 아스터가 기부한 것. 미망인 브루크 Brooke Astor 여사는 1996년 현재 94세.

50) Douglas Dillon Galleries of Chinese Painting and Caligraphy는 전적으로 딜런의 수집품 기증과 설치비 기부로 이루어진 것. 딜런 재단은 중국 미술을 위한 기금을 메트에 기부하여 그 이자로 지금도 중국 미술을 사들이고 있다. 이 기금은 딜런 사후 아들에게 상속세 면제로 상속되는 조건으로 딜런이 살아 있는 동안 운영된다.

년 웨버 고대 중국 미술실[52]이 잇달아 개관되어 이미 세계 3대 미술 관[53] 중에서 가장 큰 아시아館을 마련한 셈이다. 1990년 당시에는 인도실과 동남아실을 1993년 말 목표로 설치 중이었다. 메트의 아시아 미술 프로그램의 주임 큐레이터는 프린스턴 대학 동양미술사 교수이며 메트 중국서화실장인 중국계 미국인 웬 퐁 Wen Fong 선생.

웬 퐁이란 이름은 方聞의 중국어 발음을 미국식으로 姓을 나중에 붙인 것. 한국정신문화원 李聖美 교수[54]를 비롯하여 웬 퐁 교수의 한국인 프린스턴 제자들이 있지만 우리나라에서 특히 정부에서는 그동안 한국실 설치에 냉담했다는 인상 때문에 선생은 거만하다는 악명을 얻었다. 1990년 가을 나 역시 그런 선입견을 가진 채 만하탄 이스트 70가 라 굴뤼 La Goulue라는 프랑스 식당에서 선생과 만났는데 오찬을 끝내면서 그 분의 인상을 다시 새길 수 있었다. 그 분은 부드러운 표정 속에서도 날카로운 계산이 번득이는 중국인 특유의 현실주의자였다.

메트로폴리탄 미술관의 아시아館 개축 계획의 학문적 설계자는 두말할 필요도 없이 웬 퐁 선생이었다. 선생의 야심은 전체 6만 평방 피트 공간에 아시아 미술의 문명사를 전시하겠다는 것. 그 동안 중국, 일본, 인도, 티베트, 동남아에 이어 '코리아'는 마지막 단추였

---

51) 메트 일본실 The Arts of Japan은 1975년 기증받은 해리 패커드 일본 미술 콜렉션 Harry Packard Collection of Japanese Art의 전시를 위하여 80년대에 와서 일본 정부의 100만 달러와 미국내 모금 155만 달러, 일본 경제단체 연합회 經團聯 모금 300만 달러, 모두 555만 달러를 들여 1987년에 개관되었다.

52) The Weber Galleries of Ancient Chinese Art.

53) 빠리 루우브르 박물관, 런던 대영박물관, 뉴욕 메트로폴리탄 미술 박물관.

54) 전 외무부 장관 고려대 韓昇洲 교수 부인.

다. 이 숙제를 풀기 위해 선생은 1,000만 달러의 돈을 신흥 공업국
가로 성장한 한국이 민족문화의 선양을 위해서 내놓으라는 것. 일본
정부가 주동이 되고 재벌기업들이 갹출한 일본실 모금 방식을 한국
에 그대로 적용하려는 생각이었다. 웬 퐁 선생의 1,000만 달러 한
국 미술 프로그램은 첫째 席座 학예관 기금 200만 달러, 둘째 콜렉
션 확충비 300만 달러, 셋째 공간 확보와 설치 비용 500만 달러를
말한다.

한국 미술 席座 학예관 기금? 메트에는 수백 명의 전문 큐레이터
들이 일하고 있다. 국립 또는 시립기관이 아닌 뉴욕 메트는 그 예산
의 대부분을 기부금에 의존하기 때문에 큐레이터들도 사립대학 교수
들처럼 특정 기금으로 만들어진 석좌제로 채용된 경우가 많다. 메트
의 큐레이터들은 자기 전문 분야의 콜렉션을 주도할 뿐만 아니라 그
분야 미술의 공중 교육을 위한 특별 전시, 세미나, 출판 등 다양한
프로그램을 기획 추진한다. 그런데 지금까지 메트 아시아부에는 한국
미술 전공 큐레이터가 없다. 주로 중국과 일본 미술 전공 큐레이터들
과 인도 동남아 미술 전공자들뿐이다. 한국미술 큐레이터가 없는 것
은 단순히 석좌기금과 같은 돈 문제만은 아니다. 미국 대학에서 자격
있는 한국 미술 큐레이터가 배출되지 않는다는 사실이 문제다. 왜 그
럴까? 하긴 미국뿐만 아니라 전 세계 어디에도 아직 한국 미술사를
체계적으로 교육하고 연구하여 박사학위까지 주는 대학을 들어 보지
못했다. 그러고보니 내가 아는 한국인 미술사학자들도 대학에서의 전
공은 동양미술사, 주로 중국 미술사로 학위를 얻고 나서 한국 미술사
에 대한 연구를 나중에 시도한 분들이다.

도대체 한국 미술사는 존재하는가? 내가 접한 한 권의 책으로 된
'한국 미술사'는 정치학자로서 아마추어 미술사가 東洲 李用熙 선생

의 『한국 미술사』와 맥퀸 Evelyn McCune [55]의 『한국의 미술 The Arts of Korea』뿐 [56]이다. 그밖에는 高裕燮 선생의 『高麗 靑瓷』와 『朝鮮의 塔婆』 등 한 분야에 관한 전문적인 연구를 접할 수 있었다.

또 조선조 회화의 眞景山水를 지적한 安輝濬의 연구 같은 우리 미술사의 요체를 밝힌 업적도 있다. 그러나 하나의 문명사로 취급되는 중국 미술사라든가 근세 세계미술에 영향을 준 일본 미술사와 같은 문명사적 미술사적 특징을 밝힌 한국 미술사는 아직 보지 못했다. 과연 한국 미술이 그 연구가 부족한지 그 실체가 신통치 않은지 나는 아직도 모르겠다.

웬 퐁 선생과 자주 만나면서 세계 미술사에 대한 새로운 인식을 갖게 되었다. 이를테면 風景畵에 대한 선생의 가르침은 일순간 내 눈을 번쩍 뜨게 만들어 준 케이스. 인간이 自然을 畵幅에 담아 감상하는 문화는 언제, 어디서, 누가 시작했는가? 11세기 중국 宋代 꾸오 시 郭熙의 山水畵가 그 효시라는 것. 서양 미술사를 보면 중세 宗敎畵에서 르네쌍스 고전 미술까지도 주로 人物畵를 중심으로 하고 있다. 자연의 아름다움을 액자에 넣기 시작한 것은 17세기 네델란드 풍경화부터. 그러니까 중국사람들의 미술의식, 문명의식은 서양 사람들보다 7, 8세기 앞선다는 웬 퐁 선생의 오만한 자랑이다.

나는 생각한다. 중국의 산수화가 한반도에 흘러 들어오기 시작한

---

55) 우리말의 로마자 표기 체계 '맥퀸 · 라이샤워'를 발명한 맥퀸 선교사의 손녀 딸. 1979년 가을 격월간 「스미소니안」에 「한국미술 5,000년」미국 순회전을 계기로 쓴 한국 미술사 논문은 인상적이었다. 한국의 5,000년 미술을 샤마니즘 시대, 불교 시대, 유교 시대, 그리스도교 시대 등 종교사적 시대구분으로 설명하고 있다. 재미있는 시각이다.

56) '한국 미술사'라는 제목의 책이나 연구가 전혀 없었던 것은 아니다. 金元龍의 『韓國美術史』, 『韓國美術小史』 등이 있지만 연대별로 그 시대 미술 내용을 열거한 이른바 나열식 기술에 지나지 않는다. 외국 학자들의 책도 마찬가지다.

것은 13세기 무렵. 중국을 오가는 사신들이 산수화를 하나 둘 얻어들고 돌아온다. 대부분 아름다운 揚子江 絶景을 그린 이 산수화들은 한반도에 오면 귀한 보물처럼 감상의 대상으로 收藏된다. 숫적으로 귀한 보물은 수요공급 원칙에 따라 확대 재생산되기 마련이다. 이 아름다운 그림을 베끼는 것이다. 한반도의 재주 좋은 畵工들은 실제로 가보지도 못한 중국의 풍경들을 열심히 복사하면서 자기도 모르는 사이에 중국 산수화가들의 기법에 젖게 되었으리라. 16세기 安堅의 「夢遊桃園圖」에 이르면 그 기법은 극치에 달한다. 그러다가 한반도의 絶景 금강산을 그리겠다는 생각이 나온 것은 18세기 초. 마침내 鄭敾의 眞景山水가 산수화 기법에 따라 완성된다. 금강산을 그리고 인왕산을 그렸다. 서양의 네델란드와 비슷한 시기에 우리 풍경화가 나온 셈이다.

그레고리 헨더슨 콜렉션

웬 퐁 선생은 한국 미술 전문 큐레이터 걱정을 많이 했다. 정작 기금이 확보되어 사람을 선발하게 되었을 때 과연 한국 미술 전문가를 구할 수 있을까? 선생은 회의적이었다. 프린스턴 대학의 자기 제자들은 물론, 하바드나 예일 등 아시아 미술사를 가르치는 동부의 명문 대학을 통틀어도 한국 미술 전공자는 마땅치 않다는 것이다. 그러나 가능성 있는 후보들은 있었다. 미국 대학에서 동양미술사 박사학위를 받은 한국인 학자들을 생각하는 것 같았다.

학예관은 그렇다 치고 그럼 소장품은 어떤가? 메트에는 한국 미술품을 얼마나 소장하고 있는가? 나는 웬 퐁 선생이 안내하는 대로 메트의 迷路 같은 통로를 따라 수장품 보관실로 내려갔다. 무수한 중국

書畵와 공예품들, 그리고 다양한 일본의 풍속화와 佛像, 武具들. 거기 비하여 한국 미술 수집품이라고 내놓은 물건들은 초라하기 이를 데 없었다. 메트의 한국미술 콜렉션 규모는 회화 20여 점, 佛像 15점, 銅鏡 25점, 그리고 제일 많은 도자기 130점 정도였다. 이 정도의 콜렉션이나마 아시아 미술품 총 구입비 연간 200만 달러[57] 중에서 웬 퐁 선생이 상대적으로 빈약한 한국 미술품에 배려하여 경매장에서 사들인 것이다.

최근 뉴욕의 크리스티 Christie's나 소뜨비 Sotheby's 경매장에서 우리나라 절에 가면 흔히 보는 撑畵 값이 화제가 되는 경우가 많다. 비단에 그린 고려시절 관음보살상이 100만 달러 이상 나간다. 메트 수장품 보관실에는 두 장의 수려한 관음像 탱화를 벽에 걸어 놓고 방문객들에게 자랑한다. 이 고려 佛畵는 일본 미술품 콜렉션 중에서 메트의 일본 미술 큐레이터 히로시 오니시 Hiroshi Onishi가 찾아 낸 것. 처음엔 일본 佛畵로 분류되어 있던 중 오니시의 날카로운 전문가 눈으로 자세히 관찰하니 고려 때 것이 틀림없었다. 어찌된 일일까?

일본 열도에서 미국인 손에 수집된 한반도産 고려 佛畵. 역시 倭寇들의 짓이다. 15세기부터 한반도 해안에 자주 나타난 왜구들은 일본 열도에서는 도저히 구할 수 없는 수려한 佛畵들을 도자기와 함께 약탈의 대상으로 삼았다. 해안에서 가까운 절을 침구하면 반드시 그런 불화들을 뜯어갔다. 일본 열도에 가서 절에 가지고 가면 좋은 값을 받을 수 있었으니까. 모르긴 몰라도 일본의 불교 사찰을 장식하고 있는 오리지널 불화들은 대개 한반도에서 건너간 것이다. 물론 일본

---

57) 딜런 Douglas Dillon 기금은 딜런이 죽을 때까지만 이 기금의 이자로 아시아 미술품을 구입한다는 조건으로 메트에 내놓았다. 그러나 일단 딜런이 죽으면 원금은 상속자에게 물려 주어야 한다. 부자들이 흔히 상속세를 피하는 수법이다.

화공들은 이 귀한 고려 불화를 복사하여 확대 재생산했겠지. 그러나 오늘날 오니시와 같은 전문가들은 오리지널과 복제품을 잘 구별해낸다. 아무튼 그 옛날 왜구들에게 약탈당한 고려 불화를 메트의 지하 수장품 보관실에서 만나니 감개무량했다.

불화 이외의 다른 회화 콜렉션은 정말 보잘것 없었다. 정선의 진경 산수는 물론 檀園 김홍도의 풍속화 같은 조선조 회화의 본류는 찾아볼 길이 없다. 成春香의 초상화를 그린 민속 작품이 하나 인상적이었다. 그러나 그 미술사적 가치는 모르겠다. 불상은 모두 크기가 작은 금동불상들이었다. 전쟁이 잦았던 삼국시대 호신용으로 몸에 지니고 다녔다는 손 안에 쥐어지는 부적들이다. 銅鏡은 낙랑시대 것들인데 중국에서 워낙 많이 유입되었으므로 한국 미술의 정체성을 밝히기 어렵다. 메트의 한국 콜렉션은 그나마 도자기들이 가장 많은 셈인데 이것도 미술사적 체계를 갖추려면 어림도 없는 얘기다.

워낙 한국 미술 콜렉션이 부족한 메트로서는 그 동안 다방면으로 한국 미술품 수집 노력을 기울여 왔다. 우선 미국인들 가운데 제2차 세계대전 후 패전 일본에서 미술품을 싸게 수집한 해리 패커드 같은 미국인이 한국전쟁에 참전한 미국인들 중에 없을까? 그래서 떠오른 인물이 헨더슨 Gregory Henderson[58]이었다. 해방 후 미군정에 참여하면서 한국과 인연을 맺은 헨더슨은 그 후 주한 미국대사관 문정관과 정무참사관을 지내면서 도자기 등 문화재 수집가로 알려졌다. 일

---

58) 1988년 해외공보관 외보부장으로 일하면서 동경 주재 외신기자들로부터 헨더슨의 책 『한국 : 소용돌이의 정치 Korea : The Politics of Vortex』을 한국 취재를 위한 필독서라는 말을 들었다. 뉴욕에 와서 비로소 이 책을 정독하고 여러 가지 느낀 바 의견을 한 번 만나서 토론하고 싶었다. 그러나 그는 1988년에 이미 작고한 뒤였다.

부 국수주의적 한국인들 사이에서는 미국대사관의 영향력을 악용하여 우리 문화재를 수집한 문화재 도둑이라는 악명을 씌우고 있기도 하다. 그러나 한국 미술의 아름다움을 찾아 나름대로 안목을 가지고 우리들이 자칫 버리려는 문화재를 수집한 그를 어찌 탓하랴!

'그레고리 헨더슨 콜렉션 Gregory Henderson Collection'은 한국 도자기들을 연대별로 수집한 최초의 개인 콜렉션이다. 다시 말하면 구석기시대 토기부터 신라 토기, 고려 자기, 조선 자기에 이르기까지 한반도의 도자기 역사를 자신의 수집품으로 설명하려고 했다. 물론 우리 국립 박물관에 연대별로 전시된 도자기 소장품과는 비교도 할 수 없는 아마추어 수준의 콜렉션이다. 더구나 외교관이라는 봉급쟁이 신분의 헨더슨으로서는 값나가는 진품들을 살 형편은 아니었다. 50, 60년대 만해도 거저 얻을 수 있는 토기들이 대부분. 값이 비싼 고려 청자들은 모두 온전한 물건이 아니다. 한 번 깨졌던 것을 붙힌 瓷器들이다. 필경은 하자를 트집잡아 싸게 구입했으리라!

생전에 헨더슨은 이 도자기 콜렉션을 메트에 주려고 했다. 조건은 자신을 메트의 한국 담당 큐레이터로 고용하라는 것. 헨더슨은 자기 콜렉션을 80년대 후반 싯가로 약 100만 달러로 보았다. 그것을 기금으로 한 석좌 학예관을 요구한 셈이다. 그러나 웬 퐁 등 메트의 큐레이터들은 우선 고려 자기 한두 점을 제외하면 별로 값나가지 않는 이 콜렉션을 100만 달러 값어치로 보지 않았다. 또 정식으로 미술사 학위도 없는 헨더슨을 큐레이터로 채용하는 것도 문제였다. 결국 이 거래는 끝내 이루어지지 않았다.

헨더슨이 작고한 뒤에도 메트는 이 콜렉션을 싼 값에 인수하기 위해 미망인과의 교섭이 있었던 말을 들었다. 그러나 미망인은 생전에

남편이 모교 하바드에 대한 애착이 강했던 사실을 상기하고 이 콜렉
션을 하바드 대학의 아서 새클러 미술관 Arthur Sackler Museum에
팔았다. 공식적으로는 100만 달러를 받아서 그중 50만 달러를 기증하
는 형식을 취했다. 미국에서 흔한 節稅를 위한 매매 형태인 것이다.
하바드 대학 미술관 아시아 담당 큐레이터 모우리 Robert Mowry는
중국 미술사 전공이지만 70년대 한국에서 평화봉사단으로 일한 인연
으로 한국 미술에 대한 조예가 깊었다. 헨더슨 콜렉션 구입을 맡아
적극적으로 추진하여 이를 성사시켰다. 아서 새클러 미술관의 헨더슨
콜렉션 덕분에 하바드 대학에 한국 도자기 강좌가 개설되고 모우리는
그 첫 강사가 되었다.

1993년 3월 5일 미국 동부에는 계절적인 폭설이 내렸다. 나는 뉴
욕 라 구아르디아 공항에 나가 보스턴행 셔틀을 기다리다가 모든 항
공편이 취소되는 바람에 다음 날 하바드 대학 아서 새클러 미술관에
서 열린 '그레고리 헨더슨 콜렉션' 특별전 세미나에 참석하지 못했
다. 물론 나는 그 전 해 가을 하바드에 가서 큐레이터 모우리 박사의
안내로 이 콜렉션을 하나하나 설명을 들어가며 자세히 감상한 바 있
지만 모처럼 유서깊은 대학에서 한국 미술의 관심을 모으는 행사를
보지 못한 것이 안타까웠다.

그 전날 뉴욕에서 기차편으로 무사히 보스턴에 갈수 있었던 몇몇
신문과 방송 특파원들은 다행히 헨더슨 콜렉션 특별전 세미나 행사를
보도할 수 있었다. KBS 金亨泰 특파원은 보스턴 취재를 마치고 뉴욕
에 돌아와 하바드 미술관의 헨더슨 콜렉션에 대한 뉴욕 문화원장의
소감을 녹화하여 리포트 끝에 붙였다. 나는 헨더슨에 대한 일반적인
거부감과 달리 그의 콜렉션이 하바드 대학에 보존될 수 있었던 것은
한국 문화의 해외 소개라는 점에서 잘된 일이라고 긍정적인 코멘트를

했다. 나중에 서울의 친지들이 이 뉴스 리포트에서 나를 보았다는 인사를 많이 받았다.

서울에서는 아직도 헨더슨이 한국의 무슨 귀중한 문화재를 불법으로 미국에 반출한 것으로 오해하는 사람이 많았다. 어느 영자 신문이 이 문제를 또 거론했다. 미망인은 고인의 명예를 위하여 즉각 그 신문에 독자 편지로 항의하는 작은 소동이 있었다. 나는 어처구니가 없었다. 메트에 가서 한국 미술 독립실이 없다고 푸념하는 사람들이 하바드 대학 미술관에 해외에서는 처음으로 우리 도자기 문화를 시대적으로 소개하는 콜렉션을 기증한 분을 문화재 도둑으로 몰고 있다! 사실 그레고리 헨더슨에 대한 비판의 화살은 다른 문제, 즉 한국 정치사에 대한 그의 편견[59]을 향하여 겨눠져야 한다고 생각한다. 도자기 수집은 오히려 고맙게 생각해야 할 문제다.

국제교류재단

1992년 국제교류재단 Korea Foundation이 생겼다. 초대 이사장으로 임명된 柳赫仁 전 국제문화협회 회장은 메트의 한국실 설치야말로 국제교류재단이 할 일 중의 하나라는 인식을 가지고 있었다. 柳이사장은 메트 한국실에 대한 벌써 십수 년된 사연을 미리 다 꿰고 1992년 봄 뉴욕에 나타났다. 물론 재단의 주사업은 미국 대학의 한국학 지원이기 때문에 하바드 대학이 있는 보스턴으로 가는 길에 들른 것이다. 나는 이제야말로 메트의 한국실 숙원이 풀릴 기회가 왔다고

---

59) '16. 한국학' 章에 소개한 세미나 주제발표 「미국의 한국학 비판」에서 나는 헨더슨이 『한국 : 소용돌이의 정치』에서 시도한 한국 정치사의 역사적 분석을 일본 식민지 통치자들의 시각에서 벗어나지 못한 美軍政의 편견을 반영한 것이라고 지적했다.

생각했다. 웬 퐁 선생이 얘기하던 일본식 방식, 다시 말하면 정부 출연을 기초로 한 민간 기업의 협찬을 시도할 수 있지 않을까. 국제교류재단이란 일종의 공공기금 밑천이 생겼으니 한국실 설치를 추진해 볼 만하다는 말이다.

　문제는 돈이 아니라 스페이스의 확보였다. 메트의 아시아관은 더 이상 늘릴 수 없는 데다가 수집품도 충분치 못한 한국미술을 위해 넓은 공간을 할애하기는 어려웠다. 이런 현실적인 문제를 타개하려면 실무자 선에서는 안 된다, 메트의 이사진을 뚫어야 한다…… 서울인사들의 생각이었다. 柳 이사장은 런던에서 만났다는 레이몬드 쎄클러를 찾아가라는 지시를 남기고 떠났다. 미국 박물관이면 어디나 있는 쎄클러라는 이름. 그 이름은 작고한 형 아서 쎄클러의 것이다. 의사였던 쎄클러 형제는 제약회사로 큰 돈을 벌어서 미술품을 수집하고 박물관 재단에 많이 출연했다. 레이몬드는 미망인인 형수와 함께 메트의 이사진의 한 사람. 내가 찾아갔던 파크 애브뉴 80가 근처 레이몬드의 사무실은 그가 젊어서 개업했던 구식 병원 자리였다.

　"이사회에서 제가 한 번 얘기하지요."

　말은 쉬웠다. 그러나 메트의 실무 책임자들은 얘기가 달랐다. 뉴욕 메트로폴리탄 미술관 관장은 필리프 드 몬테벨로라는 프랑스 인이다. 드 몬테벨로 관장은 결국 웬 퐁 선생이 처음 제시한 얘기와 같았다. 인도실 뒤쪽으로 쎄클러 갤러리라는 이름의 작은 방과 그 옆 허공에 마루를 깔아 넓히면 약 2,000평방 피트짜리 독립실이 마련될 수 있다는 것. 만일 더 넓은 스페이스를 원한다면 계단과 일본실과 인도실, 그리고 중국실로 연결되는 3,500평방 피트의 回廊을 쓸 수 있을 뿐이라는 것이다. 웬 퐁 선생은 한반도가 중국 대륙과 일본 열도를 잇는 문화적 회랑이라는 의미를 살릴 수 있는 장소라고 둘러대었다.

그러나 이 회랑도 계단 처리와 인도실과 중국실 입구 처리 등 건축상 문제가 만만치 않았다.

1992년은 대통령 선거를 앞두고 국내 정국이 복잡하게 돌아갔다. 노태우 대통령의 중립내각 선언으로 유혁인 이사장이 공보처 장관으로 임명되고 孫桂煥 공보처 장관이 대신 국제교류재단 이사장으로 赴任하였다. 孫 이사장이 뉴욕을 방문한 것은 그 해 7월. 메트와의 단도직입적인 협상이 시작되었다. 메트는 그 동안 20세기 안에 아시아 관을 전면 개축한다는 계획을 추진해왔다. 예산은 총 1,350만 달러. 1993년 봄 이미 딜런 재단에서 250만 달러, 뉴욕 唐 氏 집안[60] 에서 300만 또는 400만 달러, 허버트 어빙 부처가 400만 달러를 내겠다는 약속을 받아놓고 있었다.

그리고 한국의 국제교류재단이 300만 달러를 내면 1,350만 달러의 아시아관 개축이 완성된다는 것이다.

孫 이사장은 집요하게 물고늘어졌다. 한국실 명칭을 'Korea Foundation Gallery of Korean Art'로 하자는 것과 메트가 한국미술 전임 큐레이터를 고용할 것을 고집한 것이다. 웬 퐁 선생은 물론 드 몬테벨로 관장도 두 손 바짝 들었다.

이렇게 우여곡절을 겪어 가며 메트의 한국실 설치는 무르익어갔다. 1993년 10월 나는 귀국 발령을 받고 뉴욕을 떠나고 1994년 초 孫 이사장도 재단을 떠났지만 이 문제는 후임자들에 의해 계속 추

---

60) 웬 퐁 선생은 바로 唐씨 가문의 사위였다. 중국계 미국인으로서 와스프가 지배하는 메트로폴리탄 미술관의 아시아 미술부장으로 출세할 수 있었던 배경이다. 사실 메트의 중국 서화실은 唐씨 가문의 콜렉션을 그대로 옮겨 놓은 것이나 다름없다. 콜렉션도 기증하고 그 설치 비용도 댄 唐씨 가문의 발언권이야말로 적어도 아시아 미술에 관한 한 당당한 것이다.

진되었다.[61]

1993년 1월 메트로폴리탄 미술관에서 '아다까 安宅 콜렉션'이 열
렸다. 일본의 전후 무역상 아다까가 수집한 고려자기와 조선자기의
전문 콜렉션이다. 쌘프란시스코와 시카고를 거쳐 뉴욕까지 미국을 순
회하는 이 전시회는 일본 금융회사 스미또모 住友 은행이 전적으로
지원한 것이다. 서울에서 그 이름만 듣던 한국 도자기의 명품만 모았
다는 이 전시회에 들어서면서 나는 어쩐지 몸둘 바를 몰랐다. 그것은
한 마디로 부끄러움이었다. 아! 이렇게 아름다운 한국 도자기도 있
었는가. 서울의 국립박물관에서도 보지 못했던 물건이 많았다.

관람객들은 저마다 탄성을 질러댔다. 그럴수록 나의 부끄러움은 더
했다. 자기 선조들이 만든 아름다운 도자기를 제대로 감상할 줄 모르
는 부끄러움. 남의 눈으로 고르고 골라진 자신의 보물을 이제야 발견
하게되는 수치감. 행여 아다까 콜렉션을 보고 문화재 도둑이라고 홍
분하지 말라. 아다까는 제2차 세계대전 후에 수집을 시작한 콜렉터이
다. 60년대에 서울 인사동에도 나타나 도자기를 사갔다는 것이다. 만
장을 메운 관람객들의 시선을 피해 전시품에 눈을 꽂으면서 萬感이
오고갔다. 세상은 역시 만든 사람보다도 그것을 찾아 수집한 사람의
눈과 뜻을 더 높이 사는 것이다. 메트로 폴리탄 미술관의 에집트 피
라미드 홀에서 열린 스미또모 은행이 마련한 호화 리셉션에는 즉석

---

61) 메트의 한국실은 1995년 10월 국제교류재단이 설치비용 300만 달러, 삼성이 한국미
술 전담 큐레이터 석좌 기금 200만 달러를 지원함으로써 오랜 숙원을 이루게 되었다.
위치는 아서 쌔클러의 셋째 부인 이름을 딴 Marietta Lutze Sackler Gallery에 빈 허공을
덧붙인 애초의 웬 퐁이 제시한 그 장소로 1,710평방 피트 약 48평이다. 명칭은 'Arts of
Korea'로 하고 재단 Korea Foundation과 삼성 Kun-Hee Lee fund for Korean Art의 지
원 내용을 플라크에 명시하기로 했다. 1997년 12월 개관을 목표로 하고 있다.

스시와 덴뿌라 요리가 이제는 참석자들의 혀와 위를 황홀하게 녹이고 있었다.

크리스티 경매장

1991년부터 뉴욕의 양대 경매장 크리스티 Christie's와 소뜨비 Sotheby's에 갑자기 한국 미술 경매가 경쟁적으로 벌어졌다. 경매장에 나온 값나가는 한국의 고미술품이란 결국 도자기와 佛畵. 그 해에 소뜨비에서 고려 불화가 100만 달러를 넘게 팔려 화제가 되기도 했다. 문제는 경매를 하면 할수록 도자기와 불화의 국제시세는 올라가기만 한다.

우리나라 예술품이 높은 값을 받는다고 좋아하지 말아라. 세계에서 한국 도자기와 불화를 누가 많이 가지고 있는가? 우리 국립박물관을 제외하면 한국의 도자기와 불화는 단연 일본인 수집가들이 많이 가지고 있을 것이다. 그렇다면 결국 한국 도자기와 불화의 국제시세가 오르면 일본인 수집가들이 부자가 된다는 얘기다.

1991년 10월 24일 나는 뉴욕문화원이 있는 파크 애브뉴 57가에서 한 블럭 떨어진 크리스티에서 그 날 한국 미술품을 경매한다기에 구경갔다. 영화에서나 보던 경매장에 난생 처음 들어서면서 어쩐지 그 날 무슨 일을 저지를 것 같았다.

경매에 나온 물건들은 대부분 도자기와 屛風圖 등 고미술품인데 金興洙 화백의 현대화도 있었다. 예정 가격은 최저 1,500달러에서 궁중행사를 그린 8쪽 병풍도가 40만 달러까지. 도자기들은 대부분 몇만 달러 수준이었다. 그런데 김흥수 화백의 현대화가 50만 달러까지 나갔다. [62]

경매장에 나온 물건이라고 다 비싼 것만 있는 것은 아니다. 나는 호기심으로 한 번 경매에 붙어 보고 싶은 생각이 들었다. 제일 처음에 나온 물건이 마음에 들었다. 14세기 고려시대 청동 花瓶. 잘룩한 목과 먹는 배처럼 자연스러운 몸통에 주둥이에 테를 둘러 멋을 냈다. 푸르른 구리 녹과 무덤에서 파낸 듯 묻어 있는 흙부스러기가 더욱 오랜 맛을 풍긴다. 우선 예정가 $1,500~2,000를 보니 한 번 도전해보고 싶은 蠻勇이 솟구친다.

경매인이 우선 500달러부터 시작한다. 500에서 1,000까지는 50달러씩 올린다. 나도 모르게 손을 들어서 경매에 붙었다. 상대는 한 사람뿐이었다. 흥분해서 누군지 자세히 쳐다보지도 않았다. 550, 600, 650… 1,000부터는 100달러씩 올린다. 1,100, 1,200, 1,300… 드디어 2,000 예정상한가에 이르렀다. 敵은 물러서지 않는다. 2,000부터는 200달러씩 올린다. "2,200"이란 경매인의 목소리에 나도 잠깐 망설였다. 여기까지 와서 주저앉을 수 없다. 나는 과감하게 손을 들었다. 상대방은 더 이상 따라오지 않았다. 드디어 이긴 것이다. 경매로 미술품을 사는 맛이라니!

경매가 끝난 뒤 돈을 지불하고 물건을 인수한다. 계산서는 $2,200.00에 수수료 10퍼센트를 붙혀 $2,420.00가 나왔다. 물론 외교관 신분이었으므로 去來稅 10퍼센트를 면제받았기 때문이다. 정작 경매로 따낸 청동화병을 무슨 보물 단지처럼 끼고 사무실로 돌아와서도 내내 흥분이 가시지 않았다. 함께 갔던 한국일보 金首宗 뉴욕특파원이 경

---

62) 그 날 김흥수 화백의 1960년 작품 '苦惱'는 무려 50만 달러에 팔렸다. 맨 마지막 경매품으로 나온 김흥수 작품 때는 외국인 고객들은 다 나가고 한국인들 끼리 경매했다. 모두 서울에서 온 화랑들. 국제적인 경매장에 한국작가를 등장시키는 것도 하나의 새로운 商術이었다고 한다.

매에 흥분을 함께 나누고 나서 은근히 걱정이 되었던 모양이다.

"김 원장, 그렇게 과감한 경매 괜찮습니까?"

하긴 내 한달 월급의 반을 일거에 투척한 만용이었다. 월급으로 살아 가는 해외생활에서 몇 달 동안 살림에 쪼들려야 할지 모른다. 그러나 한편으로 생각하면 내가 뉴욕 문화원장으로 일하면서 국제적인 경매시장에 가서 우리 문화재를 하나 사왔다면 그것으로 이 다음에 늙어서 손자에게 할 말이 있을 것 같았다.[63] 또 실제로 골동품 시장에서는 그렇게 대단한 물건은 아니라 해도 내게는 훌륭한 사연이 담긴 家寶가 될 수 있지 않은가. 여러 가지로 自慰도 해 보았지만 과연 그 날 밤 나는 아내에게 호된 타박을 받았다.

비디오 작가 백남준

1993년 봄 뉴욕 주립대학교 스토니브룩 캠퍼스 State University of New York at Stony Brook는 그 해의 '자랑스러운 한국인賞 Distiguished Korean American Award'[64]을 비디오 예술가 白南準 Paik Nam June에게 주었다. 나는 수상식에 초대되어 영어로 축하의 인사

---

63) 그 날 크리스티 경매장에는 한국인 고객들이 많았다. 서울에서 온 화상들과 문화부 기자들도 있었다. 교포신문에서 일하는 어느 젊은 기자가 문화원장이 私財를 털어 해외에 나온 문화재를 사들였다는 애국적인 美談기사를 쓰겠다고 한 일이 있다. 물론 극구 만류했지만.

64) 뉴욕 주립대 스토니브룩 캠퍼스는 소규모나마 한국학 프로그램을 가진, 말하자면 한국에 각별한 관심을 기울이고 있는 대학이다. 그렇게 된 데는 누구보다도 이 학교에서 학위를 받은 吳明 전 건교부 장관의 노력의 결실이었다. '자랑스러운 한국인賞'도 오 장관이 한동안 이 학교 교환교수로 일할 때 보수를 적립한 기금으로 만든 것이다. 거기에 뉴욕 일원 한국동포 학부형들이 중심이 되어 후원회를 결성하고 대학의 한국학 프로그램을 지원하고 있다.

말을 했다.

"…내게 포스트 모더니즘 예술을 가르쳐 준 예술의 스승이요 또 좋은 친구인 백남준 선생이 SUNY 스토니브룩이 주는 '자랑스러운 한국인상'을 받게 된 것을 진심으로 축하합니다. 백 선생은 그가 만든 독창적이며 파격적인 비디오 예술을 통하여 한국의 예술과 문화전통을 미국인들에게는 물론 전 세계에 알리는 데 지대한 공헌을 하고 있습니다. '자랑스러운 한국인 상'은 이런 세계적으로 유명한 예술가에게 주어져야 마땅하다고 생각합니다. 백 선생님, 다시 한 번 축하드립니다!"

그 날 수상식에서는 백남준의 비디오 영상 작품 시연이 있었다.

나는 1990년 여름 뉴욕에 처음 와서 백남준을 만나던 생각이 난다. 스튜디오로 찾아가겠다는 약속 전화부터 포스트 모더니즘적이었다. 오전 11시에야 전화를 받을 수 있다는 사전 정보에 따라 다이알을 돌리니 신호가 떨어지면서 백남준의 녹음된 목소리가 나온다.

"디스 이즈 남준 백. 원 투 쓰리, 원 투 쓰리……."

이게 무슨 소린가. 흡사 마이크 테스트가 잘못 녹음된 것 같다. 나중에 들은 애긴데 이야말로 백남준다운 포스트 모더니즘적 예술 考案이라는 것. 그러나 당황하지 않고 이쪽 신분을 밝히면 정말 백남준이 나온다. 자기가 받고싶은 전화만 골라 받는 인기인 전술로 생각된다.

만하탄 머서 스트리트 Mercer Street 110번지 백남준의 아뜰리에는 소호 동남쪽 차이나 타운과 리틀 이탈리가 맞물리는 복잡한 지역에 있다. 빠리처럼 일방통행이 많은 골목들을 찾아들어가기란 초행길에 여간 어렵지 않다. 머서 스트리트 110번지는 5층쯤 되는 흡사 창고 같은 건물이다. 굳게 닫힌 철문 한구석 초인종 박스에서 '4th fl. Nam

June Paik'을 골라 눌렀더니 백남준의 반가운 목소리가 나온다.

"잠깐 기다리세요. 내려갑니다."

덜커덩, 덜커덩, 덜커덩. 흡사 기중기가 움직이는 것 같은 요란한 소리가 들린다. 과연 기중기급에 해당하는 공사장용 승강기가 내려온다. 문을 여닫고 오르내리는데 사람이 직접 핸들을 돌려 운전한다. 넥타이를 안 맨 와이셔츠 바람에 멜빵—— 백남준의 트레이드 마크 —— 차림으로 승강기 핸들을 운전하며 내려온다. 올라타자마자 다시 덜커덩거리며 육중한 승강기가 4층까지 올라간다. 이번에 승강기 옆면 문을 여니까 바로 백남준 아뜰리에가 전개된다.

짐작은 했었지만 와! 정말 온갖 잡동사니들의 집합소라고나 할까. 별의별 고물들을 다 주워다 모아 놓았다. 말하자면 시대에 따라 변화하는 문명의 편린들이다. 바로 백남준의 예술을 만들어 주는 재료들이다. 50년 전 고물들이 쌓여 있는 여기저기서 첨단 전자공업의 산물인 콤퓨터 모니터들을 볼 수 있다. 화면에는 백남준 특유의 영상 작품들이 때로는 흑백으로 때로는 천연색으로 떠 있기도 하다. 한 50평은 더 돼 보이는 넓은 아뜰리에, 아니 창고에 널려 있는 물건들은 오직 작가만이 누리는 질서의 세계를 구축하고 있었다. 북쪽 한 구석에 프랑스 말로 까나삐 canape라고 부르는 작은 소파 하나와 그 밖의 의자들은 여기 저기 박혀 있는 작업용들뿐이다. 탁자도 없다. 가까운 구멍가게에서 사온 드링크를 마시면서 우리들은 현대 미술을 논하고 전자 산업의 미래를 전망했다.

"점심 먹으러 갑시다. 요 앞에 마피아가 경영하는 이탈리아 식당이 있어요."

이탈리아 말 액센트가 심한 레스토랑 주인은 한국말 액센트가 심한 이웃을 반갑게 맞는다. 백남준은 맛좋은 흰 조개 소스 스파게티를 시킨다. 과연 동네 피자집에서 먹던 스파게티와는 질이 달랐다.

백남준은 언제나 기발한 아이디어를 연출한다. 옛날 자신이 어렸을 때 서울 골목길에서 흔히 만나던 열쇠 장수처럼 시계 따위 소지품을 주렁주렁 매단 파커 점퍼를 입고 지까다비를 연상케 하는 넙적한 운동화를 끌면서 한여름 만하탄 파크 애브뉴를 활보한다. 이런 옷차림으로 뉴욕 공영 PBS-TV 방송국에 나타나면 수위들이 들여보내 주질 않았다. 그러다가 프로듀서가 뛰어내려와 이 위대한 예술가를 모셔가는 것을 보고 어리둥절해했다는 것이다.

백남준은 자신의 기발한 차림조차 모두 포스트 모더니즘적 계산이 깔린 작품이라고 생각한 것 같았다. 60년대 만하탄 한복판 브로드웨이 42번가에서 全裸의 여인이 바이올린을 켜면서 자신은 피아노를 때려부수는 행위예술이 뉴욕 타임스의 미술 평론가[65]의 눈을 끌었다. 이것이 오늘날의 백남준을 세계에 알리게 된 계기였다. 브라운관의 전자 문명을 하나의 예술 매체로 발전시킨 세계 최초의 작가를 태어나게 한 나라가 오늘날 반도체의 세계적인 생산국가로 발돋움한 사실은 우연이 아니다.

백남준을 생각하면서 나는 파크 애브뉴 57번가 뉴욕 문화원 전시공간을 한국 작가들의 포스트 모더니즘 실험 미술에 할애해야 한다고 생각했다. 현실적으로 전자공업을 주력 산업으로 하는 신흥공업국가의 문화선전은 미국 사람 눈에 자칫 중국 산수화의 아류로 보이기 쉬운 전통적인 동양화보다 비디오 설치 미술이 더 효과적이 아닐까.

---

65) 당시 뉴욕 타임스 미술평 기자 그레이스 글뤽 Grace Glueck은 백남준의 행위예술을 하나의 새로운 시도로 평가하는 기사를 썼다. 말하자면 백남준은 뉴욕 타임스에서 데뷔한 셈이다. 1994년 타임스를 은퇴한 그레이스 글뤽은 백남준의 환갑을 기념하여 열린 서울 전시에 초대되었다. 老 여기자는 30년 전 오늘의 백남준을 예견한 보람을 찾았다.

1991년 3월 뉴욕문화원에서는 백남준이 추천한 비디오 설치 미술가 崔寅俊 작품전이 열렸다. 최인준은 뉴욕에 와서 거의 10년 동안 부단히 새로운 예술을 시도한 젊은 작가였다. 백남준은 뉴욕 현대미술관의 비디오 미술 큐레이터 바바라 런던 Barbara London 등 사계의 인사들을 몰고 와서 데뷔하는 後進을 격려해 주었다. 더불어 뉴욕 한국 문화원은 전자산업 국가의 문화선전 공간으로 자리를 굳혀 갔다.

14

음 악

양키문화시장

나도 서양 음악을 좋아한다. 특히 클래식 음악을 더 좋아하는 편. 나의 서양 클래식 음악 취미는 1950년대 기독교 방송의 고전음악 프로그램과 서울 인사동의 「르네쌍스」 음악감상실에서 비롯된 것이라고 해도 좋다. 지금은 골동품화된 SP판과 LP판으로 바로크, 낭만파, 현대음악까지 서양음악사를 거의 완벽하게 갖춘 이 감상실은 한때 서울의 감수성이 예민한 고등학생과 대학생들에게는 서구문화를 흡입할 수 있었던 좋은 창구였다. 40년 전 「르네쌍스」의 SP판 LP판 연주가들, 토스카니니 Arturo Toscanini나 하이페츠 Jascha Heifetz의 무대 —— 바로 뉴욕에 와서 살게 될 줄은 당시에는 상상도 못했다. 나는 고전적인 카네기 홀 Carnegie Hall은 물론 초현대식 링컨 센터의 애브리 피셔 홀 Avery Fischer Hall이나 앨리스 툴리 홀 Alice Tully Hall을 드나들면서 「르네쌍스」 시절의 낭만을 되새겨 볼 수 있었다. 뉴욕은 과연 20세기 클래식 음악의 큰 장터였다.

뉴욕의 문화 인프라는 바로 우리나라 지식인들이 바라는 바 그 實相이다. 빠리와 뉴욕의 경우를 문화 인프라 면에서 비교해 보자. 카네기 홀이 가지는 고전적 콘서트의 의미, 연극 그 자체를 상징하는 브로드웨이의 극장들, 그리고 1966년 이후 링컨 센터가 기능하는 공연예술의 집합 complex은 뉴욕이 20세기 후반 세계문화를 주도하는 도시로 자리를 굳혀 주었다. 빠리가 미술을 통한 세계 문화의 19세기 중심을 이루었다면 뉴욕은 공연예술로 20세기 중심이 된 것이다.

1968년 인권법안 Civil Rights Bill이 통과된 뒤부터 뉴욕 사람들, 뉴요커라고 할 때 반드시 인종적인 제한을 두지 않는다. 넓은 의미의 와스프를 중심으로 유태계나 이탈리아계는 물론 흑인과 아시아계까지도 포함한 뉴욕에 사는 중산층 기득권층 establishments을 다 가리킨다고 볼 수 있다. 그러나 뉴요커들의 문화적인 뿌리는 어디까지나 와스프 문화를 바탕으로 한 것이다. 와스프 문화는 좀더 쉬운 표현으로 말하자면 양키 문화다. '양키 문화'라고 하면 우리말에서는 약간의 문화적 경멸이 섞인 뉘앙스를 풍긴다. 아마도 유럽의 고급 문화인들이 신대륙의 猝富 문화를 내려다보는 표현이 옮겨진 게 아닌지 모르겠다. 내가 관찰한 양키 문화는 분명히 속물주의 snobbism에 물들어 있었다. 그렇다고 나는 문화적 속물주의를 반드시 탓하고 싶지만은 않다. 문화라는 것 자체가 정신적 사치성 속물주의를 빼놓고 과연 존재할 수 있을까.

내가 공부한 사회학에서 都市 특히 대도시 Metropolitan의 모델은 바로 뉴욕이었다. 舊都心을 다운 타운, 新도심을 미드 타운, 주택가를 업 타운이라고 부르는 말도 만하탄의 例였다는 사실이 새삼스럽게 떠올랐다. 都市사회학에서 빈민들이 도시로 몰리는 都市化 현상 urbanization이나 중산층이 郊外로 나가는 郊外化 현상 suburbanization도 결국 뉴욕圈의 사회생태학적 연구결과였다. 50년대 헐리우드 영화를 보고 자라면서 우리 세대의 뇌리에 박힌 영화 속의 대도시는 단연 뉴욕 만하탄이다. 플로리다州 올란도에 있는 디즈니 테마 공원에 가면 「MGM 스튜디오」가 있다. 그 곳에는 엠파이어 스테이트 빌딩 등 한눈에 알아볼 수 있는 뉴욕 만하탄의 특징적인 마천루들을 촬영 세트로 만들어 놓았다. 지금도 뉴욕을 무대로 한 영화들이 많이 제작되고 있다는 증거다.

　뉴욕에 온지 두 번째 겨울에야 비로소 메트로폴리탄 오페라 하우스에 갈 기회를 얻었다. 거기서 나는 놀라운 충격을 받았다. 링컨 센터라는 세계에 유례없는 공연예술 단지에 아름다운 흰 대리석 기둥으로 장식된 장엄한 前面 façade에 감탄한 것이 아니다. 세계 일류 쏘프라노 프리마 돈나 급만 80여 명을 거느린 뉴욕 메트로폴리탄 오페라단의 스케일 큰 저력에 기가 죽은 것도 아니다. 더구나 빠리 오페라 극장[66]을 샘내서 샤갈 Marc Chagall의 벽화 두 개를 갖다 놓고 그래도 미흡하여 홀 여기 저기에 장식한 콜러리 Mary Callery, 마욜 Aristide Maillol, 렘브럭 Lehmbruck의 조각품들에 감동한 것은 더욱 아니다.

　내가 놀란 것은 평일 저녁 3,800객석이 관객들로 꽉찼다는 사실이다. 더구나 2층과 3층 칸막이 가족석은 물론 '오케스트라'라고 부르는 1층 좌석들을 가득 메운 성장한 남녀들. 그들은 학생들도 아니었

---

66) 빠리 오페라 극장 L'Opéra Garnier의 천정은 샤갈의 환상적인 그림으로 장식되었다.

다. 관광객들도 아니었다. 대부분 뉴욕의 경제활동 인구를 대표하는 중산층 뉴요커, 바로 양키 문화의 주인공들이었다. 물론 '써클'이라고 부르는 꼭대기층에는 젊은 학생들과 예매를 미처 못하여 나쁜 표를 살 수밖에 없었던 관광객들도 있었다. 내가 목격한 빠리 오페라의 경우 평일에는 관객의 3분의 1은 은퇴한 노인들, 또 다른 3분의 1은 관광객, 그리고 나머지 3분의 1은 젊은 학생들이었다. 그런데 뉴욕은 관객의 약 80퍼센트가 경제활동층 뉴요커들인 것이다.[67]

부러웠다. 나는 그 날 뉴욕 메트로폴리탄 오페라단이 가장 많이 공연한 레파토리 베르디 Giuseppe Verdi 작「椿姬 La Traviata」[68]의 감미로운 멜로디에 편안히 취할 수 없었다. 뉴욕이라는 기름진 '문화市場'을 보고 흥분한 것이다. 스스로 문화 촉매자 animateur로 자처해 온 나로서는 당연한 일이었다. 당시 가격으로 1인당 60달러짜리 오페라 표가 당일에는 도저히 살 수 없다? 그렇게 잘 팔리는가. 특별한 레파토리도 아닌데. 그럴 만한 이유가 있었다.

뉴욕에서는 대기업들이 씨즌 동안 메트로폴리탄 오페라 공연 표를 대부분 예매해 버린다. 대기업들이 암표 장사를 하자는 것은 아니다. 뉴욕 메트로폴리탄 오페라단이나 뉴욕 씨티 발레단은 시립이나 국립 공연단이 아닌 민간 이사회가 운영하는 문화단체다. 유수한 대

---

67) 1996년 2월 12일자 뉴욕 타임스는 한마디로 '고급문화 highbrow culture' 인구가 줄어든다는 충격적인 보도를 1면에 실었다. 음악회, 연극, 뮤지칼 등 고급문화 연령층이 40대 이상이 다수를 차지한다는 것. 다시 말하면 노인 인구는 자연적으로 감소하니까 결국 고급문화 인구가 준다는 얘기다. 상대적으로 오늘의 젊은 층은 미술관, 재즈 음악회, 무용 등 비교적 가벼운 구경거리로 쏠린다는 것. 내가 부러워하던 뉴요커들의 문화 속물주의도 시대적인 변천을 겪는가 보다.

68) 1991년 12월 9일 월요일 저녁 8시. 548번째 공연. 지휘자 : 존 피오레 John Fiore. 비올레파 : 쏘프라노 체릴 스튜더 Cheryl Studer. 두폴 남작 : 테너 레나토 카페치 Renato Capecchi.

기업들이 그 이사회에 멤버로 들어가 있다. 그러므로 대기업들은 자발적으로 표를 사주고 또 이를 보급해야 한다. 미국에서는 기업이 오페라나 발레 표를 사서 거래처에 교제하는 것은 결코 뇌물이 아니다. 어디까지나 문화 프로모션이다.

그러니까 링컨 센터에는 밤마다 성장한 뉴요커들로 붐빈다. 경제활동 인구들이 문화생활을 향유하는 것이다. 여자들은 어깨를 드러낸 드레스에 밍크 코트를 두르고 남자들은 턱시도를 입고 설친다. 인터미션에는 홀을 가득 메운 관객들이 사들고 마시는 와인 한 잔과 몸에서 뿜어나는 향수 냄새가 마음의 裸婦像을 감돌며 진동한다. 와스프속물주의 문화의 전형적인 한 斷面이다.

만하탄 스노비즘

뉴욕의 턱시도 tuxedo 문화야말로 와스프 속물주의를 드러낸 또하나의 현상이다. 서양에서는 파티 초청 때 '평복 informal'이 아닌정식 formal인 경우 '블랙 타이 black tie' 또는 '화이트 타이 white tie'라는 표시를 한다. 블랙 타이는 턱시도 복장, 화이트 타이는 燕尾服을 입고 참석해 달라는 요청이다. 우리나라 외무부 외교안보연구원은 각 부처에서 처음 해외에 파견되는 주재관들을 위해 외교활동에필요한 儀典이라든가 복장에 대한 교육 프로그램을 지금도 실시하고있다.

외무부 의전교육에서 턱시도가 반드시 필요하다는 주의를 듣고 나는 처음 유럽으로 나갈 때 없는 돈에 여름용 흰 저고리까지 두 벌이나 맞추어 가지고 갔다가 빠리와 스톡홀름에서 거의 6년 간 근무하는동안 한 번도 제대로 입어 보지도 못하고 고스란히 들고 돌아왔었

다. 내가 외교 활동이 부족해서였는가? 아니다. 프랑스에서는 심지
어 외무성 공식만찬[69]에서 조차 턱시도를 요구하지 않았다. 말하자
면 의전 protocol의 본고장이라는 프랑스나 유럽에서는 국가원수의
국빈 방문 visite d'état이라든가 그런 특별한 경우가 아니면 모두 평
복이었다.

　뉴욕문화원장 발령을 받고 미국에 갈 때는 그 동안 몸이 좀 불어서
작아진 두 벌의 턱시도를 아예 안 가지고 떠났다. 그것이 낭패였다.
뉴욕에 온 지 한 달이 못되어 아시아 협회 The Asia Society 연례 만
찬 행사 초청장에 '블랙 타이'를 요구하는 것이다. 만하탄 가게에서
500달러하는 턱시도를 갑자기 사기도 뭣해서 동네에서 70달러에 맞춤
비 10달러 모두 80달러를 들여 빌려입고 참석했다. 여름이 곧 지나
고 가을이 되니까 계속 블랙 타이가 날아든다. 할수 없이 300달러
짜리 턱시도를 한 벌 샀다. 겨울이 오기 전에 벌써 빌리는 값은 다
건질 수 있었다. 크리스마스 연말이 오니까 웬 턱시도 행사가 그리
많은지.

　연말 저녁 유서 깊은 월도프 아스토리아 Waldorf Astoria 호텔이
있는 만하탄 미드 타운 파크 애브뉴 Park Avenue 거리에는 턱시도를
입은 신사와 드레스를 입고 밍크 코트를 걸친 숙녀들이 부근 주차장
에 차를 넣고 모임 장소에 총총걸음으로 서둘러 가는 모습을 흔히 볼
수 있다. 아마 빠리에서는 그 옛날 30년대에나 이런 풍경이 있지 않
았을까. 오늘의 빠리장들은 뉴요커들의 한갓된 턱시도 속물주의를 비
웃을런지 모른다. 그러나 속세에서 산다는 게 무엇인가. 뉴욕의 양키

---

69) '7. 음식' 편에서 언급한 訪佛 이원경 외무장관을 위한 셰이송 프랑스 대외관계부 장
　관 주최 공식 만찬.

문화는 근사한 파티, 화려한 분위기에 젖어 보고 싶은 인간의 속물
근성을 슬슬 부추기는 것이다.

뉴욕의 와스프들이 즐기는 공연물 중에서는 오페라와 함께 발레를
빼놓을 수 없다. 빠리에서는 오페라 극장이 발레를 위한 겸용 무대로
쓰이지만 링컨 센터에는 발레 극장이 따로 있을 정도다. 연극을 겸용
한다고 하지만 대부분 발레 공연에 쓰인다. 냉전시절 누레예프를 비
롯한 볼쇼이 발레 스타들의 망명을 속속 받아들여 뉴욕 시티 발레단
의 수준은 어느 새 세계 초일류급으로 격상되었다.

뉴욕에 와서 첫 해에는 모르고 지나갔는데 두 번째 크리스마스가
가까와지면서 새로운 사실을 알았다. 각종 공연 예술이 요란한 광고
와 함께 대대적으로 소개되는 금요일자와 일요일자 뉴욕 타임스 연예
섹션에는 유독 차이콥스키의 발레 「호두까기 인형」공연 광고와 기사
가 눈에 띄었다. 이문휘 선배 말이 크리스마스에 아이들과 함께 「호
두까기 인형 The Nutcracker」을 관람하는 것이 뉴요커로서 家長의
임무라고 한다. 아이들이 아직 어렸던 10년 전까지만 해도 李선배는
해마다 링컨 센터의 뉴욕 씨티 발레단의 「호두까기 인형」 관람을 크
리스마스 가족행사로 치렀다.

1991년 12월 뉴욕의 극장들은 저마다 국내외 발레단들을 동원하여
「호두까기 인형」의 상혼을 발휘하고 있었다. 얼핏 보니 소련의 볼쇼
이 발레 단장 그리고로비치 Yuri Grigorovitch 안무에 볼쇼이 주니어
단원들이 출연하는 「호두까기 인형」 공연이 있다. 1988년 서울올림픽
문예축전에 볼쇼이단을 이끌고 참가했을 때 지금은 고인이 된 鄭漢
模 문공부 장관을 예방했던, 키가 작은 그러나 눈이 유난히 초롱초롱
해 보였던 백발의 안무가가 떠올랐다. 당시 해외공보관 외보부장이었

던 나는 그 자리에서 통역을 맡았었다.

정 장관 : "볼쇼이는 국가가 지원한 예술의 세계적인 성공 사례라고 하겠습니다. 우리나라는 정부가 예술을 지원하는 데 많은 돈을 쓸 수 없는 형편입니다. 경제성장과 함께 우리는 대기업의 예술 지원을 기대하고 있지만 실제로는 기업가들이 아직 예술에 관심을 갖지 못하고 있는 상태지요."

그리고로비치 단장 : "볼쇼이의 세계적인 명성은 반드시 국가 지원으로 얻어진 투자효과로만 볼 수 없습니다. 볼쇼이 발레가 키워온 예술 혼이 보다 중요하다고 생각합니다. 우리 단원들은 나이 어린 주니어때부터 발레 기술보다도 이 예술 혼을 키우는 데 더 심혈을 기울입니다. 오늘날 우리 발레단은 베스트 카스트로 구성된 5개 조가 소비에트 연방 내는 물론 전 세계 무대를 순회공연하고 있습니다."

주니어 볼쇼이 「호두까기 인형」은 만하탄 링컨 센터가 아닌 브루클린 음악 아카데미 BAM Brooklyn Academy of Music에서 공연되었다. 극장 자체는 고전적인 품위도 현대적인 감각도 살리지 못한 평범한 공연장이지만, 지금도 예술활동이 왕성한 브루클린 구역의 중요한 문화 인프라 역할을 다하고 있다.[70] 막이 열리기 전 백발의 그리고로비치 단장이 무대에 나왔다. 객석에 앉아 있는 나를 알아볼 리 없건만 반가왔다. 러시아 액센트가 튀는 영어로 인사말을 한다. 나이 어린 주니어 발레리나들을 주목해 봐 달라는 애정어린 호소였다. 과연 「호두까기 인형」의 경우 프리마돈나 급의 원숙한 율동보다 주니어 발레리나들의 앳된 跳躍이 더욱 발랄한 맛을 풍겼다. 아, 아! 무대 위

---

70) 브루클린 구역은 흑인 인구가 몰려들면서 지금은 할렘처럼 우범지대가 늘고 있다. 그러나 중심가에는 BAM을 비롯한 브루클린 미술관 등 중요한 문화 기관이 건재하고 따라서 만하탄 그리니치 빌리지 일대처럼 예술가들이 많이 모여 산다.

를 날아다니는 고혹적인 요정들이여!

카네기 홀 유엔가입 경축 공연

1991년 6월 국제문화협회[71] 朴正燁 이사가 뉴욕 문화원에 찾아왔다. 李御寧 당시 문화부장관은 그 해 가을 남북한 유엔 동시 가입을 경축하기 위해 뉴욕과 L. A. 에서 대규모 전통예술 해외공연 계획을 세우고 그 공연준비와 홍보를 국제문화협회와 현지 문화원에 맡겼다.

뉴욕의 경우 카네기 홀을 잡았으면 좋겠다는 것이다. 해외 공연에서 가장 중요한 것은 공연장을 확보하는 일. 모든 공연장은 연중 프로그램을 적어도 2년 전에는 확정해 놓는 것이 상식이기 때문이다. 물론 우리의 전통 예술 공연처럼 1일 공연인 경우 예정 프로그램과 프로그램 사이에 빈 날을 운좋게 잡을 수도 있다. 다행히 1991년 9월 25일 카네기 메인 홀을 계약할 수 있었다.

앞으로 준비 기간은 4개월. 결코 여유 있는 시간은 아니었다. 카네기 메인 홀의 객석은 2,700석. 문제는 이 자리를 채우는 일이다. 그것도 뉴욕에 밀집해 사는 우리 동포가 아닌 미국인들로. 우리는 볼쇼이라든가 라 스칼라 오페라가 서울에 오면 값비싼 표가 동이 나고 관객이 초만원을 이룬다. 우리나라 일류 전통예술인을 총동원하는 호화 공연이 과연 뉴욕커들에게 얼마나 어필할까. 하루에도 수백 가지 공연물이 다투어 관객을 부르는 만하탄에서 과연 우리 전통예술의 경쟁

---

71) 국제문화협회 International Cultural Society of Korea는 민간 레벨의 해외홍보를 위한 문공부 산하 기관이었으나 1990년부터 문화부와 공보처로 분리되면서 문화부 산하기관으로 있었다. 그후 1991년 외무부 산하기관 국제교류재단 Korea Foundation으로 개편되었다.

력은 어느 정도일까? 더구나 9월 25일이 포함된 9월 마지막 주간은
뉴욕에서는 사람을 모으는 행사를 하기에 1년 중 가장 어려운 주간이
다. 유엔 총회가 열리는 기간이기 때문이다. 총회에 참석하는 세계
정상들 또는 외상들이 저마다 리셉션을 열어 관련 인사를 부른다.

현지 홍보를 맡은 나로서는 어려운 짐이었다. 박정엽 이사는 현지
의 전문 프로모션 회사를 찾아 맡기자는 제안을 내놓았다. 나는 그런
프로모션 회사들이 용역비만 비쌀 뿐이지 실효가 없는 경우를 많이
보았다. 아시아 소사이어티 공연국장 베아티 고든 Beate Gordon 여
사[72]를 만나 고민을 털어놓고 조언을 구했다. 베아티는 트레이시 스
턴 Tracey Sterne이란 자기 친구를 추천한다. 음악회 전문 프로모터
인데 회사를 갖지 않고 개인 베이스로 일한다는 것. 트레이시의 실적
은 뉴욕에서 이탈리아 정부의 문화홍보 사업 중 음악회 프로모션을
주로 맡아 왔다. 카네기 홀 공연을 맡기기에는 안성맞춤이었다.

트레이시는 4개월 동안 풀 타임으로 일하는 조건으로 1만 달러의
보수를 요구했다. 월 2,500달러 꼴인데 프로모션 전문회사와는 비교
도 안 되게 싼 값이었다. 말하자면 60대의 이 멋쟁이 할머니는 돈벌
이 보다도 자기가 좋아하는 음악회 프로모션 일을 스스로 즐기는 것
같았다. 과연 트레이시는 음악회를 추진하는 데 상당한 노우하우가
있었다.

우선 뉴욕의 다양한 매체들을 어떻게 접근해야 하는가 알았다. 뉴

---

72) 내가 베아티 고든을 처음 만난 것은 해외공보관 문화교류부장을 맡았던 1988년 봄 서
   울에서였다. 당시 올림픽 문화홍보를 위해 우리 정부 초청으로 방한한 베아티를 나는
   이화여대 뒤 레스토랑 석란에서 오찬을 같이 했다. 일본에서 자란 베아티는 그 집의 開
   城 음식을 격찬할 정도로 동북아 문화에 조예가 깊었다.

욕 타임스와 같은 高級紙 뿐만 아니라 음악회를 선전하기 위해서는 빌리지 보이스 Village Voice와 같은 문화 주간지와 FM 라디오와 월간 댄스 Dance Magazine과 같은 전문 매체를 활용해야 한다고 강조한다. 이를테면 월간 댄스에 기사가 나려면 적어도 4개월 전에 사진과 함께 기사자료를 보내야 한다는 것.

좀 더 전문적으로 들어가서 공연 4개월 전부터 계속해서 간헐적으로 보도자료 Press Release를 발표하고 1개월 전부터는 뉴욕 타임스와 빌리지 보이스 및 FM 라디오에 본격적인 광고를 때려야 한다. 트레이시는 보도자료는 물론 별도로 만드는 전단 flier과 광고 문안을 직접 초안하는 것을 자기 일로 알았다. 나는 계속에서 공연 내용에 관한 질문을 받았다. 나이가 먹어서 상당히 수다가 많은 이 할머니 전화에 계속해서 시달려야 했다. 시나위가 무어냐, 판소리는 어느 시대부터 생겼느냐, 정악과 아악은 어떻게 다르냐……. 유치한 질문부터 전문적인 천착까지 끝이 없었다.

서울에서는 李御寧 문화부장관이 이번 경축공연 프로그램 제작을 직접 지휘하고 있었다. 문화부 산하 국립극장과 국악원이 총동원되다 보니 여러 기관이 관련되어 아무리 장관이 직접 지휘한다 해도 결정이 늦어지는 것은 어쩔수 없었다. 뿐만 아니라 일단 결정된 내용도 수시로 뒤바뀌기 일쑤였다. 최초의 레파토리 결정이 겨우 7월 중순. 그러니까 9월 25일 공연을 앞두고 계산한 트레이시의 스케줄과는 이미 안맞았다. 트레이시가 쓴 최초의 프레스 릴리즈가 뉴욕 문화원 이름으로 발표되었다.

"한국 전통 음악과 무용 축제 Gala 'Festival of Korean Music and Dance'가 한국의 유엔가입을 경축하기 위해 대한민국 문화부와 국제문화협회 주최로 9월 25일 저녁 카네기 홀에서 열린다. 레파토리는

고대로부터 현대에 이르기까지 다양한 전통 공연예술로 짜여졌으며
그 중에는 전통의 현대화를 시도한 작품도 있다. 136명의 出演陣은
한국 전통예술의 '인간 문화재'와 이 나라 1급 예술가들을 망라하고
있다…….''

서울에서 온 레파토리 제목은 '천년의 소리'였다. 우리말로는 다분
히 詠嘆調의 詩語임에 틀림없으나 영어로 The Sound of Millenia라
고 번역해 놓으니 미국인에게 그 의미를 전달하는 데 문제가 있었
다. 트레이시는 특히 빠른 전달을 생명으로 하는 광고 문안에 그렇게
쓰면 곤란하다고 말했다. 내 생각도 같았다. 그러나 이어령 장관은
'천년의 소리 The Sound of Millenia'를 고집했다. 할 수 없이 나는
뉴욕 타임스 광고 문안의 경우 다음과 같은 절충안을 내놓았다.

"The Sound of Millenia : A Korean Festival of Music and Dance."

그러나 정작 뉴욕 타임스에 나간 광고에서는 'The Sound of Mil-
lenia'는 작은 활자로 줄이고 'A Korean Festival of Music and
Dance'는 큰 활자로 키워 실제로 독자들의 전달에는 문제가 없도록
배려하였다. 일선 지휘관의 독단이었다. 한갓 고집 다툼이 아니라 나
로서는 모처럼의 경축 공연이 미국인들에게 어필하는 문제가 시급했
기 때문이다.

트레이시의 제안으로 9월 4일 카네기 홀 바로 옆 건물에 있는 화사
한 레스토랑 러시안 티 룸 Russian Tea Room에서 앞서 말한 각종 매
체의 공연담당 기자들을 모아 오찬 간담회를 가졌다. 서울에서 유혁
인 당시 국제문화협회장과 韓萬榮 교수가 와서 레파토리를 설명하고
기자들의 질문을 받았다. 뉴욕 타임스에는 9월 첫 주부터 주말마다
3번, 그리고 FM 라디오에는 1주간 연속 광고를 냈다. 광고가 나간
지 1주일만에 카네기 홀 예매소에서 표가 500매나 팔렸다. 그런 속도

라면 1,000매 이상 나갈 것 같았다. 당초 트레이시가 요구하는 스케줄에 맞추었더라면 카네기 홀 2,700석의 3분의 2쯤은 저절로 팔릴 자신이 있었다는 얘기다.

해외에서 공연을 추진한 경험으로 보면 공짜표는 믿을 수 없었다. 초대권을 받으면 아무리 재미 있는 공연이라도 잊어버리기 쉬운 것은 동서양이 마찬가지다. 그러나 일단 돈 주고 산 표는 확실하다. 1991년 봄 뉴욕 국제 예술 축제 New York International Festival of Arts에 우리 봉산탈춤 팀이 참가했다. 아시아 소사이티 소극장에서 3일간 공연에 첫날 표가 매진되었다. 그런데 300석 밖에 안 되는 공연장이 실제로 200석 남짓밖에 차지 않았다. 자리는 남았는데 표가 없어서 표를 사지 못하는 관객이 돌아가기도 했다. 이게 무슨 일인가? 한국의 어느 기업이 국가홍보를 돕는 의미에서 상당한 표를 사서 거래선에 뿌렸다는 것. 말하자면 이 공짜 표를 받은 사람이 그날 오지 않은 것이다. 그래서 실제로 관객이 산 표와 지원 기업에서 무더기로 산 표는 질이 다르다.

나로서는 또 관객의 내용이 문제였다. 흔히 우리 전통예술의 해외 공연이 그런 것처럼 동포 관객들로만 가득차면 곤란하다. 정부가 전례 없는 대규모 예술단을 세계문화의 중심도시에 파견했는데 본고장 관객보다 동포 관객이 더 많다면 일을 주선한 현지 책임자 입장에서 체면이 말이 아니다. 당시 吳洙東 문화관과 나는 1층 좌석[73] 만은 이른바 코카시언 Caucasian 백인들로 채워 보자는 욕심이었다. 우리는 초대권을 먼저 뿌리지 않았다. 초대하고 싶은 뉴요커들에게 일일

---

73) 극장의 1층 좌석은 오케스트라 ochestra, 2층은 퍼스트 티어 1st tier, 3층은 세컨드 티어 2nd tier, 꼭대기 층은 써클 circle이라고 한다.

이 전화를 걸어 관람 여부를 묻고 나서 표를 보냈다. 비교적 계획적인 생활에 익숙한 미국인들은 대개 오겠다는 사람은 반드시 왔다. 결국 우리들의 관객동원 작전은 성공했다. KBS TV 뉴스에 보도된 카네기 홀의 1층 좌석은 코카시언 관객들로 가득찼다. 이를 본 이어령 문화부장관은 대만족이었던 모양이다. 나는 얼마 후 파우치 편에 다음과 같은 李 장관의 감사 편지를 받았다.

김준길 주 N.Y. 문화원장 귀하

우리나라 문화외교의 일선에서 우리 문화의 참된 모습을 널리 알리기 위해 불철주야 애쓰시는 원장께 진심으로 감사드립니다.

지난 6월 우리나라의 UN 가입이 결정되고 이를 계기로 문화사절단을 파견하기로 기획한 이래 무려 4개월 동안 현지 공연준비 및 홍보에 적극적으로 헌신하여 주심으로써 지난 9월 Carnegie Hall에서의 공연을 성공적으로 마칠 수 있었습니다.

더욱이 이번 공연은 과거 어느 때의 공연에 비해 현지 교민을 비롯한 언론과 평론가, 예술가의 호평을 크게 받음으로써 진정으로 우리 예술의 독창적 우수성을 이해시킬 수 있었다고 생각되며, 이러한 훌륭한 성과를 거두게 하여 주신 귀 문화원의 직원 모두에게 문화부를 대표하여 심심한 사의를 표하고자 합니다.

앞으로도 우리 문화부와의 긴밀한 협조하에 귀원의 모든 문화홍보 업무가 성공적으로 이루어질 수 있기를 기대하며, 원장 이하 전 직원의 건안을 빕니다.

1991년 11월 22일
문화부장관 이어령

전통예술의 상징 레파토리

뉴욕에는 국악인들의 방문이 잦은 편이다. 국악의 향수를 지닌
동포사회가 그들의 공연을 언제나 기다리고 있기 때문이다. 1992년
11월 명창 金素姬 여사가 뉴욕에 온다는 소식을 듣고 나는 문화원
의 다목적 공간에서 판소리 판을 벌여 보고 싶은 생각이 들었다. 뉴
욕의 아시아 음악 전문가들을 불러 놓고 '판소리'라는 독창적인 한
국 전통음악의 세계성을 한 번 시험해 보고 싶었던 것이다. 더구나
우리나라 당대의 명창을 내세울 수 있는 기회가 어디 좀처럼 쉬운
가. 당시 이미 70이 넘은 김소희 여사는 내 의도를 듣고 극구 사양
했다. 목소리가 예전같지 않다는 것이다. 그러나 나의 간곡한 요청
과 1972년 뉴욕에서 그를 세계에 소개한 아시아 소사이어티의 베아
티 고든 여사의 强勸이 주효하여 춘향가 한 대목만 선보이기로 허
락을 받았다. 나는 이 작은 실험적 리사이틀을 기록해두려는 욕심에
서 월간「객석」1월호에 아내의 이름을 빌려 다음과 같은 기고를 해
둔 바 있다.

뉴욕 문화원 - 김소희 판소리 공연

(뉴욕 - 이인우 통신원)

분홍 저고리에 흰 치마 받쳐입고 한 손에 쥘부채를 든 김소희 씨는 아직도 야한 맛이 도는 소리꾼임에 틀림없다. 11월 7일 뉴욕 문화원에서 김소희 씨와의 만남은 뉴욕 교포 국악인들의 한국 전통예술 국악원 창립을 축하하려고 온 기회에 갑자기 이루어졌다. 60평쯤 되는 제법 넓은 문화원 다목적 공간은 한국의 판소리 名唱을 만나러 약 150명의 미국인 한국음악 애호가들과 이곳의 젊은 교포 화가, 조각가, 연극인들로 붐볐다. 돗자리에 병풍 그리고 書架만으로 소리 한판 분위기는 살아났다.

김소희의 이날 판소리 레파토리는 「춘향가」 중에서 어사또 남원 행차 대목. 어사또가 신분을 감추고 장모 월매 집에 찾아가 향단이랑 하소연 듣는 장면, 옥에 갇힌 춘향이와 옥중 상봉 장면 등등……. 드라마틱한 얘기들이 명창의 능숙한 演技로 변화무쌍한 소리의 색깔을 드러낸다. 鼓手는 당대 아쟁의 명인 윤윤석 씨. 손발이 척척 들어맞는다.

춘향가의 어사또 남원 행차 대목은 약 30분 이상 진행되었는데, 실제로 한국말 대사를 알아듣는 청중은 절반도 되지 않았으나, 미국인 관객들은 김소희 판소리 가락에 매료당하고 있었다.

무용평론가 페리 비알러 씨와의 1문 1답.

－대사를 못 알아들으실 텐데 이 판소리 공연이 재미있습니까?

"저는 수십 년 동안 이탈리아 말 대사를 하나도 못 알아들으면서도 베르디 오페라를 수십 번이나 즐겁게 감상했습니다."

－지금 판소리는 유명한 춘향가의 한 대목입니다. 춘향전의 스토리를 아시는지요?

"이 공연을 보러오기 전에 간단한 줄거리는 읽었습니다. 솔직히 이 대목의 장면 장면들이 스토리의 어느 부분인지는 모르겠으나, 배우의 노래와 표정, 그리고 음악과 연기를 통해 충분히 감정을 전달받고 있습니다."

다음은 미국 자연사 박물관 학예관 로렐 켄달. 켄달 여사는 10여 년전 평화봉사단원으로 한국에서 활동하면서 한국어를 배웠고 한국의 샤마니즘 연구로 박사학위를 받았다.

－김소희 씨 공연을 한국에서 본 일이 있습니까?

"한국에서는 TV로만 보았었지요. 다른 분이 하는 판소리는 많이 가 보았습니다만 역시 김소희 씨 같은 명창을 가까이서 보니까 감동스럽군요."

－켄달 여사는 여기 오신 미국인들 중에는 한국말을 알아듣는 거의 유일한 분이시니까 판소리를 재미 있게 감상하셨겠지만, 말을 모르는 다른 미국분들은 답답하지 않았을까요?

"그렇지 않다고 생각합니다. 미국인들, 특히 뉴욕 사람들은 현대 미술을 매우 좋아합니다. 뉴욕이 현대 미술의 고향이라고들 하지요. 현대 미술이 생각하기에 따라서는 얼마나 난해합니까. 그러나 감상자들은 현대 미술을 읽고 이해하기에 앞

서 먼저 느끼고 즐깁니다. 한국말을 모른 채 판소리를 즐기려
는 미국인들의 意識過程은 현대 미술의 감상 과정과 같다고
할까요."

김소희 씨의 뉴욕 공연은 이번이 다섯 번째. 1972년 아시아
소사이어티 주최로 카네기 리사이틀 홀(소 연주장)에서 김소
희 씨는 판소리로 처음 뉴욕에 데뷔한 셈이다. 당시 김소희
판소리 공연을 추진한 장본인은 아직도 아시아 소사이어티 공
연국장으로 일하는 베아티 고든 여사. 일본에서 태어나 자란
고든 여사는 일본 전통예술 전공에서 시작하여 한국과 중국
등 주로 동북아시아 전통 공연예술 전문가로 뉴욕에서는 아시
아 예술에 관한한 獨步的인 영향력을 행사한다. 한국의 굿을
뉴욕에 처음 소개하고 사물놀이를 세계적으로 알리는 데 결정
적인 한몫을 한 분이기도 하다.

오랜만에 김소희 씨를 만난 고든 여사는 가지고 온 꽃다발
을 명창에게 안기며 유창한 일본어로 둘이 직접 회포를 나눈
다.

"오겡끼데스네(건강하시네요). 여전히 목소리는 변함없으
십니다."

"아닙니다. 나이 탓인지 목소리가 예전처럼 잘 안 나옵니
다. 오늘도 소리가 마음대로 안 되어 혼났습니다."

"唱에는 역시 한국인의 혼이 스며 있습니다. 그 혼이 나이
가 들수록 더 깊은 맛을 풍깁니다. 역시 김소흽니다."

"그렇게 봐 주시니까 그렇지요. 비행기 멀미에 감기 기운이
겹쳐 좋은 소리를 못 들려 드려 죄송합니다."

두 사람은 아시아 소사이어티가 보급하고 있는 김소희 판소리 비디오 테이프에 관한 애기를 나눈다. 아시아 소사이어티는 1956년 록펠러가 미국인의 아시아에 대한 이해를 높히는 사업을 위해 헌납한 기금을 기초로 출발하여 지금은 한국을 비롯하여 아시아 각국의 정치, 경제, 문화, 역사를 미국인에게 올바로 인식시키는 여러 가지 사업을 벌이고 있다. 아시아 전통예술을 미국에 소개하는 일을 맡은 고든 여사가 1972년 당시에 한국 전통예술 중에서 해외에 소개할 레파토리로 김소희 판소리를 골랐었다는 사실은 시사하는 바가 크다. 아시아 소사이어티가 아시아 어느 나라의 전통예술을 미국에 소개할 때는 반드시 그 나라 一流가 아니면 안 된다던 고든 여사의 고집은 결코 허튼 소리가 아니었다.

독자들은 내가 왜 월간 「객석」의 차명 기사를 중략 없이 완벽하게 소개하고 있는가 어렴풋이 짐작했을 줄 안다. 한 마디로 판소리야말로 한국의 전통예술을 대표할 만한 간판 종목이라는 나의 지론을 다시 한 번 강조하고 싶어서다. 60년대 초 극단 「탈」과 함께 소극장 운동에 참여하면서 나는 '탈춤'을 한국 전통연극의 원형으로 보았었다. 그러나 1966년 중국의 문화혁명에서 江青의 京劇 비판에 자극을 받고 「춘향전」의 현대화를 생각하면서 그 원형인 '판소리' 형식에 새삼 주목했던 것이다.[74] 1980년 이후 해외홍보 업무에 종사하게 되면서 한국을 대표할 만한 간판 전통예술을 생각하지 않으면 안되었다. 서울 올림픽을 한 해 앞둔 1987년 나는 해외공보관 문화교류부장을

---

74) 제8장 '연극' 참조.

맡고 있었는데 이 간판 전통예술 문제는 절실했다.[75]

70년대 정부가 직접 국가예산으로 지원한 가장 큰 해외 문화홍보 사업은 국립무용단의 순회공연이었다. 1987년 가을 나는 국립무용단 순회공연단장으로 약 두 달 동안 南美 8개 국을 다녀왔다. 이 뜻밖의 임무를 통하여 나는 국립무용단의 해묵은 레파토리를 비교적 전문적으로 접근할 수 있었다. 한국의 전통 춤과 연극의 단편을 여러 사람이 손을 봐서 편제한 레파토리는 이제 누구의 작품인지조차 그 저작권을 가리기 어려울 정도였다. 사실 이어령 장관이 심혈을 기울여 파견한 '천년의 소리' 공연단도 결국 국립무용단의 전통적인 레파토리를 根幹으로 한 것이다. 물론 공연단의 규모와 단원의 기량 면에서 국립무용단 수준을 뛰어넘었다고 할 수는 있겠지만.

우루과이에 갔을 때 金海善 대사[76]로부터 귀중한 자료를 얻었다. 그것은 1939년 崔承喜의 해외공연 때 만든 영문 프로그램이다. 작품 하나 하나를 소개한 흑백 스틸 사진을 보면서 국립무용단 레파토리의 원형을 보는 것 같았다. 비로소 우리나라 현대 舞踊史의 묻혔던 비밀을 발굴한 기분이었다. 최승희의 작품에 나온 부채춤과 장고춤은 바로 우리 국립무용단 레파토리의 大宗을 이루고 있지 않은가. 물론 오늘의 부채춤은 최승희의 제자 金白峯에 의해 더욱 현란한 群舞로 발전한 것이긴 하다. 국립무용단의 피날레 레파토리 '농악'에 나오는 장고춤도 집단화되면서 리듬의 박진감을 강조한 것에 불과하다.

---

75) 월간 「춤」지 1988년 4월호 "해외공연은 劇場性이 있어야 – 탈춤과 판소리를 생각한다" 제하 기고문에서 나는 우리나라 전통예술의 상징적 공연물로 탈춤과 판소리를 내세워야 한다고 주장한 바 있다.

76) 김해선 대사는 1983년 내가 주불 공보관으로 일할 때 주불대사관 공사로 함께 근무한 인연이 있다.

과연 '부채춤'은 70년대 국립무용단의 해외공연을 통하여 우리 전통예술의 상징적인 레파토리로 부상했다. 그러나 하나의 단순 레파토리에 불과한 '부채춤'은 중국의 '京劇'이나 일본의 '가부끼 歌舞技'나 '노 能'와 같이 문학적 스토리를 무대화한 공연예술이 아니다. 결국 우리나라에서는 '탈춤'과 '판소리'가 그런 장르로 구별될 수 있다. 그러나 탈춤은 배우의 얼굴을 가리는 것이 약점이다. 일종의 민속놀이처럼 보여 외국인에게는 호기심만 자극하고 정제된 예술로 감상의 대상에서 제외되기 쉽다. 그 점에서 판소리는 단연 문학적 스토리를 정형화한 우리나라 전통예술에서는 보기드문 세련된 형식을 갖추었다.

1988년 봄 해외공보관은 프랑스 빠리의 '세계문화의 집 Maison de la Culture du Monde'과 협조하여 빠리를 비롯한 유럽 13개 도시에 우리 판소리 순회공연을 가졌다. 판소리 唱者는 남자 趙通達, 여자 安淑善, 鼓手는 작고하신 金東俊 옹을 선발했다. 레파토리는 유럽의 「칼멘」에 해당하는 한국적 사랑의 전통 문학 「춘향가」로 선정하여 유럽인들의 정서와 交感을 시도한 것이다. 처음으로 장면 설명 스크린[77]을 사용했다. 또 판소리 공연 팀에 공연기획가 姜俊赫을 큐레이터로 참가시킨 것도 이례적이었다. 서울 올림픽 직전 한국의 전통문화를 세계에 알리는 사업으로 상당히 큰 반응을 일으켰다. 당시 전주 대사습에서 장원으로 데뷔한 신인 안숙선은 유럽 순회공연 이후 판소리 스타가 되었다. 르 몽드 동경 특파원 필리프 퐁스가 서울에 왔을 때 나는 마침 순회공연 출발 전 시연회에 그를 초대하여 판소리 세일에

---

77) 프랑스, 영국, 독일, 스위스, 이탈리아, 스웨덴, 덴마크에서 13개 도시를 순회하게 됨에 따라 자막의 텍스트는 불어, 영어, 독어, 이태리어, 스웨덴어 등 5개 국어로 번역하였다.

성공했다. 빠리 공연을 앞두고 르 몽드에는 "소리로 승화된 저항의
전통 La Rebellion Vocalisee"이라는 제하의 판소리 소개 기사가 필리
프 퐁스 동경 특파원 발로 실렸다.

15

언 론

뉴욕 타임스

내가 처음 만난 뉴욕 타임스 기자는 수잔 치라 Susan Chira라는 20대의 젊은 여기자였다. 1988년 해외공보관 외보부장 때 수잔은 뉴욕 타임스 동경특파원으로 한국을 커버하고 있었다. 취재차 서울에 자주 출장오면 그 때마다 나는 그가 만나고 싶어하는 정부 인사나 학자들, 때로는 평범한 시민들과의 회견을 알선해 주었다. 언제나 조선호텔에 묵었기 때문에 우리는 레스토랑 나인스 게이트 Ninth Gate에서 곧잘 치즈 국물에 삶은 홍합 moule marinière과 등심 스테익으로 긴 점심을 들면서 한국의 정치 경제 사회 문화를 논하곤 했다.

나중에 안 일이지만 수잔은 뉴욕 타임스가 동경에 파견한 최초의 본사 특파원이었다. 그 전까지 뉴욕 타임스의 동경 특파원들은 뉴욕 본사 출신이 아니고 동경 또는 홍콩에 베이스를 두고 아시아를 전문적으로 취재하는 프리란스 기자들 중에서 뉴욕 타임스와 일정 기간

계약을 맺고 일하는 처지였다. 박정희 대통령을 날카롭게 비판한 헨리 스코트 스토크스 Henry Scott Stokes 기자는 말하자면 뉴욕 타임스의 계약직 동경 특파원이었다.

뉴욕 타임스가 동경에 본사 특파원을 파견하기 시작한 것은 동북 아시아 지역 뉴스의 비중이 그만큼 커졌다는 사실과 함께 미국내 젊은 인문 사회계열 엘리뜨들 중에서 아시아 전공자들을 구할 수 있게 된 실정을 배경으로 하고 있다. 수잔 치라는 하바드와 자매였다가 지금은 합병한 명문 여자대학교 라드클리프 칼레지 Radcliffe College에서 일본을 전공한 뉴욕출신 유태계 재원이다. 수잔의 하바드 석사논문[78]은 맥아더 軍政치하 전후 일본의 토지개혁을 다루고 있는데, 해방후 남한의 미군정 토지개혁과 유사한 조치가 패전국 일본 본토에서 취해졌다는 사실을 나는 수잔의 논문을 보고 처음 알게 되었다.

수잔이 귀국하고 나서 뉴욕 타임스는 동경지국에 지국장 밑에 데이비드 생거 David Sanger라는 수잔 치라의 하바드 후배를 배치했다. 이제 갓 사회에 첫발을 내딛는 생거는 역시 젊은 유태계 사회과학도였다. 그가 동경에 오고 얼마 안 있어서 나는 뉴욕 문화원장으로 발령을 받아 서울을 떠나게 되었다. 뉴욕에서 자주 대한 데이비드 생거의 긴 기사들은 한국의 정치와 사회 문제 등 욕심껏 닥치는 대로 써

---

78) 수잔 데보라 치라 Susan Deborah Chira의 영문 석사논문 「조심스러운 혁명가들── 점령정책 수립자들과 일본의 전후 토지개혁 Cautious Revolutionaries ── Occupation Planners and Japan's Post-War Land Reform」은 하바드 대학의 저명한 일본학자 에드윈 라이샤워 Edwin O. Reischauer 교수의 지도 아래 1982년 일본 농업정책연수소에서 간행되었다. 맥아더 점령군사령부 정책수립자들이 일본 사회의 전통 구조를 미국식 민주주의와 자본주의 체제로 급격한 개혁을 추진하는 과정에서 부딪친 딜렘마를 토지개혁이라는 가장 첨예한 사례를 놓고 분석한 논문이다. 점령군의 권력으로 추진하는 토지개혁은 일본인에게는 하나의 사회경제적 혁명이었지만 점령군사령부는 일본의 자본주의 민주화를 위한 평화로운 개혁이라고 나이브하게 믿었다는 분석이다.

제끼면서 젊음의 왕성한 의욕을 과시한 표가 역력했다. 내가 뉴욕 근무를 마치고 돌아올 무렵쯤 생거의 한국관계 기사는 분석의 깊이라든가 시각의 날카로운 날이 제대로 서 있었다. 요즘 뉴욕 타임스를 보면 데이비드 생거의 워싱턴 발 기사를 읽을 수 있다. 신문기자 초년생이었지만 동경에서 열심히 일한 공로로 미국에서는 중요한 워싱턴 특파원으로 발탁된 것이다.

1990년 6월 25일 뉴욕에 부임하고 한 주일쯤 지난 뒤, 그러니까 7월에 들어서 수잔 치라에게 전화를 걸었다. 뉴욕 타임스부터 길을 트고 싶은 성급한 마음에서였다. 상냥한 수잔의 목소리가 우선 반갑다.

"오신다는 얘기 들었어요. 김 원장님, 뉴욕에 오신 것 환영합니다."

"지금 무슨 파트에서 일하세요?"

"국내부 national report에서 교육을 담당하고 있어요. 좀 이상하지요? 동경 특파원을 하다가 교육 담당이라니. 매일매일 터져나오는 뉴스를 다루는 게 아니고 오래 조사하고 전문가들을 만나서 쓰는 기획 기사를 맡은 거예요."

하긴 나는 수잔의 글 솜씨를 안다. 서울 올림픽 때 식민지와 전쟁을 딛고 일어선 한국인의 성취를 40대와 50대 두 여인의 생애를 통하여 보도한 감동적인 기사[79] 스크랩을 나는 아직도 간직하고 있다.

---

79) 뉴욕 타임스 1988년 9월 15일자 1면 톱 기사. "일하는 두 여성 : 살아있는 한국 현대사의 悲哀와 凱歌이야기 Two Women at Work : Living the Story of Korea's Sorrows and Triumphs" 제하의 서울발 수잔 치라 특파원의 기사는 한국이 불과 20, 30년 전의 가난을 딛고 열심히 일하여 이룩한 오늘의 성취를, 그 대조적인 두세 대를 대표하는 두 사

아닌게 아니라 뉴욕에 와서 몇 주일째 어느 지면에서도 수잔의 기사를 볼 수 없었다. 훨씬 나중에 그 해 가을인가 미국 초등교육의 문제점을 파헤친 수잔의 르포 기사 6회분 시리즈를 비로소 대할 수 있었다. 첫 회분이 나가던 날은 1면 톱이었다.

나는 수잔이 서울에 오면 늘 하던 대로 자연스럽게 점심을 제의했다.

"지금 휴가를 가려고 하는데…. 다녀와서 8월 말쯤 하지요. 그 때 제가 연락할게요."

서울과는 다르다. 뉴욕은 그만큼 유장한 것이다. 볼일 다 보고 천천히. 수잔은 이제 더 이상 하루하루 바쁘게 돌아가는 동경 특파원은 아닌 것이다.

뉴욕 타임스에서 일하고 있는 한국인이 한 사람 있다. 정확히 말해서 한국계 미국인이지만. 구인 조 친 Gwin Jo Chin이란 이상한 이름은 한국명 曺貴仁 여사가 지금은 이혼한 중국계 미국인 남편 진 秦씨 성을 그대로 사용하고 있기 때문에 생긴 것이다. 구인 친은 일요판 부록 뉴욕 타임스 매거진에서 편집 일을 하고 있었다.[80] 뉴욕 일원에서 들을 수 있는 FM 라디오 방송 WQXR은 뉴욕 타임스 자매 음

보통 여인의 이야기로 설명한 것이다. 홍숙자 (58세)는 일제시대 태어나 6.25 때 이북에서 월남하여 가난 속에서 지금 가정부로 일하는 '비애의 시대'를 상징하는 여인. 이경숙 (44세)은 농촌에서 태어나 60년대와 70년대 경제성장과 발맞추어 열심히 일하고 또 그만큼 번영의 혜택을 받아 지금 미장원을 경영하는 행복한 자영업자로 '개가의 시대'를 대표한 것. 수잔 치라는 두 여인의 個人史를 통하여 일제 식민지, 해방, 분단과 독립, 전쟁, 이승만 독재, 군사 정변, 경제 개발… 올림픽 성취에 이르기까지 한국 현대사의 르포르타주를 서울올림픽 특집기사로 쓴 것이다.

80) 1993년 가을 구인 친은 뉴욕 타임스 매거진 편집장 보좌역 Special Assistant to the Editor of The New York Times Magazine으로 승진했다.

악 방송으로 꽤 많은 청취자를 가졌다. 나도 출퇴근 시간 차 안에서는 WQXR의 애청자였는데, 구인 친이 맡은 만하탄의 화려한 연예 이벤트를 소개하는 시간이 있었다.

구인 친은 90이 넘은 老母를 모시고 사는데, 이 분이 바로 동요 「학교 종이 땡땡친다」를 작곡한 김 매리 여사다. 뉴욕에 주재하는 한국 특파원들 덕분에 서울에서도 아는 사람들 사이에서는 꽤 알려진 분이다. 김 여사는 해방 후 한국 정치사에서 미군정의 좌우합작에 동조했던 金奎植 박사의 從妹가 된다. 그래서 구인 친의 家族史를 들추면 反이승만 정서가 깔려 있다. 구인은 48년 남한 단독정부가 선 이후 부모를 따라 미국으로 와서 자랐기 때문에 한국어를 거의 못 하는 초기 1.5세대에 속한다.

구인이 지정한 레스토랑 오르소 Orso는 43가에 있는 뉴욕 타임스 본사에서 10분 정도 걷는 웨스트 46가 322번지에 있는 조촐한 이탈리아 식당이었다. 좁고 긴 20여 개 테이블은 만원, 식당 안쪽 깊이 조용한 테이블에서 나이를 먹어 몸관리에 무신경한 둥근 얼굴의 구인이 손을 든다.

"웰컴 투 누욕, 디렉터 킴!"

'뉴욕'을 '누욕'이라고 발음하는 전형적인 뉴욕 악센트가 구인 특유의 유장한 인토네이션과 어울려 더욱 정답다. 1989년 여름 서울 프라자 호텔 한식당에서 덕수궁을 바라보며 점심을 같이 한 이후 처음이다.

"저는 서울서 뵈었을 때 디렉터 킴이 뉴욕에 오실 줄 알았어요. 당신처럼 진짜 문화를 아시는 분이 뉴욕 문화원장을 하셔야지요. 뉴욕이 보통 한국 관리들에게는 문화의 벽이 높답니다. 빠리에서 닦은 실력이 있으니까 디렉터 킴은 잘 하실 거예요. 뉴욕의 문화를 만끽하세요. Enjoy your cultural appétit in New York ! "

저린 생선 안초비가 들어간 안티파스타 前菜와 내가 좋아하는 흰 조개 소스의 링기네 국수를 시켜서 이 레스토랑 음식 맛을 테스트해 보았다. 맛은 괜찮은 편. 나중에 보니까 이 식당은 뉴욕 타임스 음식 평론가의 평점이 별 둘이었다. 포도주를 좋아하는 구인은 살찌는 국수 대신 오징어 튀김 까라말리를 시켜 놓고 붉은 포도주 한 병을 내게 반 잔만 따라 주고 다 마신다. 여기 저기서 아는 사람들이 손짓으로 또는 눈짓으로 구인과 인사를 나눈다.

"이 레스토랑은 모두 뉴욕 타임스 식구들뿐입니다. 저기 오피니온 페이지 부 편집장 레슬리 겔브 Leslie Gelb구요, 그 옆에 같이 있는 분은 진보적인 신문 뉴욕 타임스의 단 한 사람 보수주의 컬럼니스트 윌리엄 사파이어 William Safire랍니다. 아, 오늘 아시아 담당 논설위원 데이비드 웅거 David Unger는 안 보이는군요."

말하자면 구인은 나를 뉴욕 타임스 구내 식당으로 안내한 셈이다. 나중에 나는 레스토랑 오르소를 자주 가게 된다. 뉴욕 타임스 사람들과 점심을 약속하면 대개 음식값이 그렇게 비싸지 않은 이 식당을 선호하기 때문이다. 그들은 또 아시아의 개발도상국 외교관이 베푸는 고급 식당의 향응을 꺼린다. 언제나 내가 한 번 사면 이번엔 뉴욕 타임스 차례라고 우기면서 자기도 한 번 사야 하니까.

편집국과 논설위원실의 政敎분리

뉴욕 타임스 본사에서 한국 문제를 다루는 사람들은 뜻밖에 논설위원실에 있었다. 논설위원실과 편집국은 피차 간섭하지 않는다는 것이 뉴욕 타임스의 오랜 전통이라고 한다. 구인 친의 표현을 빌리면 마치 교회 church와 국가 state와의 관계처럼 엄격한 政敎분리의 원칙이 지켜진다는 것. 한편 편집국 외신부는 그 지역 사정에 정통한 전문기자가 없는 한 전적으로 현지 특파원의 리포트를 존중할 수밖에 없다. 그래서 한국관계 보도 기사는 전적으로 동경 지국에 맡겨져 있었다.

논설위원실에서는 동북아 지역 담당 논설위원 데이비드 웅거 David Unger와 세계 안보 담당 레온 시갈 Leon Sigal이 한국에 관심을 가지고 있었다. 웅거는 휴가 중이어서 시갈의 사무실을 먼저 예방했다. 43가 6번과 7번 애브뉴 사이. 흡사 큰 인쇄공장 입구 같은 뉴욕 타임스 정문 현관에서 콧수염을 기른 스탈린과 비슷한 인상의 시갈이 나를 맞아 4층 자기방으로 안내한다. 빠리에서 르 몽드의 앙드레 퐁텐느 주필 방을 갔을 때도 그랬지만 시갈의 방 역시 대학교수의 연구실 같았다. 책으로 가득한 서가로 둘러쌓인 사방의 벽.

"보내 주신 남북 고위급 회담 관련 르 몽드 사설 잘 읽었읍니다. 노태우 대통령의 1989년 7·7 선언 이후 남북 고위급 회담이 성사된다면 앞으로 남북관계의 큰 진전이겠지요."

시갈은 실제로 뉴욕 타임스에 오기 전에 대학에서 국제문제를 가르치던 정치학 박사다. 신문사에서 그의 담당은 세계 안보 문제 World Security. 그렇다. 많은 병력을 가진 적대 세력이 서로 대치하고 있는 분단된 한반도는 바로 세계 안보 문제의 최대 관심 지역이구나. 그래서 뉴욕 타임스 논설위원실에는 두 사람의 한국 문제 담당이 생겼구나. 이제야 알겠다. 우리가 세계에서 가장 안전보장이 어려운 민감한 지역에 살고 있다는 사실을.

1992년 들어 뉴욕타임스는 1월 1일자부터 북한의 영변 원자로 문제를 거론하기 시작했다. 그 후 넉 달 동안 같은 문제를 여섯 번이나 사설로 다루었다. 이 집요한 추적의 필자는 레온 시갈. 미국이 국제 사회의 안보문제, 특히 핵무기와 관련한 문제에 얼마나 예민한가를 단적으로 말해 주는 예라고 할까. 그 후 계속된 북한의 핵 문제에 관한한 미국의 한반도 정책수립과 관련된 모든 정치인, 관리, 학자, 언론인을 통틀어 뉴욕 타임스의 레온 시갈을 능가할 전문가는 없다고 단언해도 좋다.

시갈은 부지런한 언론인이었다. 이를테면 남북한 정부의 주요 정책 결정자들이 뉴욕을 방문하면 빠짐없이 만나려고 했다. 항상 지역 담당 논설위원인 데이비드 웅거와 함께. 나는 우리 정부의 주요 인사들과 면담을 주선하고 언제나 그 자리에 배석하곤 했다. 오찬을 같이해도 적어도 2시간 이상 토론이 계속되기 때문에 그 것은 소규모 세미나였다. 남북한 문제를 다루다 보니까 자기도 한국의 국내 정세를 올바로 파악할 필요가 있다는 것이다.

시갈의 콧수염과 스탈린 인상은 우크라이나 출신 유태계 이민인 그의 부모로부터 물려받은 내력이었다. 내가 아는 뉴욕 타임스 사람들, 수잔 치라, 데이비드 생거, 레온 시갈, 데이비드 웅거…. 모두 유태계 미국인들이다. 로쉬 하샤나라든지 욤 키푸르 같은 유태인 명절 날 뉴욕 타임스에 전화를 걸면 거의 아무도 만날 수 없다. 그 날은 진짜 꼭 필요한 당번들 skeleton force만 남아서 일하기 때문이다.

데이비드 웅거와 처음 만난 것은 레스토랑 오르소에서였다. 기르지는 않았지만 턱 수염이 많은 웅거는 갈라진 목소리로 조용조용히 한국의 정세를 조목조목 물어 온다.

"1987년 대통령 직접 선거 이후 정통성 시비를 모면한 노태우 정부가 1989년 7·7 선언을 통해 남북 자유 왕래를 주장했으면서도 아직

국가 보안법을 그대로 유지해야 하는 이유는 무엇입니까?"

날카로운 물음. 이른바 "북한이라는 특수한 체제와 대치하고 있는 분단된 나라의 특수한 사정"을 이해하기 곤란하다는 얘기다. 웅거는 그 뒤에도 한국의 민주화 문제를 다룬 사설[81]을 쓸 때마다 국가보안법을 반드시 언급하곤 했다.

웅거는 정확히 말해서 아시아 지역, 주로 동북아와 동남아와의 외교 문제를 담당한 논설위원이다. 코넬 대학에서 Ph.D 학위를 딴 역사학자로 80년대 초부터 뉴욕 타임스 논설을 맡았다. 프리란스 작가인 여성과 동거하는 꼬아비따시용 cohabitation족. 학자적인 탐구력이 강해서 컬럼비아 대학이나 아시아 협회 같은 데서 주최하는 아시아 관련 세미나까지 열심히 참석한다. 자기가 맡은 지역 정세를 위하여 부지런히 자료를 모으고 전문가를 만나 인식을 키운다.

"가을쯤 아시아 몇 나라를 출장가려고 하는데 물론 서울도 들를 생각입니다. 그 때 제 취재 일정을 도와 주세요. 일본, 한국, 베트남, 필리핀, 네 나라를 계획하고 있어요."

그해 11월에 간다던 웅거의 출장은 결국 이듬해 연말에야 실현되었다. 뉴욕 타임스 같은 대 신문사도 논설위원의 해외 조사 출장은 경비 때문에 그렇게 어려웠다. 뉴욕 타임스에는 사설란 끝에 가끔 '논설 취재일기 Editorial Notebook'라는 논설위원들의 記名 컬럼이 실린다. 웅거가 서울을 다녀와서 쓴 '취재일기'[82]는 1991년 말 서울의

---

81) 1992년 4월 18일자 뉴욕 타임스는 "한국 민주주의 완성의 길 How to Complete Democracy in Korea"라는 제목의 사설에서 "한국 전쟁과 독재의 잔재인 국가보안법"을 없애는 길 만이 한국의 민주주의를 완성하는 것이라고 노태우 대통령에게 촉구하고 있다.

82) 뉴욕 타임스 1992년 1월 23일자.

분위기를 다음과 같이 전한다.

"선진 경제로 돌진한 남한은 세계의 부러움을 샀다. 그러나 물질적인 발전을 위해 치러야 할 정신적인 댓가에 대하여 많은 한국인들은 걱정하고 있다… 가난한 농민의 나라가 30년 만에 자동차와 전기기구를 갖춘 도시민의 나라로 바뀌었다. 이 새로운 도시 중산층은 권위주의 정치를 버렸다. 여러 가지 민주주의 제도가 지금 뿌리를 내리고 있다. 그 동안 거치른 반공주의에 젖어 온 서울의 외교는 모스크바와 국교를 트고 중국과 경협을 늘이며 유엔에 가입하면서 최근에는 북한과도 긴장을 줄이는 등 자못 세련된 모습을 보여 준다…….

이렇게 여러 가지 발전에도 불구하고 서울에는 도리어 불만인 사람들도 많았다. 장군 출신인 노태우 대통령 정부에 아직도 자리를 차지하고 있는 관리들에게 자유로운 토론의 소란은 못마땅하기만 하다. 현대와 대우 같은 재벌 그룹 사장들은 일하는 미덕이 사라진 풍토를 개탄하면서 과거의 가부장적 권위주의에 대한 향수를 가지고 있었다…….

안달하는 쪽은 기득권 세력만이 아니었다. 전에 반체제 지도자였던 김대중과 김영삼은 역사가 청와대 권좌를 기다리는 자기들 차례를 비켜갈까 봐 걱정이다. 둘 다 금년 대통령 선거를 마지막 찬스로 보고 있다. 김영삼은 노 대통령이 자기를 후계자로 지명할 것을 기대하며 김대중은 언제나처럼 정부가 민주주의 규범을 지키지 않는다고 비판한다……. 무명의 반체제 인사들은 아직도 버티고 있는 억압 장치를 겁내고 있다. 국가보안법이 1,000여 명의 정치범을 만들고 있는 것이다…….

한국인들은 누구나 통일의 날이 빨리 오기를 바라고 있다. 그러나 최근 독일의 경험을 들어, 이를테면 80세가 다 된 김일성이 갑자기 죽는다든가 하여 북한 체제가 붕괴됨으로 말미암아 생길지 모르는 가공할 결과를 우려한다.

미국 사람들은 흔히 잘 모르고 한국과 일본을 도매금에 비슷한 나라로 취급하거나 한국의 연혁을 겨우 한국전쟁까지밖에 모르는 경우가 많다. 그러나 한국인들은 자신들의 문화적 역사적 전통을 아주 자랑스럽게 생각하고 있다. 고립된 일본에 중국 문명을 전한 것은 한국의 기술자들과 학자들이다. 한국은 현존하는 어느 유럽 국가들 보다도 먼저 통일국가를 형성하고 1910년까지 1,500년이나 유지해 왔다.

20세기에 겪은 가혹한 일본 식민주의, 제2차 세계대전과 한국전쟁, 분단과 독재체제… 상처받은 민족주의와 강한 자존심. 오늘의 한국인을 지배하는 정서다. 제대로 공부한 한국인들은 미국을 의심한다. 되도록 한국의 통일을 막으면서 미국 문화를 수출하여 한국의 고유한 생활양식을 파괴하려는 게 아닌가.

부시 정부는 이렇게 변화하는 한국에 대한 여러 가지 정책수립면에서, 특히 북한 핵 문제를 포함하여 기민하게 대처해 왔다. 남한의 경제력이 커지고 민주주의가 신장되면서 북한과의 교류도 다양해졌다. 워싱턴은 북한과 남한과의 접촉을 각각 넓혀서 한국인의 민족적 자존심을 알아 주는 적절한 표시를 보일 필요가 있다. 한국은 그 동안 많은 것을 성취했으므로 미국의 대한 정책은 그만큼 공을 들여야 한다."

누가 이 글을 읽고 한국을 처음 가 본 미국 언론인의 글이라고 믿겠는가. 물론 데이비드 웅거는 일 주일이라는 짧은 기간 서울에 머물면서 내가 주선한 정부의 고위 인사들과 학자들은 물론 서울에 있는 뉴욕 타임스의 스트링거를 통해 별도로 각계 인사들을 다양하게 만났다. 또 지난 수년간 뉴욕에서 한국 문제를 계속해서 추적해 왔다. 그렇다 하더라도 그의 '취재일기'는 1992년 초 한국의 정세를 심도있게 요약하고 있는 것이다.

휴가 갔던 수잔 치라가 돌아와서 전화를 건 것은 1990년 8월 하순 어느 한여름 날. 레스토랑 오르소에 나타난 수잔은 배가 남산만큼 부른 만삭의 임신부였다. 동경 특파원 시절에 임신을 조절했다가 귀국해서 비로소 첫 아이를 가진 것이다. 우선 만나서 반가웠다.

"축하합니다, 아기를 가져서. 이제 어머니가 되시겠네요."

"고마와요. 산달이 내달이예요."

"그럼 얼마나 쉬는가요?"

"6개월이니까 아마 내년 봄부터나 다시 일할 거예요."

수잔은 내게 뉴욕 타임스의 사정을 요령 있게 알려준다. 한 마디로 뉴욕 타임스의 간부를 비롯하여 대부분의 사람들은 아시아를 잘 모른다는 것. 더구나 한국에 대한 관심은 전무하다고 보아야 한다는 것. 한국 뉴스가 자주 국제면에 실리지만 외신부도 부장을 포함하여 한국에 대한 인식이 부족하다는 것. 그래서 한국 뉴스의 데스크는 전적으로 동경 지국이 맡고 있다는 것. 자신은 전국부 교육 담당이지만 가끔 외신부장이나 다른 간부들이 한국 뉴스를 다루면서 의문이 생기면 동경지국장을 지낸 자기에게 물어온다는 것.

뉴욕 타임스가 한국 문제에 관하여 이렇게 보도했다는 뉴욕 특파원발 기사가 한국 신문에서 중요하게 다루어지는 우리나라 현실이 새삼스글펐다. 그 큰 뉴욕 타임스라는 세계적인 매체에서 불과 서너 사람의 기자와 논설위원들의 취재와 분석으로 재단된 한국에 대한 보도와 논평이 미국의 대 한국 여론을 주도하고 곧바로 워싱턴의 대한정책에 결정적인 영향을 주다니. 이들에게 한국을 올바로 알려야 하는 내 임무가 얼마나 막중한 일인가.

1990년 크리스마스 무렵 수잔 부부와 우리 내외는 이스트 60가에 있는 라 굴뤼 La Goulue라는 프랑스 레스토랑에서 즐거운 회식을 가졌다. 수잔은 아직 출산 휴가 중이었고 외출할 때는 친정 어머니가 아이를 돌보아 준다는 것. 유태인 가정의 부모 자식관계는 한국 가족을 연상시킨다.

수잔의 남편 마이클 샤피로 Michael Shapiro는 아내가 동경지국장으로 근무하는 4년간 함께 일본에 머물면서 나름대로 동부 아시아에 대한 인식을 가다듬어 글을 쓰는 작가로 활동하였다. 수잔이 서울에 출장오면 같이 와서 머물면서 한국의 정치 사회 문화에 접근하는 노력을 보였다. 뉴욕 타임스 주말판에 가끔 한국의 정치 문제에 관한 컬럼을 쓰더니 1989년 6월 항쟁을 중심으로 한 한국의 민주화를 다룬 책『태양아래 그림자 : 한국에서 사랑과 슬픔의 한 해 Shadow in the Sun : A Korean Year of Love and Sorrow』가 나왔다. 샤피로는 현재 뉴욕 컬럼비아대학에서 저널리즘교수로 봉직하면서 지금도 잡지에 기고문을 많이 쓰고 있다.

16

한국학

영어로 쓴 한국역사책

해외홍보 업무에 종사하면서 놀란 일 중의 하나는 한국의 역사를 전체적으로 설명하는 영어로 쓴 책이 마땅치 않다는 사실이다. 물론 우리나라 역사학자가 쓴 韓國史 通史를 그대로 영어로 번역한 책이 없는 것은 아니다. 대표적인 것으로 韓佑劤의 『The History of Korea 韓國史』[83]와 李基白의 『A New History of Korea 韓國史 新論』[84]이 있다. 한국에서는 모두 국사 교과서로 쓰이다시피한 두 책이지만

---

83) 한우근 박사의 『한국사』(을유문화사)를 직역하여 1970년 Eul-Yoo Publishing Co., Ltd. 이름으로 발간되었다. 해외공보관이 발행한 영문 한국 소개서 『Handbook of Korea』에서 History 章은 이 책을 모델로 요약한 것이다.

84) 1994년 은퇴한 하바드 대학 한국학과 에드와드 와그너 Edward Wagner 교수와 그의 제자로 하와이 대학의 에드와드 슐츠 Edward Schultz는 이 책을 공동 번역하였다. 영어로 된 한국사 통사로서는 지금까지 거의 유일한 책이기 때문에 미국 한국학의 역사 교재로 개정판을 거듭하고 있다.

그것을 그대로 영어로 번역해 놓으니 서양사람들이 읽기는 아주 어려운 문서가 돼 버렸다. 무슨 말인가? 영어로 된 책을 서양사람들이 이해를 못한다니. 우선 비슷비슷한 고유명사를 식별하기가 매우 어렵다. 조선왕조 임금님들의 이름들 King Sejong, King Sejo, King Song-jong부터 한국어를 아는 서양인이 아니면 일반 서양 독자들에게는 아주 헷갈린다. 그보다도 더 중요한 것은 문맥 자체다. 번역서의 한계라고 할까. 아무튼 처음부터 영어로 쓰여진 글과 우리 글에서 영어로 옮긴 글과는 그 可讀性에서 엄청난 차이가 있다.

1990년 하버드 대학의 와그너 Edward Wagner 교수가 편집한 『Korea : Old and New, A History』[85] 한국의 역사를 처음부터 영어로 쓴 최초의 시도라고 할 수 있다. 미국의 한국학자들을 총동원하다시피한 점에서 하나의 학문적 성과라고 할 만하다. 그러나 한국의 민족주의 국사학자들에게 이 책은 植民史觀에 물든 미국 한국학의 한계를 드러낸 것이다.[86] 특히 현대사에서 남한이 보여 준 경제성장의 역사적 배경이 일본의 식민통치 시기에 배태된 근대적 자본주의 경험을 바탕으로 하고 있다는 주장을 보면 학자가 아니라도 오늘의 한국인 독자들이 납득하기 어려운 면이 많다.

東유럽이나 西유럽의 한국학이 전통적으로 언어와 문학에 강한 데 비하여 미국의 한국학은 주로 역사에 치중하고 있다. 20세기 중반부터 미국과 한국이 안보와 경제면에서 긴밀한 관계를 발전시키면서 미

---

85) 이 책은 카터 에커트 Carter Eckert, 李基白 Ki-baik Lee, 유영익 Young Ick Lew, 마이클 로빈슨 Michael Robinson, 에드와드 와그너 Edward Wagner 등 5명의 공동 저서로서 발행은 서울의 一潮閣 Ilchokak이 하버드 대학 한국연구소 Korea Institute at Harvard University를 위해 출간한 것이다.

86) 저자와 입학 동기인 서울대학교 사학과 韓榮愚 교수와 서울대학교 사회학과 愼鏞厦 교수는 모두 그렇게 평가하고 있다.

국의 한국학은 주로 정책 필요에서 존재해 왔기 때문이다. 컬럼비아 대학의 레드야드 교수는 자기가 한국학을 하게 된 동기를 이렇게 말한다.

"내가 한국학을 택한 게 아니예요. 한국이 나를 택한 것이지요. It's not I who chose Korea. Korea chose me ! "

레드야드 교수는 한국전쟁에 징집되어 통신대에 근무하게 됐다. 통신병으로서 적의 통신내용을 해득하려니까 한국어를 배웠다. 한국전쟁에서 한국어를 배운 인연이 그가 제대 후 한국학을 하게 된 동기라는 것이다. 한국역사를 전공한 레드야드 교수가 세종대왕의 한글 창제 문제를 연구하게 된 것도 통신병의 언어교육과 무관하지 않으리라.

미국 한국학의 본거지라면 아무래도 하바드 대학을 꼽을 수밖에 없다. 그것은 반드시 하바드가 차지하는 미국 학계의 비중 때문이 아니라 오늘날 미국 한국학의 뿌리가 하바드 대학의 한국학 박사과정에서 출발하기 때문이다. 사실 하바드 대학에서 보면 동아시아 연구란 그렇게 대단한 분야가 못된다. 오죽하면 하바드 대학의 동아시아 연구 센터인 옌징 燕京 연구소 Yenching Institute를 '옌징 게토 Yenching ghetto'라고 부를까. 그나마도 동아시아 연구라면 중국과 일본이 90퍼센트를 차지하고 한국학은 초라하기 짝이 없는 존재다. 그러나 여기서 배출된 한국학 박사 출신들이 시아틀의 워싱턴 대학 University of Washington, 유타州의 브리감 영 대학 Brigham Young University 등 미국 사방에 자리잡고 한국학을 키우고 있는 것이다.[87]

---

87) 워싱턴 대학의 제임스 팔레 James Palais 교수는 한국참전 세대로, 하바드 대학에서 한국역사로 박사학위를 받았다. 노스웨스턴 대학의 브루스 커밍스 Bruce Cummings 교수와 하바드 대학의 카터 에커트 Carter Eckert 교수가 모두 그의 제자이다. 또 브리감 영 대학의 마크 피터슨 Mark Peterson 교수도 하바드 대학에서 한국역사로 학위를 받았다. 브리

컬럼비아 대학 세미나 발표

컬럼비아 대학 동부 아시아 연구소 East Asian Institute내 한국연구
센터 Center for Korean Research는 80년대 말 玄鴻柱 전 주미대사
를 비롯한 이 대학의 한국인 동창회가 모금한 50만 달러를 기초로 설
립된 연구기금이다. 개리 레드야드 교수가 센터 운영위원장이며 스티
브 린튼 박사가 운영 간사였다. 레드야드 교수와 린튼 박사는 내가
뉴욕 근무를 마치고 한국으로 돌아가기 전에 이 센터가 매달 주최하
는 한국학 정기 세미나에서 나더러 주제발표를 한 번 해 달라고 요청
했다. 한국의 한 지식인으로서 느낀 미국의 한국학에 대한 나름대로
의 논평을 해 보고 싶다니까 바로 그런 도전이 있어야 세미나가 활발
해진다고 어떤 기탄 없는 비판도 좋다는 것이다.

1993년 3월 25일 컬럼비아대학 한국연구센터 세미나에서 나는 "미
국의 한국학 비판 A Critical Discussion on Korean Studies in the
United States"을 발표했다. 미국의 한국학에 대한 나의 견해를 영문
으로 정리한 내용을 한국어로 옮겨 보면 다음과 같다. [88]

감 영 대학은 미국에서 보기 드물게 큰 한국학과를 운영하고 있는데, 몰몬교의 본거지
인 유타州 솔트레이크 시티에서 한국에 파견할 몰몬 선교사를 교육하는 특수 목적 때문
이다.

88) 컬럼비아대학 한국학연구센터에서 열린 세미나에서는 주로 그레고리 헨더슨의 軍政
시각에 입각한 『한국 : 소용돌이의 정치』를 비판하는 데 주력했었다. 브루스 커밍스의
『한국전쟁의 起源』과 카터 에커트의 『帝國의 자손』 및 엘리스 암스덴의 『아시아의 다
음 巨人』은 평화봉사단 시각과 무역 파트너 시각을 설명하면서 그 例로서 요점만 간단
하게 설명하고 넘어갔었다. 그 후 1993년 6월 뉴욕 주립대 스토니브룩 한국학회가 주관
한 같은 제목의 세미나에서 커밍스, 에커트, 암스덴에 관해 저자가 전개했던 관점을 이
책에서는 추가했음을 밝힌다.

1. 한국학 연혁

한국학은 한국 문명의 靜態的 및 動態的 측면, 다시 말하면 한국의 정치 경제 사회 문화에 대한 과학적 접근을 시도하는 학문이어야 한다. 오늘날 미국의 한국학을 논하려면 먼저 한국학에 대한 역사적 고찰을 할 필요가 있다.

역사적으로 한국의 정치 경제 사회 문화를 처음 연구하기 시작한 것은 두말할 것도 없이 한국인 학자들이다. 그들은 다음 두 가지 전통적 방법론에 따라 한국학을 시도했다. 하나는 官學 Mandarin 또는 宮中 시각 perspective이고 다른 하나는 士林 Literati 또는 문민 시각이라고 볼 수 있다.

조선왕조는 性理學이란 정치이념에 충실한 양반 지식인들이 지배한 나라였다. 실제로 권력을 장악한 지배계급의 학문은 비록 성리학 理想에 따라 나라를 다스린다고 했지만 결국 당시 전통사회에 대한 靜態的 접근에 지나지 않는 官學的 시각에 머무를 수밖에 없었다. 1485년 崔沆과 盧思臣 등이 쓴 『經國大典』은 15세기 한국 전통사회의 통치제도를 官學的 시각으로 접근한 대표적인 연구였다.

한편 朝廷에 나갔다가도 권력 투쟁에서 밀려난 선비들은 귀양살이 속에서 관학파들과는 달리 보다 진보적 動態的 접근이 가능할 수 있었다. 관학파들의 교조주의적 성리학에서 탈피하여 보다 진보적인 實事求是의 학문, 곧 實學으로 나간 선비들은 확실히 士林的 시각에서 한국 전통사회의 근대화를 모색한 것이다. 潘溪 柳馨源, 星湖 李瀷, 茶山 丁若鏞 등 대표적인 실학자들은 한국의 정치 경제 사회 문화적인 모든 이슈에 대하여 새로운 해결 방안을 추구했다. 실학의 해결방안은 공교롭게도 서양 그리스도교 선교사들이 중국에 전한 서양의 자연과학 사상으로부터 간접적인 영향을 받았지만, 한국의 정치

경제 사회 문화에 접근하는 독자적인 방법론을 모색한 것이다.

이상 관학적 시각과 사림적 시각에 입각한 두 가지 방법론이 바로 전통적인 한국학 연구 방법론이었다. 그러나 20세기 초 일본 제국주의가 한국을 식민지로 지배하면서 한국을 이해하는 시각은 왜곡되기 시작했다. 우선 일본 제국주의 시각 Imperialist perspective은 전통적 한국학을 철저하게 부정하는 데서부터 출발했다. 제국주의 시각은 일견 서구적 방법론을 응용하여 한국사회의 역기능적 요인을 분석하는데 주력한 것이다. 이를테면 조선왕조의 정치문화를 설명하면서 黨爭이라는 어느 사회에서나 보편적인 정치권력투쟁 현상을 한국사회 특유의 역기능 요소로서 강조한 것이다. 당쟁이 성리학적 정치이념의 理想을 목표로 한 조선왕조에서 집권 양반과 사림간의 정치투쟁이라는 전통사회의 기능적 정치문화로 이해될 수 있다는 학문적 측면은 아예 무시된 것이다. 뿐만 아니라 일본 식민주의자들은 제국주의 시각에 따라 한국의 경제와 사회문화를 연구하였다. 한국의 식민통치를 위한 당면한 정책자료가 요구되었기 때문이다.

일본 제국주의에게 식민지로 강점당한 한국의 지식인들은 식민통치에 저항하면서 제국주의 시각에 따른 한국학 접근에 크게 반발하는 모습을 보여 주었다. 丹齋 申采浩는 한국사의 영광스러운 과거를 천착하는 데 부심했다. 지금은 비록 일본제국주의에 병탄당한 신세지만 과거의 한민족은 만주에서 한반도에서 웅대한 역사를 펼쳐왔다는 메시지였다. 일본 제국주의 시각에 맞선 한국 민족주의 시각 Korean nationalist perspective으로 접근한 한국학이다. 이 민족주의 시각은 해방 후 한국에서 특히 한국사학을 지배하게 되었다.

2. 미국의 한국학 시각

역사적으로 보면 미국인들이 한국을 알게 된 것은 이제 겨우 한 세기 남짓밖에 안 된다. 따라서 미국인들의 한국에 대한 인식은 상대적으로 한국인들의 기대에 크게 못 미칠 뿐만 아니라 사실 한국에 대한 연구도 일천하다. 그러나 지난 한 세기 동안 미국과 한국의 관계는 그야말로 드라마틱하게 전개되면서 시대적으로 한국과 인연을 맺은 미국인들의 사회적 신분에 따라 서로 다른 시각을 키워 온 것이다.

19세기 말 개항과 함께 미국의 프로테스탄트 선교사들이 처음 한반도에 나타났다. 그들은 유럽의 제수이트파 가톨릭 선교사들이 한반도에서 가혹한 순교의 체험을 겪은 지 한 세기 뒤에 서양 강대국 시민이라는 높은 신분을 누리면서 당당하게 선교활동을 펼 수 있었다. 선교사들은 선교 목적을 위해 우선 한국의 언어와 문화 및 역사 배경을 연구하게 된다. 한영사전을 만들고 성서를 한글로 번역하는 일은 바로 선교활동 그 자체였기도 했다.

선교사 시각 Missionary perspective은 바로 한국의 전통문화와 신앙체계에 대한 인식에서 나타난다. 선교사들은 한국의 전통적인 유교문화의 하나인 조상숭배 의식, 즉 祭祀를 십계명의 하나인 우상숭배를 금하는 조목과 정면 충돌한다고 보았다. 신도들의 조상 제사를 아예 금지시켰다. 그들은 막스 웨버의 이론에 따라 중국을 비롯한 아시아 전통사회가 유교 때문에 스스로 근대화하는 데 실패하고 정체될 수밖에 없었다고 믿었다. 따라서 한국의 근대화 발전을 위해서도 제사와 같은 역기능적 유교문화 잔재를 없애는 것이 좋겠다고 생각한 것이다.

선교사들의 문화인류학적 연구 중에서 한국 샤마니즘 연구는 괄목

할 만한 업적으로 평가될 만하다. 샤머니즘이야말로 역사적으로 불교
와 근세에 와서 그리스도교와 같은 외래 종교를 한국적으로 토착시키
는 데 중요한 문화사적 역할을 했다는 사실을 선교사들의 연구를 통
해서 알게 되었다. 알렌 클라크 Allen D. Clark는 『History of the
Korean Church 한국 교회 성장사』에서 한국교회의 놀라운 성장 속도
의 원인이 샤머니즘이라는 토착 신앙이 전통적으로 한국인의 정신구
조를 지배하고 있기 때문이라는 假說을 제시한 것이다.

제2차 세계대전은 미국과 한국을 아주 가까운 나라로 만들었다. 정
확히 1945년 9월 미군이 남한 지역에 주둔하면서부터 두 나라는 긴밀
한 관계를 발전시키게 된 것이다. 최근에 공개된 공식 자료를 보더라
도 당시 남한 주둔 미군 당국은 한국의 정세는 물론 역사나 문화에
관한 아무런 지식도 없었다. 그들이 의존했던 정보 소스는 일제하 한
반도에 잔류했던 극소수 미국인 선교사들과 아직 귀국하지 못하고 점
령군에게 행정을 인계하고 있던 조선총독부의 일본 관리들, 그리고
영어를 구사할 줄 아는 극소수의 한국인 통역들이 전부였다고 해도
과언이 아니다. 그 중에서도 현대적인 행정체계를 통해 조직적으로
파악된 일본 관리들의 통치자료가 미군정 당국자들에게는 가장 손쉬
운 정보로 당연히 활용될 수밖에 없었다. 미군의 軍政 시각 Military
perspective은 따라서 기본적으로 제국주의 시각에 입각한 일본 식민
주의 한국 인식에서 출발한 것이다.

그레고리 헨더슨 Gregory Henderson의 『Korea : The Politics of
the Vortex 한국 : 소용돌이의 정치』는 바로 군정 시각에서 한국을 접
근한 대표적인 연구서라고 하겠다. 저자 헨더슨은 미군정 軍屬, 주한
미국대사관 문정관과 정무참사관을 역임하고 1966년 은퇴 후 모교인

하바드 대학에서 연구기금을 받아 격동하는 한국의 현대 정치사를 자신의 경험과 관찰을 자료로 현대 비교정치학 이론을 원용하여 접근하고 있다. 1968년 하바드 대학 출판부에서 발행한 이 책은 해방후 남한의 정치 지도자들의 활동과 그 배경에 관한 풍부한 정보 때문에 지금도 한국에 부임하는 미국의 외교관과 군속은 물론 한국을 커버하는 미국 언론 특파원들의 필독서일 뿐만 아니라 한국을 연구하는 젊은 세대 한국학자들에게 지대한 영향을 주어 왔다. 물론 이 책에 수록된 풍부한 자료들은 헨더슨 자신이 미국의 외교관으로 서울에서 활동하면서 얻은 지식을 기초로 한 것이다.

헨더슨은 해방 후 서울의 정치적 소용돌이를 전통사회의 당쟁과 연결하여 이해하고 있는 점에서 기본적으로 일본 제국주의 시각을 따르고 있다. 물론 전근대적인 유교문화 전통으로 말미암아 자주적 근대화에 실패하고 있다는 맑스와 막스 웨버 이래 서구 사회과학의 고전적 방법론을 동원하는 것도 잊지 않는다. 헨더슨은 좁은 국토에서 강력한 중앙집권 관료체제 아래 단일 민족국가를 오래 유지해 온 한국의 지정학적 조건들이 근대적 의미의 정당을 만들지 못하고 전근대적인 朋黨간의 당쟁을 유발하여 결국은 한국에서 근대적인 민주주의를 실현하기 어렵게 만든 원인이라고 지적한다. 그러나 일반적으로 그가 지적한 '강력한 중앙집권 단일민족국가 체제'야말로 오히려 한 사회의 정치경제적 개혁을 추진하는 데 더 능률적일 수도 있지 않은가.

헨더슨은 조선왕조의 당쟁을 "한국사에서만 볼 수 있는 고질적이고 생래적이며 극단적인 주제"라고 파악하고 있다. 해방 후 정치적 난립은 그 동안 일본 식민통치로 억눌렸던 한국인의 당쟁이 "내부와 외부의 위협에 대항하여 정치적 분열"로 나타나고 있는 것이라고 분석했다. 정치권력을 놓고 벌이는 파당 투쟁이란 사실 어느 시대 세계 어디서나 볼 수 있는 보편적인 현상이 아닌가. 당쟁만이 근대화 실패의 원인이었다는 가설은 제국주의 시각에서나 논의되던 주장이었을 뿐이다.

또 헨더슨은 통일신라 이후 한국 역사에서 권위의 중앙집중 체제를 유지해 온 점이 근대적 민주주의를 배태시키지 못한 원인이라고 분석한다. 서구사회에서는 교회가 국가와 맞서서 정권을 견제해 온 전통이 있었기 때문에 3권분립의 근대적 민주주의 체제를 실현할 수 있었다는 것이다. 한국사에서 보면 신라와 고려시대에는 불교와 왕권의 관계가 서양의 그리스도교 교회와 왕권의 관계와 비슷했었다. 고려말 불교의 타락과 중세 그리스도교의 타락도 쉽게 비교된다. 14세기 말 조선왕조는 성리학 이념에 따라 종교의 정치 간섭을 배제하는 데 성공했다. 과연 오늘의 정치학자들은 이 역사적 사실을 어떻게 해석해야 하나? 교회에 의해 견제를 받는 왕권이 더 앞선 제도인가, 아니면 종교를 정치에서 배제시킨 왕권이 더 앞선 제도인가?

조선왕조의 정치적 견제세력은 얼마든지 있었다. 議政府와 내각에 해당하는 六曹는 물론 비판을 임무로 하는 三司, 심지어 成均館 儒生들과 재야의 士林들에게까지 言路는 열려 있었다. 조선왕조 500년 동안 28명의 왕과 수백 개의 정권이 지나갔지만 과연 몇 사람의 독재자가 있었는가? 1985년 서울에서 발간된 李泰鎭 편저 『朝鮮朝 政治史의 再照明』은 한국사에서 당쟁의 의미를 다시 해석하려는 학문적인 노력의 일단이다.

1960년대 초 케네디 John F. Kennedy 미국 대통령은 '평화봉사단 Peace Corps'을 발족했다. 미국의 젊은이들을 제3세계 국가에 보내 미국의 理想을 심겠다는 발상이다. 이 아이디어에 따라 한국에 파견

된 미국의 젊은이들은 60년대 권위주의 통치시절 인권의 제한과 민주
화 운동의 억압을 보고 미국 민주주의의 꿈을 전파해야 한다는 과거
미국 프로테스탄트 선교사와 비유되는 사명감에 불타 있었다. 70년대
한국에서 평화봉사단으로 활동하고 돌아와 한국학 연구를 하게된 미
국의 한국학자들은 평화봉사단 시각 Peace Corps perspective으로 한
국학에 접근한 경우가 많다.

평화봉사단 시각에 입각한 대표적인 한국학 연구로 브루스 커밍스
Bruce Cummings의 『The Origins of The Korean War 한국전쟁의
起源』과 카터 에커트 Carter Eckert의 『Offspring of Empire 帝國의
子孫』을 들 수 있다. 두 사람 다 70년대에 평화봉사단으로 한국에서
근무한 경력이 있다. 커밍스는 초기 냉전시대의 局地戰으로 치뤄진
한국전쟁을 80년대에 와서 재조명함으로써 이른바 수정주의 史觀을
내세워 학계에 센세이션을 일으키는 데 성공했다. 에커트는 남한 경
제성장의 역사적 배경에서 일본 식민지 시대 한국인의 자본주의 경험
이 중요한 의미를 가진다는 假說을 제시한 것이다.

커밍스는 한국전쟁을 단순히 戰史 측면에서 보지 않고 제2차 세계
대전 후 한반도에서 벌어진 분단상황의 한 과정에 대한 정치외교사적
접근을 시도하고 있다. 다시 말하면 1950년 6월 25일 북한군의 전면
남침으로 시작된 한국전쟁의 발발 동기를 따지지 않고 美蘇 양국군의
한반도 분할 주둔으로 말미암은 남북한의 분단과 남한에서 미군정의
무리한 우익 정권 지원정책 강행 등을 포함하는 냉전 현상으로서 한
국전쟁의 기원을 규명한다는 입장이다. 따라서 남침이냐 북침이냐가
문제가 아니라 한반도에서 분단과 대결의 정치외교사적 책임을 묻는
이른바 新좌익 思考를 고집하고 있기 때문에 한국에서는 커밍스가
북침설 주창자로 알려지기도 했다.

1981년 출간된 『한국전쟁의 起源』 제1권에서 나타난 한국의 전통
사회와 식민지 시대 상황에 대한 커밍스의 인식은 제국주의 시각과
軍政 시각에 입각하고 있다. 특히 해방후 좌익계가 주도한 건국준비
위원회(건준) 결성과 인민공화국 선포의 정치적 역량을 과대 평가하
고 있는 점, 남로당을 근대 정당으로서 평가한 점, 그리고 미군정의
좌익 탄압 정책에 비판적이라는 점에서 그레고리 헨더슨과 입장이 같
다. 1990년 커밍스는 제1권보다 더 방대한 분량의 『한국전쟁의 기
원』 제2권에서 한국전쟁의 의미를 분석하면서 한반도에서의 新좌익
이론 쪽에 더 큰 비중을 두고 있다. 일단 한국전쟁은 냉전시대 미국
이 공산주의와 대결하기 위한 봉쇄 containment와 반격 roll back 전
략의 일환으로 보고, 남한 체제에 대항한 좌익운동과 빨치산 활동을
상세히 관찰하면서 북한 당국이 소련과 중국과의 관계를 어떻게 유지
해 나가는가 관심을 두었다. 그의 연구는 1950년 6월 전쟁이 발발함
으로써 일단락된다.

1991년에 출간된 에커트의 『Offspring of Empire』는 '고창 김씨 가
문과 한국 자본주의의 식민지 起源 1876~1945 The Koch'ang Kims
and Colonial Origins of Korean Capitalism 1876~1945'라는 긴 부
제를 달았다. 일본 제국주의 식민체제에서 극소수 한인에게 그 소유
가 허용된 근대적인 기업 京城紡織 주식회사의 사례연구를 통해 한
국인이 어떻게 일본 식민치하에서 기업 경영과 근대적 자본주의를 경
험할 수 있었는가 살펴본 것이다. 에커트는 18세기 조선시대 독자적
인 상업자본이 형성되면서 한국에도 자본주의 싹이 있었다는 한국학
자들의 '자본주의 萌芽說'을 반대한다. 진정한 의미의 근대적 자본
주의는 19세기 말 서구와 일본의 자본주의 침투와 더불어 한국에 존

재하기 시작한다는 것이다. 이 주장은 식민지 시대 한국인들의 경제
사적 경험, 기업 뿐만 아니라 중간 관리와 기능공 및 단순 노동자로
서의 경험들이 오늘의 한국 경제성장의 역사적 배경이라는 에커트
와 그의 스승 제임스 팔레 James Palais의 母 假說을 뒷받해 주는 것
이다.

 한국은 80년대와 90년대에 이르러 경제성장을 거듭하면서 미국의
교역 상대국으로 그 비중이 높아지게 되었다. 이제는 선교사도 군인
도 평화봉사단도 아닌 무역 파트너들이 한반도를 오가면서 상대방의
문화를 이해하려고 든다. 서로가 서로를 이해하지 못하면 의사소통에
지장이 있고 의사소통이 원활하지 못하면 거래에 손해를 볼 수 있기
때문이다. 1989년에 출간된 앨리스 암스덴 Alice Amsden의 『Asia's
Next Giant : South Korea and Late Industrialization 아시아의 다음
巨人 : 남한과 後發 산업화』는 이른바 무역 파트너 시각 Trade partner
perspective을 대표할 만한 연구라고 하겠다. 아시아 신흥 공업국가
중에서도 한국은 지난 60년대부터 80년대에 걸쳐 정부 주도로 고도성
장 체제를 유지해 온 사실을 주목하고 부존자원이 없는 한국이 교육
투자로 우수한 인적 자원을 확보할 수 있었던 문화적 요인을 지적하
고 있다.
 암스덴은 또한 흔히 유형화하기 쉬운 일본의 경우와 비교하여 단기
간에 고도 성장을 이룩한 한국과의 차이를 부각하면서 현대조선과 포
항제철의 사례를 들었다. 이 암스덴의 연구는 80년 후반 정치적 민주
화와 함께 격렬해진 노사분규와 기술혁신의 지체와 답보를 포함하고
있지 않아서 지나친 낙관론으로 비판을 받기도 한다. 그러나 지난
30년간의 한국경제의 놀라운 성장 사실을 설명하는 이론서로서 학문

적 가치는 결코 무시될 수 없는 것이다.

3. 결 론

미국의 한국학은 미국의 필요에 의해서 탐구된 연구이다. 한국인의 입장에서 보면 수긍이 가는 점도 있지만 납득하기 어려운 점이 더 많다. 그러나 한국인 스스로도 아직은 현대사의 쟁점을 명쾌하게 설명할 만한 학문적 연구가 부족한 것이 사실이다. 다만 냉전시대의 이념 갈등이나 어떤 정치적 편견 때문에 역사의 해석이 잘못되지 않기를 바랄 뿐이다.

헨더슨이 지적한 가장 치명적인 한국의 현대사 부분은 역시 20세기로 접어들면서 조선 왕조가 자주적 근대화에 실패하고 일본 제국주의 식민통치를 받게 된 역사적 사실이다. 왜 조선왕조는 자주적 근대화에 실패했는가? 또 커밍스가 제기한 문제점은 제2차 세계대전 후 일본 식민통치에서 벗어나면서 한민족이 통일 독립국가를 건설하는데 실패하고 분단된 현실이다. 왜 한국인은 아직도 통일 독립국가를 만들지 못하고 있는가? 미국 한국학의 초점은 그 두가지 실패의 원인을 규명하는 데 모아졌다고 해도 과언이 아니다. 결국 실패의 역사를 연구하다 보면 한국의 전통 사회구조를 역기능적으로 해석할 수밖에 없다. 선교사 시각, 군정 시각, 평화봉사단 시각이 모두 실패의 역기능을 분석하여 어떤 해결 답안을 제시하려는 방향으로 모아지고 있다.

21세기를 바라보는 지금 한국은 과거 역사의 실패를 극복하고 성공의 역사를 쌓아 가고 있는 중이다. 경제발전의 성공, 또 그것을 바탕으로 한 정치발전의 성공은 바야흐로 미국 한국학이 성공의 원인 규명으로 연구의 방향을 전환하도록 만들고 있다. 한국의 지정학적 역

사적 조건에 대한 인과론적 재조명을 시도하는 미국의 한국학을 기대
하고 싶다.

                    *   *   *

  나의 「미국 한국학 비판」은 미국의 한국학자들 사이에 심각한 반응
을 일으켰다. 어느 정도 예상했던 일이긴 하다. 대부분 선교사 시
각, 軍政 시각, 평화봉사단 시각에서 문제를 제기하고 그 해결 답안
을 모색하는 학자들이었기 때문이다. 애초에 세미나를 요청한 레드야
드 교수 자신도 정작 '군정시각'에 대한 비판에 이르러서는 못마땅한
눈치를 보였다. 심지어 나중에 이 발표문이 동포신문에 한국어로 번
역되어 실리자 자기 이름이 언급된 어느 학자는 서울의 내 소속 부처
장관 앞으로 항의 편지까지 썼다. 학자도 아닌 외교관이 어떻게 학자
들의 전문 분야를 건드릴 수 있느냐, 그런 취지의 항의였다.
  나는 미국의 한국학 학자들의 그런 반응을 도무지 이해하기 어려웠
다. 세미나란 무엇인가? 미국의 무수한 대학, 연구기관, 공공단체에
서 하루에도 수천 수만 가지 세미나가 열리고 있다. 주제발표자가 있
고 사회자가 패널을 거느리고 토론을 주재한다. 이런 토론의 광장을
나는 민주주의라고 생각했다. 더구나 학문의 자유, 사상의 자유, 언
론의 자유를 보장한다는 민주주의 나라에 와서 내 나라 내 역사 내
문화를 내 방식으로 설명하는 자유를 자제해야 한다? 허드슨灣의 자
유의 여신상도 얼굴을 붉힐 일이다.
  나는 그 뒤에도 꾸준히 미국 한국학의 문제점을 기회 있을 때마다
크고 작은 모임에 나가 지적하고 다녔다. 미국의 유수한 언론인들과
저명한 연구소의 학자들을 만나서도 내 주장을 계속 펴나갔다. 대부

분 내 견해를 흥미 있게 들을지언정 기분나쁘거나 섭섭하게 생각하는
사람은 없었다. 문제는 역시 한국과 관련된 미국인에게 있다. 서양문
화를 뒤집어보면 거기에는 언제나 한국이 도사리고 있는 것이다.

■ 저자 약력 ■

1940년 1월 20일	서울 종로구 가회동 1번지의 35호 외가에서 출생
1940년 봄부터 1946년 봄까지	평안북도 정주군 관주면 초장동 1188 본가에서 자람
1946년 9월부터 1950년 6월까지	서울 재동국민학교
1951년 9월부터 1957년 3월까지	서울 경기중·고등학교
1957년 4월부터 1962년 2월까지	서울대학교 문리과대학 사회학과. 재학중 군복무
1962년 3월부터 1964년 8월까지	서울대학교 대학원 사회학과. 석사. 논문 "매스메디아의 편견에 관한 한 연구 – 한국신문에 있어서 외신 보도의 내용분석"
1962년 4월부터 1973년 12월까지	서울신문 기자로 출발하여 서울신문사 외신부기자. 신아일보사 문화기자. 조선일보사 외신부기자. 동화통신사 외신부기자. 중앙일보사 월간중앙 기자. 한국일보사 주간여성 기자. 주간시민사 취재부장. 서울신문사 사회부차장, 북한부차장까지
1968년 4월부터 1969년 11월까지	서울여자대학교 사회학과 강사, 매스콤학 강의
1974년 1월부터 1980년 2월까지	기획출판 김데스크 운영. Japan Textile News 서울통신원, 문화정책위원회 전문위원. 문공부 해외공보관 전문위원
1980년 2월부터 1981년 3월까지	주 프랑스 대사관 공보관보
1981년 3월부터 1983년 3월까지	주 스웨덴 대사관 공보관
1983년 3월부터 1985년 7월까지	주 프랑스 대사관 공보관
1985년 8월부터 1990년 6월까지	문공부 홍보담당관. 문공부 해외공보관 문화교류부장, 외보부장
1990년 6월부터 1993년 10월까지	뉴욕 문화원장
1993년 10월부터 1994년 7월까지	공보처 해외공보관 외보분석관, 기획부장
1994년 7월부터 1996년 3월까지	공보처 정부간행물제작소장
1995년 6월	홍조근정훈장
1996년 3월부터 현재까지	주미 한국대사관 공보공사

서양문화 뒤집어보기

지은이 / 김준길
펴낸이 / 박용정
펴낸곳 / 한국경제신문사
등록 / 제2-315(1967. 5. 15)
제1판 1쇄 인쇄 / 1996년 6월 15일
제1판 1쇄 발행 / 1996년 6월 20일
주소 / 서울특별시 중구 중림동 441
대표전화 / 360-4114
직통 / 313-8293 · 312-0063
FAX / 360-4552

韓經 베스트 셀러

경영혁명

톰 피터스 著
盧富鎬 譯
〈신국판/820면/13,000원〉

정보화사회는 불확실성이 심화된 사회로 기업경영의 경기규칙과 새로운 경영스타일 등 생존을 위한 변화는 가히 혁명적이라 할 수 있다. 이 책은 전통적 사고에 도전하고 조직이 사람을 위해 존재할 수 있도록 변화를 유도하는 45가지 경영 실천전략을 제시한 기업경영자의 「비즈니스 핸드북」

해방경영

톰 피터스 著
盧富鎬 外 共譯
〈양장/1,300면/19,000원〉

2000년대의 경영思潮는 무엇이며, 이를 주도할 기업의 생존철학은 무엇인가? 이 책은 장장 1300여 페이지에 걸쳐 좋은 기업을 만들기 위한 조직의 창조적 파괴와 일반통념으로부터의 해방을 핵심테마로 다루고 있다. 자유분방한 필치와 수많은 은유, 패러독스가 곳곳에 번득여 방대한 분량임에도 불구하고 읽는 동안 재미와 해방감·지적 충족감을 더할 수 있다는 것이 이 책의 또 하나의 매력으로 꼽힌다.

경영파괴

톰 피터스 著
安重鎬 譯
〈양장/374면/8,500원〉

이제 리스트럭처링·리엔지니어링으로는 급변하는 시대를 이길 수 없다. 기업의 조직은 상상을 초월하는 혁신적인 네트워크형이 되어야 한다. 이 책은 세계적 경영컨설턴트인 저자가 새롭고 번뜩이는 아이디어로, 기업을 운영하는 사람들이 재창조와 혁명을 향해 전진할 수 있도록 9개의 「넘어서」를 중심으로 구체적인 혁신방안을 제시한다. 변하지 않는 기업이나 조직은 망한다는 것이 저자의 한결같은 주장이다.

강대국의 흥망

폴 케네디 著
李日洙·全南錫·黃建 共譯
〈양장/720면/13,000원〉

역사학자이자 미국 예일대 교수인 저자는 이 책에서 지난 5세기 동안에 전개되었던 강대국들의 흥망성쇠는 그들의 경제력과 군사력의 변화 추이에 의해서 좌우되어 왔다고 진단하면서 앞으로 다가오는 21세기에는 미국·소련·서유럽 등의 쇠퇴와 중국·일본 등 아시아 강국들의 부상을 예언하고 있다.

21세기 준비

폴 케네디 著
邊道殷·李日洙 譯
〈양장/500면/9,000원〉

우리에게 충격을 던졌던 「강대국의 흥망」 저자 폴 케네디 교수가 다가올 21세기 문명세계의 각종 위기를 명쾌히 분석·정리한 力著. 이 책은 향후 30년 사이 우리에게 닥칠 도전들과 그 대응방법 그리고 인구폭발, 환경오염, 생물공학, 로봇, 통신수단, 가공할 파위의 양태 등을 특유의 통찰력으로 분석·예견하고 있다.

메가트렌드 2000

J. 나이스비트 외 共著
金弘基 譯
〈신국판/366면/8,000원〉

90년대는 정치개혁과 경이적인 기술혁신 등으로 지금까지와 전혀 다른 변화양상을 인류에게 줄 것이다. 이 책은 90년대의 변화로 경제호전, 예술의 번영, 시장사회주의의 출현, 복지국가의 쇠퇴 등 과거 어둡고 비관적인 세기말적 변화보다는 밝고 새로운 흐름을 부각시키고 있다.

메가트렌드 아시아

존 나이스비트 著
홍수원 譯
〈양장/402면/9,500원〉

미래예측가로 세계적 명성을 떨치고 있는 나이스비트는 21세기에는 아시아가 미국주도의 상품과 소비시장에 가장 중요한 경쟁자로 떠오를 것으로 내다보고 현재 역동적으로 변화하는 아시아의 모습을 8가지 트렌드로 분석했다. 특히 아시아와 세계라는 맥락 속에서 한국에 나타나고 있는 폭넓은 변화들을 살펴보고 한국이 아시아에 기여할 수 있는 방안도 짚고 있다.

20세기를 움직인 思想家들

기 소르망 著
姜偉錫 譯
〈신국판 / 426면 / 8,000원〉

20세기 사상계에 결정적인 영향을 끼친 사람들은 과연 누구인가? 프랑스의 저명한 경제학자이자 사회학자인 기 소르망이 29명의 생존해 있는 현대 최고의 사상가들과 직접 인터뷰를 통해 그들 자신이 선택한 분야에 전생애를 바친 사상과 사색의 놀라운 통찰을 기록·정리한「살아있는 도서관」.

資本主義 종말과 새 世紀

기 소르망 著
金廷銀 譯
〈양장 / 628면 / 13,000원〉

세계적인 석학인 저자는 자본주의 체제를 위협하는 것은「도덕적 불만」과「자본주의에 대한 몰이해」라고 주장하고 러시아·중국·독일·인도 등 20여개국의 자본주의의 현재 모습을 생생히 그리고 있다. 또한 현재의 자본주의의 위기를 극복하기 위한 구체적인 실천방안에 대해서도 통찰하고 있다. 방대한 분량인데도 르포형식이어서 전혀 지루하지 않다.

未來企業

피터 F. 드러커 著
高柄國 譯
〈신국판 / 416면 / 8,000원〉

우리 시대의 가장 뛰어난 사회·경영학자이자 미래학자인 드러커의「변혁시대 기업생존전략 연구서!」이 책은 세계경제가 빠르게 바뀌어 감에 따라 기업의 새로운 생존 경영전략 모델, 즉 기업이 살아남기 위한 5가지 변화조건을 예리하게 분석·고찰했다. 특히 사회·경제학 시각에서 세계경제 흐름을 통찰한 力著.

자본주의 이후의 사회

피터 F. 드러커 著
李在奎 譯
〈양장 / 328면 / 7,000원〉

사회주의권의 급격한 몰락 이후 탈냉전 분위기가 고조되고 있는 시점에서 향후 세계 변화가 주요 관심사로 떠오르고 있다. 저자는 이 책에서 향후 세계는 자본주의적 시장구조와 기구는 그대로 존속되겠지만 주권국가의 통제력은 약화되고 전문지식을 갖춘 지식경영자 중심의 글로벌화 사회가 될 것으로 예측하고 있다.

미래의 결단

피터 드러커 著
이재규 譯
〈양장 / 408면 / 9,000원〉

현대 경영학의 대부, 피터 드러커는 이 책에서「스스로를 다시 생각함으로써 회생할 수 있다」고 전제하고 기업의 5가지 치명적 실수, 가족기업을 경영하는 규칙, 대통령을 위한 6가지 규칙, 새로운 국제시장의 개발, 3가지 종류의 팀조직, 오늘날 경영자들이 필요로 하는 정보 등 바람직한 미래를 실현하기 위한 방안을 제시했다. 21세기를 위한 새롭고 시의적절한 경영지침서.

株式市場 흐름 읽는 법

浦上邦雄 著
朴承源 譯
〈신국판 / 200면 / 4,000원〉

언뜻 보기에 무질서하고 예측이 불가능해 보이는 주식시장도 장기적으로 보면 특정한 네 개의 국면을 반복하고 있다는 것을 알 수 있다. 이 책은 이 네 개의 국면이 어떤 요인에 의해 순환되고 각각의 국면에서 어떤 종목이 활약하는가를 숙지할 수 있는 안목을 제시해주고 주식투자시 리스크를 피하는 방법에 대해서도 설명하고 있다.

2020년

해미시 맥레이 著
金光田 譯
〈양장 / 408면 / 9,000원〉

다양한 인종만큼이나 상이한 정치·경제체제와 독특한 문화양식을 지니고 있는 세계 각국은 저마다의 주무기를 앞세워 미래를 설계하고 있다. 경제평론가인 저자는 앞으로 국가경쟁력을 결정짓는 요인은 기술이 아니라 문화라고 강조한다. 현재 세계 각국이 처해 있는 상황을 바탕으로 치밀하게 전망한 2020년경의 세계 각국의 모습에서 우리의 진로는 어떻게 모색해야 할 것인가?

제 4 물결

허먼 메이너드 2세
수전 E. 머틴스 共著
韓榮煥 譯
〈양장·4×6판 / 239면 / 5,000원〉

21세기의 범세계적 기업을 위한 낙관적 비전을 제시하고 있는 이 책은 한마디로 앨빈 토플러의《제3물결》을 넘어 장기적 미래의 비전에 집중하고 있다. 지금 우리가 공업화를 상징하는「제2물결」에서 탈공업화적인「제3물결」로 전이하고 있지만, 머지 않은 곳에서 새로운 차원의「제4물결」이 밀려오고 있다고 진단하고 있다.

장사꾼으로 거듭나는 사무라이 혼

金亨澈 著
〈신국판 / 372면 / 7,000원〉

일본의 자민당 정권이 붕괴된 이후 연립정권이 난립하고 고베 대지진, 증권스캔들, 옴 진리교 사건 등이 일어난 격동기에 필자가 주일특파원으로 취재하며 느낌을 쓴 현장 르포다. 기자의 눈을 통해 「기모노 속에 감춰진 진짜 일본」을 만난다.

유머人生 1 ~ 5

韓國經濟新聞社 出版部 編
〈4×6판 / 244면 / 4,500원〉

많은 독자들이 1980년 12월부터 본지에 연재되고 있는 「海外유머」를 책으로 출판했으면 어떨지, 그런 계획은 없는지 물어왔다. 이 책은 독자들의 그러한 성원에 보답하자는 취지로 출판되었으며 우스갯소리 가운데서 인생의 묘미도 느끼고 영어공부도 할 수 있게끔 어려운 단어나 語句에는 주석을 달아 독자들의 이해를 돕고자 노력했다.

암 이렇게 하면 두렵지 않다

엘리자베스 웰런 著
민진식 監譯
〈신국판 / 350면 / 8,000원〉

암의 원인과 관계되는 발암물질, 역학조사, 그리고 생활주변에서 많이 발생하는 암의 위험요소에 대한 방대한 문헌과 보고서를 분석 정리했다. 또 이미 알고 있는 암 유발요인을 쉽게 설명하고 암 학자들의 연구결과와 철저한 문헌조사, 특히 인간에 대한 직접 연구결과에 근거한 암 원인을 전반적으로 개관하여 예방의학의 길을 제시했다. 감역자는 연세대 의대 암센터원장.

사장님, 원가를 아십니까

鄭明煥 著
〈신국판 / 220면 / 5,000원〉

원가의 개념을 정확히 이해하지 못하고 경영한 결과 장부상으로는 흑자임에도 결손이 나는 등 어려움을 겪는 경우가 흔히 있다. 이 책은 경영자는 물론 회계와 기획담당자를 포함한 기업 관계자들에게 원가의식과 관리회계의 개념을 심어준다는 취지에서 원가에 관련된 제반사항을 소설식으로 알기쉽게 다룬 力著

프로 영업인이 되는 길

시라이 기요시 著
朱明甲 譯
〈신국판 / 240면 / 5,000원〉

번번히 뛰어난 실적으로 동료들의 부러움을 사는 사람이 있다. 이런 사람은 흡사 영업의 귀재, 타고난 영업인처럼 보인다. 그러나 잘 나가는 영업사원과 그렇지 못한 영업사원의 차이는 반드시 있게 마련. 이 책은 결코 평탄하지만은 않은 영업의 세계에 입문하거나 프로로 거듭나기를 바라는 영업사원들이 갖춰야 할 지식에서부터 각양각색의 고객을 다루는 방법까지 100가지 성공비결을 공개하고 있다.

中國을 넘어야 한국이 산다

崔弼圭 著
〈신국판 / 260면 / 5,000원〉

최근들어 한국 기업의 중국 진출이 러시를 이루고 있으나 중국의 문화와 관습을 정확하게 이해하지 못한데서 많은 어려움에 부딪치고 있다. 이런 시점에서 쓰여진 이 책은 중국인들의 상술을 예리하게 파헤치고 있으며 한국 기업이 중국 현지에서 맞닥뜨리는 여러 사안들에 관해 심도있게 분석하고 대안을 제시하고 있다.

멀티미디어 시대

조지 길더 著
權和燮 譯
〈신국판 / 208면 / 5,000원〉

이 책에서 저자는 단순영상매체인 TV는 종언을 고하게 되었고 TV의 기능에 컴퓨터와 광통신 기능이 부가된 네트워크망을 갖춘 종합미디어로서의 텔레퓨터가 멀티미디어 시대에 주역으로 등장할 것을 예고한다. TV를 보면서 진행자와 대담을 나누고 가상현실을 즐길 수 있는 놀랍고도 신기하기까지 한 세계의 출현을 예고하고 있다.

기업혁신 팀경영

존 R. 카첸바크·더글러스 K. 스미스 共著
梁波容 譯
〈신국판 / 364면 / 7,000원〉

구성원의 기술·경험·통찰력을 결합한 「팀」제는 개개인보다 월등한 업무능력을 지니고 있으며 업무의 내용이 복합적이거나 판단능력·경험이 필요한 경우 더욱 돋보인다. 이 책은 다양한 사례를 중심으로 집단적인 작업생산, 개인적인 성장 그리고 고능률 업무수행을 위한 팀경영의 비결을 소개하고 있다.

21세기 기업

제이 R. 갤브레이스·에드워드 E. 롤러 3세 共著
朴秀圭 譯
〈신국판 / 410면 / 8,000원〉

이 책은 21세기의 시장환경에 적응하고 살아 남기 위한 조직구조를 체계적으로 고찰하고 있으며 역동적인 환경에 대처할 관리관행과 경영체계를 심도있게 분석하고 있다. 또한 저자들은 지식업무 및 관리팀, 기량 중심의 인적자원 시스템 구축, 스태프진 분산과 네트워크 구축 등의 새로운 조직창출 방법을 다양하게 구사하고 있다.

기업간·업종간 전략적 제휴

조셉 L. 배더러코 2세 著
韓榮煥 譯
〈신국판 / 264면 / 6,000원〉

지식이 국가와 기업의 경계를 넘어 급속히 이동하고 세계화 됨에 따라 새로운 기술과 제품이 정신없이 쏟아져나오고 있다. 이제 어떤 사회도 필요한 모든 기술과 제품을 독자적으로 해결할 수는 없다. 이 책은 많은 회사들의 요새와 같던 담을 무너뜨리고 경쟁예상자와 손을 잡고 제품을 생산하고 기술과 능력을 개발하는 방법을 보여주고 있다.

결혼경제학

八代尚宏 著
李 均 譯
〈신국판 / 200면 / 4,500원〉

결혼과 그 주변문제에 대해 경제학적 측면에서 분석했다. 모든 결혼이 정신적·물질적 행복을 보장해 주는 것은 아니다. 남녀의 결합으로 성립되는 「가정주식회사」는 운영의 묘에 따라 번창하기도 하고 파국을 몰고오기도 한다. 결혼적령기 남녀, 결혼생활을 하고 있는 모든 사람들을 위한 필독서.

정보고속도로의 꿈과 악몽

대니얼 버스타인·데이비드 클라인 共著
김환전 譯
〈신국판 / 472면 / 9,500원〉

세계적인 컨설턴트 버스타인과 컴퓨터 잡지 〈와이어드〉의 객원편집위원인 클라인이 정보고속도로와 디지털이 꿈꾸는 미래의 이상과 그에 따른 문제들을 분석하고 해결책을 제시했다. 특히 정보산업의 발전과정에서 진행된 미국과 세계적인 기업의 사업전략, 그들간의 싸움을 흥미진진하게 엮고 있으며 디지털 혁명이 몰고올 사회변화까지 상세히 설명했다.

거꾸로 선 아버지 바로 세우기

레벤 바-레바브 著
김광전 譯
〈신국판 / 348면 / 8,000원〉

정신과 전문의인 저자가 현대 가정이 지닌 문제점과 자라나는 아이들이 겪는 여러 가지 비극과 그 대안들을 정신분석학적 방법으로 제시했다. 오늘날 우리 사회가 안고 있는 청소년 문제의 근원은 대부분 가정에 있으며 특히 아버지의 역할이 부족한데서 비롯된다고 보고 있다. 훌륭한 아버지의 역할과 훌륭한 아버지가 되는 실용적인 아이디어를 구체적으로 제시하고 있다.

여자의 육체 남자의 시선

장 클로드 코프만 著
김정은 譯
〈신국판 / 392면 / 8,500원〉

독창적이고 신중한 연구라는 평을 받은 파리 5대학 사회학자의 흥미롭고도 심도 있는 저서. 저자는 2년 동안 해변에서의 토플리스 연구를 통해 은밀하면서도 흥미로운 규칙을 발견한다. 형태, 나이, 문화, 해변의 상황에 따라 여자들은 각기 나름의 행동규칙을 준수하며 자신들에게 보내는 시선의 신호를 이해하여 몸의 자세로 또는 적당한 제스처로 그것에 응한다고 보고 있다.

안자(상·중·하)

미야기타니 마사미쓰 著
신봉승·김하중 譯
〈양장 / 4×6판 / 384면 내외 / 각권 6,500원〉

열국의 제후들이 대륙의 패권을 놓고 싸우는 춘추 시대를 배경으로 격동의 역사를 헤쳐나가는 명재상 안자의 일대기를 그리고 있다. 난세 속에서도 안자는 충(忠)과 의(義)를 지키며 정도(正道)만을 걷는다. 국가 경영의 참다운 모습, 인간관계의 원형을 보여주는 그의 독특한 철학을 통해 당시의 시대정신과 사회상을 조명한다.

大商(상·하)

정종명 장편소설
〈신국판 / 상권 348면, 하권 336면 / 각권 6,000원〉

간신 유자광에게 핍박받고 공신 박원종의 비호를 받으면서 혁신정치의 풍운아 조광조에게 도전했던 조선 제일의 巨商 서용근의 일대기를 그리고 있다. 천부적인 장사꾼 기질과 처세술로 조선의 상권을 한손에 거머쥐고 정치권과도 밀착, 정권을 좌지우지했던 서용근의 파란만장한 생애가 흥미진진하게 펼쳐진다. 가공인물 서용근이 보여주는 일련의 정치행각이 특히 흥미롭다.

주제별 經濟·經營 入門書!
EM文庫